Eliott James

Erleuchtung und Meisterschaft

Eliott James

Erleuchtung und Meisterschaft

Erfahrungen der höheren Wirklichkeit
im praktischen Alltag

Zweite Auflage

Ansata-Verlag
Rosenstraße 24
CH-3800 Interlaken
Schweiz
1994

Aus dem Englischen von Annemarie Döring
Lektorat: Urte Knefeli

Titel der Originalausgabe:
ATTAINING THE MASTERSHIP
Advanced Studies
on the Spiritual Path
Erschienen bei Dhamma Books, P. O. Box 724947,
Atlanta, Georgia 30339, USA

Deutsche Ausgabe:

Umschlagbild: Robert Wicki
Satz: Jung Satz Centrum, Lahnau
Druck: Kösel, Kempten/Allgäu
ISBN 3-7157-0143-9

Inhalt

1 Zum Geleit 9
2 Der Beginn: Dieses Leben 17
3 Der alte Mann 21
4 Vor vielen Jahren 27
5 Der nächste Schritt 33
6 Wie man GOTT kennenlernt 43
7 Der Übergang 51
8 Was Wissen bedeutet 63
9 Erinnerung an frühere Leben 71
10 Außerhalb des Körpers 79
11 Erinnerst du dich noch? 89
12 Das wahre Ich 99
13 Schwingungen 113
14 Die bindende Kraft 121
15 Zeit 133
16 Karma 139
17 Die Wege der Meister 145
18 Initiationen 163

19 Heilen 173
20 Die New-Age-Bewegung 179
21 Die Beziehung zwischen Mann und Frau 197
22 Paul 207
23 Der Krieger 223
24 An der Golfküste 231
25 Meisterschaft 239
26 Jetzt 249

Für Debbi zum Dank für ihre geduldige Unterstützung

1

Zum Geleit

In diesem Buch versuche ich über die zentrale Lebenskraft zu schreiben, die in uns allen wohnt: die Seele. Die Gedanken, die ich hier zum Ausdruck bringe, haben nichts mit einer bestimmten Religion, Philosophie oder einem metaphysischen Wissenszweig zu tun, obwohl all diese Gebiete auch ein kleiner Teil der umfassenden spirituellen Erfahrung der Seele sind. Meiner Erfahrung nach sind sie nur Wege, auf denen wir etwas lernen – Trittsteine, die uns zu höheren Wahrheiten hinführen. Wir können die Fähigkeiten unserer Seele in diesem Leben entfalten und den wahren Zweck unserer irdischen Existenz entdecken.

Sobald die Seele sich von den Illusionen befreit hat – und das erreicht Sie durch Erkenntnis –, lebt Sie in vollkommener spiritueller Freiheit und in der Erfüllung, sich selbst und die Welten GOTTES zu *kennen.* Was ich eben gesagt habe, nehmen vielleicht auch andere Wissensgebiete für sich in Anspruch – und vielleicht haben sie diese Realität auch tatsächlich entdeckt. Die meisten dieser Richtungen behaupten, die einzige Methode, der einzige Weg, die einzige Antwort zu sein; doch können sie dir zeigen, wie man GOTT unmittelbar erkennt? Kein geistiges Konzept, auch kein Gefühl emotionaler Wärme, kein vages Vorstellungsbild, sondern die tatsächliche Erfahrung, in der Gegenwart GOTTES zu *sein?*

Es gibt eine Lehre, die nur wenigen Menschen offenbart worden ist, seit die Zeit in den Niedrigeren Welten begann. Sie betrifft die Seele und Ihren wahren Daseinszweck hier auf dieser Erde. Diese Lehre erlaubt es jedem Menschen, ihre einzigartigen Informationen mit seiner persönlichen Erfahrung zu kombinieren und auf diese Weise zu dem Wissen zu gelangen, daß die Seele von allen Begrenzungen frei ist – Sie muß sich nur darüber klarwerden. Diese Tradition spricht über das Seelenbewußtsein und zeigt, wie die Seele Sich selbst vollständig erkennen kann – und wie Sie schließlich sogar GOTT erkennen kann, selbst wenn wir noch in unserem physischen Körper weilen.

Vor einiger Zeit wurden die Grundlagen dieser Tradition einem großen Kreis von Menschen vermittelt, und heute befassen sich viele damit. Die Informationen in diesem Buch gehören auch zu jener alten Lehre und handeln von Dingen, die bis jetzt nur selten offen enthüllt worden sind. Dieses Wissen kann man nicht erwerben, indem man Bücher liest; man muß in den spirituellen Welten leben und an ihnen teilhaben. Ich hatte das Glück, von mehreren inneren Lehrern geführt zu werden, die mir bei diesem Entwicklungsprozeß halfen; aber Sie bestanden darauf, daß ich aus dem, was Sie mir zeigten, meine eigenen Schlüsse ziehen mußte. Man muß sich alles Schritt für Schritt selbst beweisen.

Ich weiß noch, wie ich eines Abends an meinem Schreibtisch saß und mir klarwurde, daß ich noch nie versucht hatte, einen anderen Weg zu gehen. Eine Zeitlang hatte ich mich sogar krampfhaft bemüht, im gleichen Takt durchs Leben zu gehen wie alle anderen Leute, die ich kannte. Vor vielen Jahren war es mir sehr wichtig gewesen, innerhalb des Wertesystems unserer Gesellschaft anerkannt zu sein. Doch solange ich zurückdenken kann, war ich nie zufrieden damit gewesen, das zu haben, was die anderen hatten. Ich wollte wissen, was hinter allen Gründen steckte, warum wir so sind, wie wir sind, weshalb wir auf der Welt leben, wohin wir gehen und warum. Der Versuch »dazuzugehören« kostete mich immer ungeheure Mühe, und letzten Endes fühlte ich doch den Drang in mir, einen anderen Weg einzuschlagen.

Schließlich wurde mir klar, daß ich, um zu überleben, die Spielregeln dieses Lebens akzeptieren mußte; anders konnte ich mir meinen Lebensunterhalt nicht verdienen. Nicht die anderen standen mit den Traditionen auf dem Kriegsfuß, sondern ich. Meinen persönlichen Nachforschungen mußte ich in meiner Freizeit nachgehen. Selbst als ich schon lange bewußt mit meinem Meister zusammenarbeitete, schien es mir immer noch, als müßte ich fast ständig in zwei verschiedenen Welten leben, zwei verschiedene Haltungen, zwei verschiedene Persönlichkeiten annehmen: eine, die die Welt akzeptierte, und meine private innere Realität. Es wäre leichter für mich gewesen, mich nach den Wertvorstellungen zu richten, nach denen der Rest der Welt lebte – viel leichter. Doch nach und nach kam ich zu dem Schluß, daß ich das verwirklichen mußte, was ich mir in meinem inneren Leben wünschte; ich konnte mich nicht mit weniger zufriedengeben. Ich mußte auf meine innere Stimme hören; wenn ich ihr Widerstand leistete, brachte mir das nur Unzufriedenheit und Frustration. Ich konnte meine Erwartungen einfach nicht mehr niedriger schrauben. Zwei Welten begannen zu einer einzigen zu verschmelzen. Ich fand zu einer konsequenten inneren Einstellung, obwohl sich nach außen hin nur wenig zu verändern schien. Es folgten viele Jahre voller Veränderungen und Herausforderungen, in denen ich meine innere Suche weiterverfolgte.

Vor ein paar Jahren lebte ich allein in einem kleinen Appartement in einem älteren Stadtteil von Atlanta. Die zwei Zimmer waren einfach eingerichtet: ein schmaler Schreibtisch und ein Regiestuhl als Arbeitsplatz, ein kleines Bücherregal und ein Futonbett mit Steppdecke und Kissen. Vor den Fenstern und der Schiebetür zur Veranda hingen Bambusjalousien, und Feigenbäume bildeten einen Kontrast zu den weißen Wänden und dem dunkelbraunen Teppich.

Ich hatte damals einen Job, bei dem ich viele Überstunden machen mußte; und wenn die Sommersonne dann hinter dem üppigen Grün der Bäume versank, wanderte ich die alten, holperigen Bürgersteige meines Stadtviertels entlang. Durch die Fenster sah ich Familien beim Abendessen oder das unwirklich erscheinende, flimmernde Licht eines Fernsehers in einem verdunkelten Zimmer. Binnen Sekunden ging meine Welt an der ihren vorüber. Ich ging weiter und hing meinen Gedanken nach, um die Geschehnisse des Tages zu verarbeiten und wieder mit der größeren Kraft in meinem Inneren in Verbindung zu treten.

In dieser Zeit traf ich die wichtigsten Entscheidungen meines Lebens, ging die größten Risiken ein und sprang von der Klippe, auf der ich bisher gelebt hatte, in die Welten hinab, die noch tiefer in meinem Inneren lagen. Erst von da an konnte ich mit voller Überzeugung in der ersten Person sprechen – aus dem Wissen heraus, daß *ich* diese Realitäten unmittelbar erfahren hatte.

Ich arbeite schon seit über fünfzehn Jahren an diesem Buch, und es hat während dieser Zeit in den verschiedensten Vorstufen Gestalt angenommen. Anfangs waren es nur Notizen, die ich mir für mich selbst machte. Ich hatte während meines ganzen Weges immer das Gefühl, zu wissen, was vor mir lag. Aber ich hatte mich getäuscht. Als ich noch in der Vergangenheit, Gegenwart oder Zukunft lebte, entdeckte ich viele Wahrheiten, die auf meinem Verständnis dessen begründet waren, was andere Menschen sagten. Doch schließlich entschied ich mich, nur noch im Augenblick zu leben, mir der Vergangenheit und der Zukunft zwar bewußt, aber nicht mehr in ihr befangen zu sein. Mein Standpunkt veränderte sich grundlegend, und von dieser Warte aus verwarf ich alle meine früheren Aufzeichnungen und Ideen und schrieb dieses Werk aus meinen *jetzigen* Erkenntnissen heraus, nicht aus den Konzepten oder Erfahrungen anderer Menschen. Die wichtigste Aussage meines Buches ist die: Was auch immer wir in unserem Leben für wahr halten, was für spirituelle Erkenntnisse wir auch haben mögen – sie sind nicht viel wert, wenn wir sie nicht jederzeit aktiv leben können.

Während ich dieses Manuskript noch einmal durchlese, denke ich an viele Begegnungen mit meinem Lehrer zurück, Augenblicke, in denen ich im Dunkeln saß, sah, wie das Mondlicht durch die Bambusjalousien in mein Zimmer drang, und Seine Stimme hörte. Vielleicht sollte ich lieber sagen, daß ich Seine Stimme spürte, obwohl manchmal auch ein Meister in einem physischen Körper erscheint. Die innere Realität ist meistens sehr subtil – so subtil, daß unser Geist das Gefühl, daß sich in unserem Inneren etwas abspielt, fast immer ignoriert. Die Erkenntnis, daß die äußere Welt die trügerischste ist und die inneren Welten unserem wahren Ich viel näher stehen, hat mich belustigt. Aber natürlich stehen die innere und die äußere Welt miteinander in Verbindung, und wir müssen alle beide sehen, um wirklich begreifen zu können, wer und wo wir sind.

Eines Abends wandte ich mich an einen Freund, der einmal mein Meister gewesen war, und fragte ihn: «Wie kann ich das, was du mir gezeigt hast, beschreiben? Mit Worten scheint sich die Realität dessen, was ich erkenne, doch gar nicht erfassen zu lassen.»

Er blickte auf die Bambusjalousien, und die sanften Strahlen des Mondlichts spiegelten sich auf seinen zeitlosen Gesichtszügen wider.

«Die Lehren, die die wenigen aufrichtigen, erleuchteten Meister verbreiten, enthalten alle einen Goldenen Faden der Wahrheit. Sie sind sich alle ähnlich und künden vom Sinn der menschlichen Existenz.

Obwohl sie in unterschiedlichen Worten, mit unterschiedlichen Methoden und in den verschiedensten Umgebungen vermittelt werden – mündlich oder schriftlich, offen ausgesprochen oder nur vage angedeutet –, ob sie im Osten oder im Westen, vor zehntausend Jahren oder im Traum der letzten Nacht gelehrt wurden: Der Goldene Faden der Wahrheit hat uns immer weiter gebracht, so daß wir eines Tages in der Lage sein werden, vollständig zu erkennen, wer wir sind.

Das Buch, das du schreiben sollst, wird eine Darstellung

der Wahrheit sein – die Erkenntnis, die du gewonnen hast. Du kannst einem anderen Menschen nicht dein Verständnis der Wahrheit vermitteln; du kannst nur ein Katalysator für jemanden sein, der bereit ist, die Wahrheit zu empfangen. Nur du weißt das, was du weißt; darin wirst du immer allein sein. Du kannst dein Wissen niemals vollkommen mit einem anderen Menschen teilen. Andere haben vielleicht das gleiche Verständnis vom Grundprinzip der Wahrheit wie du; aber nur in dir wohnt jene Kombination aus Erfahrung und Verständnis, die diese Wahrheit zu deiner Wahrheit macht.»

Er streckte die Hand nach dem Blatt einer Birkenfeige aus, ließ es durch seine Finger gleiten und sprach weiter.

«Worte bestehen aus Buchstaben, und Buchstaben sind Lautsymbole. Die Vokale in unseren Wörtern beruhen auf der ewigen Grundlage des Klanges; und die Buchstaben sind schriftliche Symbole des Klangs. Symbole werden aus der geistigen Ebene heraus geboren. Wenn wir schreiben oder sprechen, übertragen wir geistige Ideen oder Bilder in eine gesprochene oder geschriebene Form.

Wenn deine Aussage auf Konzepten der Niedrigeren Welten basiert, wirst du vielleicht eine Möglichkeit finden, deine Gedanken anderen mitzuteilen. Aber wenn du versuchst, anderen Menschen Erfahrungen oder Erkenntnisse aus den Höheren Welten zu vermitteln, dann mußt du sie erst einmal in mentale Konzepte und dann in Wörter übertragen. Und ich fürchte, bei dieser Übersetzungsarbeit geht vieles verloren.

Versuche das im Gedächtnis zu behalten, wenn du mit Leuten arbeitest. Du stützt dich auf Informationsquellen in deinem Inneren, die größtenteils aus den Höheren Welten stammen. Das war nicht immer so, aber du hast inzwischen die Fähigkeit entwickelt, bewußt mit diesen Informationen zu arbeiten. Was der menschliche Geist nicht in Begriffe fassen kann, das will er auch nicht akzeptieren; und es geht über die Fähigkeiten unseres Verstandes hinaus, die Höhere

Welt in Begriffe zu fassen. Die Bilder, die du vielleicht finden wirst, sind nur grobe Schatten der strahlenden Wahrheit. Aber so ist es nun einmal!

Alle, die die Aufgabe haben, anderen von den Höheren Welten zu berichten, hatten mit diesem Problem zu kämpfen. Es sind viele Bücher geschrieben worden; und obwohl der Lehrer seine Schüler auf das Problem hinwies, das sich beim ‹Übersetzen› seiner Ideen ergab, trugen sie hinterher Bilder von den Höheren Welten mit sich herum, die auf seinen vagen, undeutlichen Erzählungen beruhten. Schließlich beklagten sich die Schüler darüber, daß sie die beschriebenen Welten nicht finden konnten, wenn sie sich nach innen wandten. Sie entdeckten andere Welten und hatten das Gefühl, daß andere Erfahrungen für sie bedeutsamer waren. So war es auch beabsichtigt; aber sie mußten es selbst herausfinden. Es fiel ihnen schwer, ihre persönliche innere Welt zu erforschen, weil sie nach den Welten suchten, die der Meister in seinen Worten beschrieben hatte.

Worte sind sehr unzulängliche Werkzeuge, wenn es darum geht, anderen unsere Gedanken zu vermitteln, und wenn wir versuchen, unsere Höheren Welten mit anderen Menschen zu teilen, sind sie vollkommen untauglich. Aber wir verwenden sie trotzdem, weil sie selbst in ihrer Oberflächlichkeit noch manchmal ein Katalysator sein können, der jemanden dazu anregt, tiefer in sich hineinzublicken. Denke daran: Worte sind Symbole des ewigen Klangs, und selbst eine grobe, ungefähre Wiedergabe dieses Klangs ist immer noch besser für die Seele, als wenn sie gar keinen Klang vernähme!»

Ja, ich erinnere mich an viele Abende, die ich damit verbrachte, meinem Meister zu lauschen, und auch an viele Abende, an denen ich hätte schwören können, in all den Welten gäbe es keine andere Seele mehr zu finden. Man lernt durch das Leben, die Erfahrung. Sie kommt in den verschiedensten Formen zu uns.

Was ich in diesem Buch geschrieben habe, ist wahr. Vielleicht hast du den Wunsch, dir das alles selbst zu beweisen.

2

Der Beginn: Dieses Leben

Ich sah Ihn und wußte, daß es nur eine Entscheidung für mich gab.

«Du mußt nicht zurück», sagte Er. Aber ich wußte, daß ich doch zurückkehren mußte, um das zu erlangen, wovor ich vorher davongelaufen war.

«Du hast einmal gesagt, daß es manchmal eine Million verschiedener Möglichkeiten gibt, aber wir in diesem Augenblick nur eine einzige Entscheidung treffen können. Das ist jetzt ein solcher Augenblick für mich.»

Ich spürte Seinen Blick und sah Ihn an. Er lächelte, und in Seinem Lächeln lag ein Wissen, das Brücken zwischen allen existierenden Welten schlug und Einsicht in mein Herz pflanzte.

«Es ist eine gute Gelegenheit für dich, deine Verpflichtungen zu erfüllen. Aber denke daran: Du brauchst dich nicht zu beeilen. Nimm dir ruhig Zeit, wenn du möchtest.» Er setzte wieder zum Sprechen an, hielt aber dann inne.

«Diesmal wird es am schwierigsten sein, nicht wahr?»

Er antwortete mir nicht, sondern lächelte nur. Ich wußte, daß in diesem nächsten Leben alle Herausforderungen möglich waren, die ich brauchte, und ich wußte, daß ich das erreichen wollte, was jenseits dieser Herausforderungen lag. Ich hatte schon seit Jahrhunderten gespürt, daß es da etwas gab, aber nie gewagt, es mir zu beweisen. Jetzt hatte ich die Chance dazu. Ich wußte, daß alle Kräfte, die es gibt, mir im Weg stehen würden; aber ich wußte auch, daß das die Prüfung war, die mich zu einem vollständigen Wesen machen würde.

Ich blickte in den Nebel hinein und sah den Augenblick. Dann hielt ich inne und warf wieder einen Blick auf Ihn. Er schwieg voller Respekt vor meiner Entscheidung. Und ich entschied mich.

Es muß im zweiten Jahr gewesen sein, als ich wieder erwachte. Jedenfalls war mir der Zustand, aus dem ich erwachte, wie Schlaf vorgekommen, obwohl damals nur mein bewußter Geist mit meiner Seele in Verbindung trat. Ich wußte, aber ich war mir nicht sicher, welche Bedingungen mich diesmal erwarteten. Irgendwie erkannte ich den Zweck all dessen; doch mein Verstand zweifelte alles an. Aber ich mußte beharrlich sein. Diesmal würde ich es schaffen.

Mein Körper entwickelte eine Infektion, die mir den Appetit nahm und meine Temperatur rapide in die Höhe schnellen ließ. Meine Eltern fuhren mit mir ins Krankenhaus, aber die Ärzte begriffen die volle Bedeutung meines Zustandes nicht. Ein paar Stunden später hatte ich fast 42 Grad Fieber. Ich glitt aus meiner sterbenden körperlichen Hülle heraus und rief nach Ihm. «Was ist denn los?» fragte ich Ihn. Ich konnte nur Seine Stimme hören.

«Im Augenblick haben sie die Oberhand; sie wollen nicht, daß du es diesmal schaffst. Was willst du?»

«Ich möchte nicht hier sein», erwiderte ich.

«Das mußt du auch nicht. Du kannst diese Erfahrungen auch zu einer anderen Zeit machen.»

Ich dachte noch einmal über meine Entscheidung nach, wieder in diese Welt einzutreten, und wußte, daß ich bleiben mußte. Ich hatte mich mehrere Leben lang darauf vorbereitet und war der Wahrheit oft genug ausgewichen. Ich konnte es mir nicht leisten, wieder davonzulaufen.

«Zeit spielt keine Rolle», sagte Er. «Du hast so lange Zeit, wie du brauchst; die Entscheidung liegt bei dir.»

Wieder gab es nur eine einzige Entscheidung, die ich treffen konnte. «Ich bleibe. Was soll ich jetzt tun?»

«Du wirst kämpfen und deine Reise fortsetzen.»

Schreiend kam ich zum Bewußtsein und spürte, wie Eimer mit Eis über mich gegossen wurden. Allmählich legte sich das Fieber, und die Ärzte suchten nach Adern, die groß genug waren, um frisches Blut in diesen kleinen, scheinbar hilflosen Körper zu pumpen. Sie deuteten an, daß mein Gehirn vielleicht ein Leben lang geschädigt bleiben würde, und viele beteten darum, daß ich weiterhin der Sohn sein möge, den meine Eltern sich wünschten.

Jahre um Jahre vergingen, und ich kannte nur mein Leben in diesem Körper, eine Kindheit wie viele andere. Meine höheren Sinne waren blockiert gegen die Erkenntnis, wo ich vorher gewesen war und wo ich hinwollte.

Noch heute trage ich die Narbe von dem Schnitt der Ärzte an meinem Knöchel und die Erfahrung tief in meinem Inneren in mir – und das Wissen, daß damals nicht sie gewonnen haben, sondern ich.

3

Der alte Mann

Als ich fünf oder sechs Jahre alt war, lebte meine Familie im Mittelwesten, und jeden Sommer quetschten mein Bruder, meine Schwester und ich uns auf den Rücksitz eines rotweißen Plymouth aus dem Jahre '57 und fuhren über die Blue Ridge Mountains, um meinen Großvater zu besuchen. Er hatte sein ganzes Leben auf einer kleinen Farm in Carolina verbracht und war mir ziemlich fremd. Selbst als mein Vater wieder «nach Hause» versetzt wurde und wir Großvater jedes Wochenende besuchten, kannte ich ihn eigentlich immer noch nicht richtig.

Eines Sommertages fuhren wir wieder zu ihm aufs Land hinaus, und während die Familie in ihre üblichen Gespräche über Gott und die Welt vertieft war, streifte ich in seinem hohen Maisfeld umher. Ich weiß noch, daß ich gerade hinter einem seiner vielen Hunde herjagte, als ich sah, wie Großvater meinen Weg kreuzte und einem Pfad folgte, der zum Waldrand führte. Geräuschlos schlich ich hinter ihm her und versuchte genauso große Schritte zu machen wie er, indem ich in seine Fußspuren trat. Bald waren wir am Ende des Feldes angelangt. Der Pfad führte weiter durch das Gras und schließlich in den Wald hinein. Ich konnte Großvater nicht mehr sehen, aber seine Spur setzte sich fort.

Ich hatte Angst, in den Wald hineinzugehen, kannte mich aber auch in jenem Teil des Feldes nicht mehr aus. Mir war, als hörte ich jemanden sprechen, also wagte ich mich kurzentschlossen in ein Laubbaumdickicht hinein. Hier war es kühler, und es begann bereits dunkel zu werden.

«Wer bist du?» schien jemand zu rufen. Ich wagte kein Wort zu sagen. Dann herrschte absolute Stille. Meine Augen begannen die Zweige nach einer Antwort abzusuchen, und dann ließ ich meine Blicke hastig von rechts nach links schweifen. Vielleicht ist es besser, umzukehren, dachte ich. Doch gerade als ich mich umdrehte, um davonzulaufen, so schnell ich konnte, rannte ich in etwas Großes, Dickes hinein und begann aus Leibeskräften zu schreien.

Er hob mich hoch und sah mir in die Augen. «Ist alles in Ordnung, Junge?» fragte er.

«Irgend etwas ist hinter mir her!» rief ich, und meine Füße bewegten sich immer noch blitzschnell in der Luft.

«Keine Angst, Junge. Keiner tut dir was.» Großvater setzte mich auf den Boden und kauerte sich neben mich.

«Da drüben hinterm Berg is' bloß 'ne alte Eule, die wohnt schon seit Jahren hier im Wald. Ich weiß noch, einmal bin ich abends mit Harmon Griffen von Jesse Gedding heimgekommen, und wir hatten 'n bißchen zuviel getrunken. Harmon war am meisten betrunken, und als wir durch den Wald gingen, haben wir plötzlich ein leises Geräusch gehört, das klang so wie ‹hu, hu, hu›. Harmon bekam's mit der Angst zu tun; er sagte, es wär' der Teufel. Da hab' ich ihn gefragt, woher er das weiß, und er hat gesagt, daß er den Teufel schon öfters gehört hat, und wenn wir noch länger hier bleiben, würd'n wir Schwierigkeiten bekommen. Da flog Harmon 'ne Fledermaus an 'n Kopf, und er fiel um. So was hatte ich noch nie geseh'n. Harmon wälzte sich auf'm Boden rum und schrie und betete zu Jesus, daß er ihn retten soll. Ich mußte so lachen, daß mir die Tränen gekommen sind!

Dann hab' ich versucht, ihn zu beruhigen. Ich hab' ihm gesagt, daß bloß 'ne Eule geheult hat und ihm dann noch 'ne

Fledermaus an'n Kopf geflogen is', und das wär' alles gewesen. Aber er hat nich' auf mich gehört, is' aufgestanden und davongerannt. 'n paar Tage später hab' ich ihn wiedergetroffen und hab' ihn gefragt, was denn an dem Abend mit ihm los war.

‹Verdammt noch mal›, hat er gesagt, ‹wovon redest du eigentlich? Es gibt kein'n Teufel, das weißt du doch.› Da hab' ich gelacht, und er wurde wütend auf mich und is' weggegangen. Manche Leute sind schon komisch.»

Als ich mir so, an sein Knie geschmiegt, seine Geschichte anhörte und er mich dabei in seinen großen Armen hin und her wiegte, entdeckte ich, der siebenjährige kleine Junge, plötzlich einen seit langem verlorenen Freund. Vielleicht war es sein Lachen – ich weiß es nicht, aber ich wußte, daß wir von diesem Augenblick an zusammenbleiben würden.

Während der nächsten vier oder fünf Jahre wohnte ich immer wieder eine Zeitlang bei ihm: nur er und ich in einem einfachen Blockhaus auf einer kleinen Farm auf dem Land. Er war schon über siebzig und bearbeitete nur noch ein kleines Stück Land mit seinem Pflug und seinem Maulesel. Er hatte nie ein Auto besessen; wenn wir in Pinewood einkaufen mußten, fuhren wir die achtzehn Kilometer in seinem Karren.

Im Winter war ich oft bei ihm. Abends setzten wir uns dann in das mittlere Zimmer des Hauses und schlossen alle angrenzenden Türen, um die Wärme, die der Holzofen verströmte, im Raum zu halten. Er erzählte mir viele charakteristische Geschichten aus seinem Leben und ahmte auch gleich die Stimmen der Leute nach, die darin vorkamen. Gelächter dröhnte durch das alte Haus, und ich bettelte, mir noch mehr von damals zu erzählen ...

Spätabends, wenn das Feuer ausging, zogen wir uns dann bis auf die langen Unterhosen aus, schlugen die mindestens zwanzig Pfund schweren Bettdecken zurück und verkrochen uns hastig darunter. Die alten Federn des eisernen Bettes knarrten. Ich blickte zu ihm hinüber und sah, wie sein Atem weiße Schwaden in die kalte Dunkelheit zeichnete, während er immer noch in der Erinnerung an irgendeine vergangene Episode seines Lebens vor sich hin lachte. Mir wurde klar, daß ich in einer Zeit lebte, die schon lange vergangen war, in seiner Welt, und daß ich mich bei ihm mehr zu Hause fühlte als anderswo.

Er ging nicht in die Kirche, die ganze Familie hatte ihn sein Leben lang ständig dazu gedrängt, aber er tat es nicht. Ich sah ihn oft in der Bibel lesen, und er sang auch gern alte Gospellieder und spielte dazu auf dem Banjo. Aber die Kirche paßte nicht zu der Art und Weise, wie man seiner Meinung nach leben sollte. Er verwirklichte seine Religion in allem, was er tat, obwohl ich weiß, daß er selbst das nie bewußt so gesehen hat. Er lebte einfach in einem inneren Frieden, der daher rührte, daß er seine Zeit auf dieser Erde schätzte, und er gab fast allen Menschen etwas von sich. Sein Lachen kam von tief innen heraus, weil er wußte, daß die einzige andere Alternative zum Lachen der Schmerz war; und das Leben war einfach zu kurz, um es mit Unglücklichsein zu verbringen.

Jahre vergingen, und er verkaufte die Farm und zog zu meinen Eltern, wo er mit meinem Bruder und mir in einem Zimmer wohnte. Das war fast genauso gut wie früher, als ich bei ihm auf dem Land gewesen war. Wir machten es uns auf dem Rasen unterhalb der Garage in Liegestühlen bequem und sahen zu, wie die Sonne unterging, wie Kinder auf ihren Fahrrädern vorbeifuhren und Fledermäuse die Straßenlaternen umkreisten. Manchmal verging eine geschlagene Stunde, ohne daß einer von uns beiden ein Wort sagte; und doch verstanden wir uns auch ohne Worte.

Jahre später, als ich von zu Hause fortgezogen war, kehrte ich immer noch regelmäßig zurück, um ihn zu besuchen, und dann versammelte sich wie in alten Zeiten die ganze Familie bis spät in die Nacht hinein um den Küchentisch und lauschte seinen Erinnerungen, seiner Lebensgeschichte und seinem Gelächter. Ich habe etliche Stunden dieser nächtlichen Sitzungen ohne sein Wissen auf Tonband aufgenommen. Als es ihm einmal doch auffiel, bestand er darauf, daß ich ihm die Bänder vorspielte. Beim Zuhören brach er in schallendes Gelächter aus, und es folgten noch mehr Geschichten zu ähnlichen Themen. Nach jeder neuen Geschichte fragte er mich: «Hast du das auch drauf?» Und dann hörten wir uns die Bänder wieder an, um nur noch mehr zu lachen.

Zu diesem Zeitpunkt meines Lebens hatte ich bereits begonnen, eine tiefere Realität zu fühlen, und befaßte mich mit der östlichen Gedankenwelt. Merkwürdig – eine Zeitlang akzeptierte ich die Idee der Reinkarnation, aber dann wies ich sie von mir, weil ich sie für unmöglich hielt. Erst bei einem meiner Besuche bei Großvater wurde mir klar, daß er und ich schon lange zusammen waren – seit vielen Menschenleben. Ich ging zum Parkplatz, sah ihn im Mondlicht dastehen, und auf einmal wurde mir unsere ganze gemeinsame Vergangenheit *bewußt*. Es war alles so einfach und doch eine unglaublich tiefgehende Erfahrung. Er wußte es auch – aber nicht in Worten oder Ideen. Er erkannte es mit einer Einsicht, die sich nicht in Worten ausdrücken läßt, und akzeptierte es als das Band, das uns beide aneinanderknüpfte.

Im Zusammensein mit ihm sah ich das Leben, wie es gelebt, und nicht, wie es analysiert oder studiert wurde. Ich sah einen Menschen vor mir, der gern gab, aber nichts von anderen zu empfangen brauchte. Ich sah den lebendigen menschlichen Geist, der wunschlos in einer Welt lebte, in der alle anderen nach immer mehr und mehr strebten. Ich sah, wie er seine Liebe zum Leben und zu GOTT lebte, und ich habe nie gehört, daß er jemals versucht hätte, das jemandem zu erklären.

4

Vor vielen Jahren

Ich hatte die heißen Asphaltstraßen verlassen, die sich kreuz und quer durch die Oststaaten zogen, hatte genug davon, per Anhalter von einem unbekannten College zum anderen zu reisen, um dort meine rastlosen Lieder zu singen. Das großartige Leben eines Dichters und vollkommen unbekannten Komponisten von Folk- und Rocksongs war ebenso abgewetzt wie die Ellbogen meiner Jeansjacke. Die Welt da draußen war groß und herzlos, ganz anders als die beschauliche Ruhe der Farmen in den Südstaaten. Aber ich besaß genug innere Unschuld, um Gesichter ohne Lächeln und Städte ohne Sterne mit ausgestreckten Händen an mir vorüberziehen zu lassen. Und was ich an Unschuld preisgab, das bekam ich an Erfahrungen wieder zurück. Zu guter Letzt beschloß ich, die Wahrheit woanders zu finden.

Einen Teil dieser Wahrheit erfuhr ich, während ich hoch oben auf einer sechs Meter hohen Leiter stand und mich reckte, um einen Spalt in einer Hausmauer mit Farbe auszustreichen, damit man ihn von unten nicht mehr sah. Stephen hatte mich als seine zweite Hand eingestellt und brachte mir das Malerhandwerk bei. Als Dreingabe vermittelte er mir eine kräftige Dosis östlichen Mystizismus, ohne einen Aufpreis dafür zu verlangen. Das war meine erste Konfrontation mit der Bhagavadgita und mit einem Menschen, der nach ihr zu leben versuchte. Den größten Teil des Sommers brachten wir damit zu, alte Häuser in verschiedenen Gelb- und Blautönen anzustreichen, und unterhielten uns dabei stundenlang. Meistens redete er, und ich hörte zu.

Eine meiner liebsten Erinnerungen ist seine Beschreibung eines ausgeglichenen Menschen: «Wer sich mit allem im Einklang befindet, der kann in einen Teich springen, ohne daß das Wasser sich kräuselt und ohne daß ein Geräusch zu hören ist.» Mir ist zwar noch nie jemand begegnet, der das konnte, aber die Vorstellung begeisterte mich.

Ich las viele Interpretationen von Textstellen aus der Bhagavadgita und den Upanischaden. Diese Gedanken waren mir neu und doch vertraut. Damals konnte ich mir das nicht erklären. Diese Texte befassen sich unter anderem mit Reinkarnation. Sie sind aus einer mystischen Einstellung heraus geschrieben, die einem Durchschnittsmenschen nicht so ohne weiteres zugänglich ist, und es gab für mich keinen konkreten Beweis, ob ich früher schon einmal gelebt hatte oder nicht. Aber die Ideen waren mir nicht völlig fremd – nur die Namen. Bis zum heutigen Tag hasse ich es, einen neuen Namen und eine neue Aussprache für etwas zu lernen, was man auch auf englisch problemlos ausdrücken kann.

Zu dieser Zeit hörte ich im Radio eine erregte Diskussion über das Thema Astralprojektion. Eine Frau, die einen sehr gebildeten Eindruck machte, erklärte dem Moderator der Talkshow, wie Menschen im Schlaf einen Teil von sich vom Körper lösen und so an jeden beliebigen Ort auf diesem Planeten reisen können, während ihr Körper ungestört im Bett weiterschlummert. Das faszinierte mich: eine Frau, die ganz offen im Radio eine Überzeugung kundtat, für die jeder Baptistenpriester in Atlanta ihr eine Zukunft in der Hölle prophezeit hätte. Ich hatte schon von Mystikern gelesen, die angeblich vor Hunderten von Jahren dazu fähig gewesen waren, ihren Körper zu verlassen; doch hier hörte ich die Stimme einer Frau, die in derselben Stadt lebte wie ich und die es letzte Nacht getan hatte! Dieser Sache wollte ich auf den Grund gehen; also fuhr ich sofort zu der Rundfunkstation und wartete draußen. Bald trat eine seriös wirkende Dame um die Fünfzig aus dem Gebäude. Wir kamen miteinander ins Gespräch und unterhielten uns bis spät in die Nacht hinein über herumwandernde feinstoffliche Körper.

Heute lese ich nicht mehr viel, aber damals tat ich es. Ich muß etwa zwei Dutzend Bücher über die Astralprojektion gelesen haben. Ich befaßte mich übrigens mit allen philosophischen und metaphysischen Themen, auf die ich stieß, so intensiv. In jedem Buch stand etwas anderes, und doch klang alles ziemlich ähnlich. Auch dieses Gebiet war mir irgendwie vertraut; doch alle meine Versuche, meinen Körper durch Astralprojektion zu verlassen, schlugen fehl.

Eines Abends streckte ich die Hände empor und beschloß, einfach nur zu meditieren. Ich hatte mir in meiner kleinen Wohnung mit einer bedruckten indischen Bettdecke ein Eckchen des Wohnzimmers abgeteilt. In dieser Ecke stand ein kleiner, geschnitzter Holztisch und eine Räuchervase aus Messing in Form einer Schlange. An jenem Abend legte ich eine Schallplatte mit Sitar- und Flötenmusik auf, zündete ein Räucherstäbchen an, legte mich auf den Fußboden und atmete tief.

Als ich erwachte, war es im Zimmer finster geworden, die Schallplatte war in einer der letzten Rillen hängengeblieben, und das Räucherstäbchen brannte nicht mehr. Und es stand jemand im Zimmer. Ich konnte ihn – oder es – nicht sehen, aber ich wußte, daß jemand direkt vor mir stand. Alle meine Sinne waren erregt und alarmbereit. Ich hatte schreckliche Angst. Was war das für eine Macht, die vor mir stand, aber nicht zu erkennen war?

Nach einer Zeit, die mir wie eine Ewigkeit vorkam, dämmerte mir allmählich, daß etwas derart Mächtiges mich jederzeit vernichten konnte, wenn es wollte; und es hatte mich noch nicht vernichtet, also war es überflüssig, Angst zu haben. Ich konnte ohnehin nicht viel dagegen tun, also gab ich einfach auf! Plötzlich saß ich ganz ruhig da, und dann wurde ich neugierig. Was war das für ein Wesen? Ich stand auf und ging auf die andere Seite des Zimmers. Die Energie blieb am selben Fleck wie vorher, und ich spürte, daß sie mich ansah. Ich ging ganz langsam und schweigend auf sie zu. Sie strömte nichts Böses aus, nur eine warme Kraft, die langsam von ihr ausging und wieder zu ihr zurückkehrte, so ähnlich wie Wellen am Strand. Ich schien mich in ihrer Aura ausströmender und wieder zurückfließender Energie zu befinden. Ich streckte die Hand aus und verspürte ein Brennen auf der Handfläche, einen kribbelnden Strom, der den unsichtbaren Raum dieses Wesens erfüllte. Lange Zeit stand ich so da. Schließlich setzte ich mich auf das Sofa am anderen Ende des Zimmers und spürte, wie die Energie wieder schwächer wurde. Ich konnte nicht denken; ich wußte nur, daß ich für ein paar Augenblicke ein Teil von etwas viel Größerem war. Dann befand ich mich wieder in einem leblosen Raum voller Schatten.

In jener Nacht entstand die erste wahre Verbindung zwischen mir und der umfassenderen Realität. Ich wußte nicht, was das alles zu bedeuten hatte, ich hatte keine Ahnung, in welche Richtung ich mich bewegte; doch bald entdeckte ich, daß die Energie, die mir an jenem Abend in meinem Wohnzimmer begegnet war, die innere Gestalt meines Lehrers war. Damals konnte ich noch nicht mit meinen inneren Augen sehen, und so manifestierte Er Seine Energie auf diese Weise, um mir Gelegenheit zu einer Begegnung mit Ihm zu geben.

Als Er mit mir zu arbeiten begann, verloren die Aussendung des Astralkörpers und die Bhagavadgita für mich an Bedeutung. Ich sprach in meinen Träumen mit Ihm, obwohl ich Ihn lange Zeit niemals direkt anblickte. Mein Lehrer stand immer links von mir, wir sahen uns gemeinsam eine Szene an, und dann begannen wir zu sprechen, obwohl wir gar nicht zu reden schienen.

Manchmal erschreckte mich das, und ich fragte mich, ob ich womöglich im Begriff war, den Verstand zu verlieren.

Ich war immer noch nicht in der Lage, meinen Körper zu verlassen, oder wenn ich es konnte, war es mir zumindest nicht bewußt; aber es gab ein sehr mächtiges und weises Wesen, das in meinen Träumen zu mir sprach. So sehr ich mich auch nach einer Erfahrung sehnte – ich war mir ganz und gar nicht sicher, ob es gerade diese war, die ich mir wünschte. Diese Erfahrungen waren nicht greifbar; ich konnte darüber nicht einmal mit Stephen sprechen. Was mein Lehrer mir beibrachte, erschien mir vertraut und real; aber warum erzählte Er mir das alles?

Man hat immer eine Wahl, sagte Er. Ich hätte durchaus die Möglichkeit, den größten Teil dessen, was Er mir beibringen wollte, einfach zu ignorieren und genauso zu leben wie alle anderen Menschen. Die Entscheidung läge bei mir. Was war der Lohn für alle diese Veränderungen, wohin führten sie mich? Mich quälten tausend unbeantwortete Fragen. Er erklärte, man müsse Schritt für Schritt vorangehen, eines nach dem anderen in Angriff nehmen; und wenn ich heute zurückblicke, weiß ich, daß das stimmte. Genauso ist es gewesen, und nur so kann es sein. Erst wenn wir auf die einzelnen Erfahrungen zurückblicken, die wir in der Vergangenheit gemacht haben, ordnen sie sich nachträglich in einen Rahmen ein und zeichnen die Landkarte unseres Lebenswegs.

5

Der nächste Schritt

Der spirituelle Pfad hat unzählige Aspekte. Über alle ist schon viel geschrieben worden, zum Beispiel über die verschiedenen Gebiete der Metaphysik und die unzähligen Varianten östlicher und westlicher Religionen und Philosophien. Ich habe den metaphysischen, den philosophischen und den religiösen Aspekt miteinander kombiniert, denn sie unterscheiden sich zwar ziemlich voneinander, haben aber im Grunde alle den gleichen Wert. Sie alle sind Erfahrungen, durch die die Seele etwas lernt.

Wo beginnt man mit seiner persönlichen Suche? Man kann nur dort anfangen, wo man im Augenblick steht. Man geht von der Information aus, die einem am zugänglichsten ist, und macht dann den logischen Schritt zu anderen Gebieten. Es baut sich alles aufeinander auf; ein Aspekt führt einen zu anderen, die mit ihm in Verbindung stehen. Es ist unmöglich, sie voneinander zu trennen; sie sind alle Teil des Gesamtbildes. Zwar können wir scheinbar ein Thema von den anderen isolieren und uns ausführlich damit beschäftigen; aber dann haben wir nichts anderes getan, als uns eine Zeitlang auf einen kleinen Teil des Gesamtbildes zu konzentrieren. Das zu wissen ist sehr hilfreich, wenn wir uns auf die Suche nach der Wahrheit begeben. Es kann uns davor bewahren, uns zu sehr in ein einziges Gebiet zu vertiefen und darüber unser Ziel aus den Augen zu verlieren.

Worin besteht das Ziel? Es wäre kein Problem für mich, dir zu sagen, worin *mein* Ziel bestand und immer noch besteht; aber für *dein* Ziel mußt du dich selbst entscheiden. Dein Ziel ist das einzige, was zählt. Die Zielsetzungen werden sich verändern, je mehr man in die Wahrheit hineinwächst, die man auf seinem Weg entdeckt.

Und worin besteht die Wahrheit? Die Wahrheit ist einfach das, was für einen wahr ist – nicht mehr und nicht weniger. Es gibt feste Gesetze, die die vielen Welten GOTTES regieren, und es gibt relative Gesetze, die in einzelnen Welten GOTTES gelten. Man ist den Aktionen und Reaktionen dieser Gesetze unterworfen, egal, ob man sie kennt oder nicht; also hat man allen Grund, sie zu erforschen. Aber die Wahrheit ist immer eine subjektive Realität für dich. Wenn du von einer Sache nichts weißt, existiert sie für dich auch nicht. Wenn du von einem Thema hörst, wirst du es mit ziemlicher Sicherheit in eine von drei Kategorien – wahr, nicht wahr oder noch unbekannt – einordnen; diese Schlußfolgerungen ziehst du aufgrund deiner bisherigen Erfahrungen. Das ist ein Teil des persönlichen Prüfungsprozesses, der in uns allen abläuft und durch den wir unser Wertesystem der Wahrheit entdecken. Das Leben ist subjektiv; es gibt keine objektive Wahrheit – es gibt nur das menschliche Konzept, daß, wenn sich zwei oder mehr Menschen über einen Punkt einig sind, dieser Punkt eine Realität und deshalb eine objektive Schlußfolgerung sein muß. Aber das entspricht nicht meiner Erfahrung. Wenn erst jemand mit mir einer Meinung sein muß, damit ich das glauben kann, was ich weiß, dann habe ich es vielleicht nie wirklich gewußt!

Nachdem ich begonnen hatte, Träume mit meinem Lehrer zu haben, versuchte ich ein Leben der Meditation zu führen und eine Haltung der Andacht und Hingabe anzunehmen. Das schien mir die einzig richtige Haltung zu sein, obwohl Er mir nie eine derartige Anweisung gegeben hatte. Ich kann zwar nicht direkt sagen, daß mein Versuch scheiterte; aber es ist schon schwierig, zwanzig Jahre westlicher Prägung einfach in ein paar Monaten beiseite schieben zu wollen. Ich versuchte, ein spirituelleres Leben zu führen, indem ich meine Einstellung und meine Lebensgewohnheiten änderte, und merkte damals gar nicht, daß solche Veränderungen stets von innen heraus kommen. All unser rechtschaffenes Leben und unsere Hingabe in der Welt bringen uns GOTT nicht näher; doch wenn wir innerlich auf dem spirituellen Weg voranschreiten, ist es ganz normal, daß unser äußeres Leben sich auch verändert.

Ich war damals noch ein rechter Träumer und Poet und weit davon entfernt, sechzig Stunden pro Woche meiner beruflichen Karriere zu widmen. Die einfachen Verse alter japanischer Gedichte spiegelten den inneren Frieden, nach dem ich mich sehnte, vielleicht am besten wider. Aber das Leben war nun einmal nicht so einfach wie die alten Gedichte, nur in manchen Augenblicken. Das Leben war ziemlich komplex und voller einander widersprechender Kräfte. Ich war mit einer Kraft in Verbindung getreten, die hundertmal größer war als ich selbst, und ich dürstete nach mehr. Ich wollte ein aktiver Teil dieser Kraft werden und wußte doch, daß ich selbst von der bloßen Erkenntnis, was für eine Kraft das war, noch meilenweit entfernt war. Doch so sehr ich mich teilweise auch vor diesem Geheimnis fürchtete – es war eben doch ein faszinierendes Rätsel, und ich mußte unbedingt mehr darüber in Erfahrung bringen.

Die ersten Träume mit meinem Lehrer beschränkten sich größtenteils darauf, daß ich Ihn neben mir spürte. Manchmal erinnerte ich mich auch daran, durch einen Wald voller leuchtender Farben gewandert zu sein. Die Einzelheiten konnte ich mir nicht mehr ins Gedächtnis zurückrufen, aber oft fühlte ich beim Aufwachen, daß ich etwas wußte, was mir vorher noch unbekannt gewesen war.

Eines Tages, ungefähr vier Monate nach meinem Erlebnis im Wohnzimmer, ging ich spätabends widerwillig zu Bett.

Die Geräusche des sommerlichen Waldes drangen durch das geöffnete Fenster und beschäftigten meine Aufmerksamkeit; und doch war ich weit entfernt und losgelöst, als ich die Augen schloß. Einen Augenblick später stand ich neben einem Freund. Ich spürte, daß es ein Freund war, obwohl es mir gar nicht in den Sinn kam, Ihn anzusehen, und ich eigentlich nicht wußte, wer Er war. Mit Ihm zu sprechen, schien das Natürlichste von der Welt für mich zu sein. Mir war, als seien wir schon viele Leben lang zusammen gewesen.

«Ich weiß nicht, was ich tun soll», sagte ich, obwohl in Wirklichkeit gar keine Worte gesprochen wurden.

«Was erwartest du von deinem Leben?» fragte Er mich.

«Ich will es wissen; ich will herausfinden, was das alles zu bedeuten hat. Wohin gehe ich – wo liegt der Sinn?»

«Der Sinn besteht darin, GOTT zu finden; das ist die Reiserichtung. Um das zu erreichen, mußt du einfach nur du selbst sein.»

Ich begriff überhaupt nichts. «Können wir GOTT denn kennenlernen?» fragte ich.

«Du kannst ein bewußter Teil der größten Macht sein, die EXISTIERT; du kannst einen Teil des Schöpfers SELBST erkennen. Manche Menschen bezeichnen das als GOTT.»

«Und was geschieht dann?»

«Um das zu erreichen, wirst du noch viele Wege erforschen und dich wieder von ihnen abwenden müssen; du wirst deine Lektionen eine nach der anderen lernen. Erst einmal wirst du dem Drängen deiner eigenen Bedürfnisse ins Auge sehen müssen und dich dann den Bedürfnissen des großen Ganzen hingeben. So weit wirst du sein, wenn es für dich keine andere Freude mehr gibt als die Freude, ein aktiver Teil GOTTES zu sein. Dann kannst du einen Teil von IHM kennenlernen. Und von dieser Warte aus kannst du entscheiden, wohin dein Weg dich führen soll.»

«Werden wir eins mit GOTT, ein Atom der Schöpfung?»

Einen Augenblick lang herrschte Schweigen; dann sagte Er: «Ja, das kannst du, wenn du es willst. Manche Seelen weilen über lange Zeitspannen im Glanze des HÖCHSTEN. Aber für dich wird das wahrscheinlich schnell langweilig werden. Du kannst auch mit dem Willen GOTTES in einer SEINER vielen Welten arbeiten. Das entscheidest du selbst.»

«Und wo soll ich anfangen? Ich habe versucht, meinen Astralkörper auszusenden, und ich meditiere. Was soll ich noch tun?»

«Es gibt viele, viele Gebiete für dich zu erkunden. Aber sie alle sind nahezu wertlos, wenn du nicht eines der wichtigsten Gesetze aller Welten lernst: Du bist für deine Handlungen selbst verantwortlich.»

Ich wartete. «Ist das alles?» fragte ich.

«Jeder hat den Ehrgeiz, Phänomene beherrschen zu wollen. Alle möchten Gedanken lesen, mit ihrem Körper durch den Weltraum eilen und Massenheilungen vollbringen können. Darin liegt aber nicht der Sinn des Lebens. Es sind nur besonders deutlich erkennbare Auswirkungen unserer suchenden Seele. Der Schein trügt – im Reich der Materie noch mehr als in der inneren Realität. Statt okkulte Fähigkeiten entwickeln zu wollen, sollten wir uns zunächst einmal damit beschäftigen, unseren Platz im Spiel des Lebens zu erkennen.

Du mußt eines wissen: Niemand kann dich zu etwas zwingen, ohne daß du damit einverstanden bist. Zu dieser Regel gibt es keine Ausnahme. Es gibt keine Aktion ohne Reaktion. Du bekommst genau das, was du gibst. Nur du selbst trägst die Verantwortung für deine Fehler und deine Triumphe. Letzten Endes bist du das einzige, was du hast. Denke darüber nach; es wird dein Leben verändern.

Wenn du dir der Absicht bewußt wirst, die hinter jedem deiner Gedanken, Gefühle und Werke steht, dann hast du dein Leben unter Kontrolle. Dann wirst du selbst darüber entscheiden, was du tust. Die Antworten, die du brauchst, werden vor dir liegen, und du wirst den Preis für deine Erfahrungen bezahlen. Und zwar gern und bereitwillig.

Sobald du dein Leben unter Kontrolle hast und auch allen anderen Menschen die Freiheit läßt, in ihrer Welt zu leben, wirst du dich selbst in einer neuen Realität, einem neuen Bewußtsein sehen. Das kannst du nicht mit deinem Verstand erfassen oder glauben; du kannst es nur mit jeder Faser deines Wesens *wissen* und *leben!* Nur wenige Menschen erkennen, wie wichtig das ist.

Verantwortung und Erkenntnis sind die beiden Kräfte, die deine persönliche Macht ausmachen. Sie sind die Ursachen; die unzähligen Aspekte der menschlichen Kulte, Religionen und Wissensgebiete sind nur Wirkungen. Du mußt stets Ursache oder aber freiwillige Wirkung sein. Du mußt die Gesetze und ihre Wirkungen kennen.»

«Wirst du mir beibringen, wie man das schafft?»

«Ich kann dir nichts beibringen; du mußt es selbst herausfinden. Denke darüber nach. Beginne deine Reise mit diesen Gedanken.»

Als ich die Augen aufschlug, saß ich aufrecht am Kopfende meines Bettes. Ich war in einer tiefen Stille gefangen. Es verging mindestens eine halbe Stunde, ehe ich begriff, daß ich geträumt hatte. Und dann fragte ich mich, wie ein Traum so real sein konnte.

Ich brauchte mir nur mein eigenes Leben anzusehen, um mir einige Lektionen dieser Verantwortung zu verdeutlichen. Die meisten Probleme, mit denen wir in dieser Hinsicht konfrontiert werden, rühren von den unschuldigen Ideen und den Prägungen unseres Charakters her, denen wir als Kinder ausgesetzt sind. Ich sage «unschuldig», weil nur wenige Menschen etwas von dem spirituellen Gesetz der persönlichen Verantwortung wissen. Wir neigen dazu, das Verhalten unserer Umgebung zu akzeptieren, wenn es von der großen Mehrheit anerkannt wird.

Das spirituelle Gesetz der Eigenverantwortung ist eigentlich ein sehr einfaches und grundlegendes. Wir sind für jeden unserer Gedanken und jede unserer Handlungen selbst verantwortlich. Wir erhalten das, was wir geben, und jeder muß seinem Mitmenschen die persönliche Freiheit einräumen, sein Leben so zu führen, wie er es für richtig hält. Jeder muß seine persönliche Freiheit wissentlich dazu einsetzen, die Erfahrungen zu machen, die er braucht, um in dieser Welt innerlich zu wachsen. Aber warum ist das so schwer in die Tat umzusetzen?

Durch Herzensbindungen werden wir so sehr in das Leben anderer Menschen verwickelt, daß wir manchmal gar nicht wissen, wo unsere Gefühle beginnen und die des anderen aufhören. Oft verbindet uns eine wärmende Zuneigung mit anderen Menschen; es gibt aber auch Schmerz und Mißverständnisse. Häufig haben wir das Gefühl, daß jemand uns in eine Situation gebracht hat, über die wir keine Kontrolle haben; oder wir fühlen uns durch die Handlungen eines Menschen verletzt, weil wir ihn lieben und nicht anders können.

Durch unsere Beziehungen zu anderen Menschen – sei es zu Hause, bei der Arbeit oder in unserer Umwelt im allgemeinen – werden wir ständig in den Wirkungskreis oder die Wünsche eines anderen hineingezogen. Wenn wir bereit sind, daran teilzuhaben, stellt das kein Problem dar. Oft haben wir allerdings das Gefühl, gar keine andere Wahl zu haben – an den Handlungen eines anderen Menschen teilhaben zu *müssen*. Aber in Wirklichkeit müssen wir das nicht.

Jeder von uns steht allein da und ist in sich selbst vollständig. Niemand hat das Recht, ohne unsere Erlaubnis in unsere private Welt und unseren Freiraum einzudringen. Umgekehrt haben wir natürlich auch nicht das Recht, uns ohne die Genehmigung unserer Mitmenschen in deren Welt hineinzudrängen.

Wir haben herausgefunden, daß wir die Verantwortung für unsere Handlungen übernehmen müssen, daß niemand uns dazu bringen kann, etwas zu tun, wenn wir es nicht zulassen. Wenn wir also in unserem eigenen Leben unsere persönliche Freiheit genießen wollen, müssen wir diese Freiheit auch jedem anderen zubilligen. Wir müssen die Fähigkeit entwickeln, auf die Handlungen unserer Mitmenschen zu reagieren, ohne die Kontrolle über unser eigenes Leben zu verlieren, damit wir nicht Wirkung, sondern Ursache sind. Sollten wir uns aber entscheiden, daran teilzunehmen, können wir vielleicht zu einer freiwilligen Wirkung werden. Doch das geschieht dann mit unserem vollen Bewußtsein und unserer Billigung.

Wenn wir das Gefühl haben, zu einer Reaktion gezwungen zu werden, statt freiwillig zu handeln, verlieren wir die persönliche Freiheit, die wir eigentlich besitzen. Zorn zum Beispiel gilt meist als Reaktion darauf, daß jemand anders uns übervorteilt oder unfair behandelt hat. Aber in Wirklichkeit reagieren wir, wenn wir zornig werden, auf etwas, das uns nichts angeht, und lassen uns von einer Kraft beeinflussen, die außerhalb unserer eigenen steht. Was ich hier klarzumachen versuche, ist folgendes: Es spielt keine Rolle, was andere Menschen tun, denken oder sagen; wir müssen ihnen die Freiheit lassen, sie selbst zu sein, solange das keine unmittelbaren Auswirkungen auf uns hat. Erst wenn ein anderer direkt in unseren persönlichen Freiraum eindringt, haben wir ein Recht, etwas zu unternehmen - aber nicht, weil jemand sich in einer bestimmten Weise verhält oder bestimmte Anschauungen hat. Eine meiner Lieblingsdevisen lautet: «Was andere über mich denken, geht mich nichts an!»

Es entsteht so viel Verwirrung, wenn wir Kontrolle über andere auszuüben versuchen, wenn wir unseren Willen durchsetzen wollen, vor allem in Angelegenheiten, die nicht nur uns selbst, sondern auch andere betreffen. Wir haben nicht das Recht, etwas an uns zu reißen, was uns nicht gehört. Der Standpunkt der anderen Menschen ist ein Ausdruck ihrer selbst; wir dürfen nicht versuchen, ihn zu beeinflussen oder unter unsere Kontrolle zu bringen. Es genügt, wenn wir uns um unsere eigene Umgebung und unser eigenes Leben kümmern; und unser Leben hängt nicht von dem Interesse, der Unterstützung oder dem Einfluß anderer Menschen ab, es sei denn, wir wünschen uns das und lassen es bewußt zu.

Niemand außer uns selbst trägt die Schuld an unseren Schwierigkeiten. Niemand außer uns selbst kann unser Leben ändern. Anders geht es nicht, und es gibt keine Ausnahmen.

Viele Menschen kümmern sich um die Gesellschaft als Kollektiv – sie sorgen sich um das Unrecht, das bestimmten Gruppen angetan wird, und pochen auf die Verantwortung der Machthabenden, für den Rest der Menschheit zu sorgen. Diese Denkweise hat sich in der Geschichte der Menschheit noch nie lange bewährt. Stets lag die Entscheidung, ob man sein Leben selbst in die Hand nehmen oder von anderen kontrollieren lassen wollte, beim einzelnen. Die meisten Menschen wissen gar nicht, daß nur sie allein diese persönliche, freie Entscheidung treffen können.

Die spirituelle Freiheit liegt in uns. Und Hand in Hand mit dieser Freiheit, die alle Aspekte unseres Lebens betrifft, geht die spirituelle Verantwortung.

6

Wie man GOTT kennenlernt

Ehe man GOTT kennenlernt, wird man erst einmal verstehen, daß der Augenblick die einzige Realität ist, die man unter Kontrolle hat; denn die Vergangenheit ist vorbei, und die Zukunft ist noch nicht da. Indem man jeden Augenblick voll und ganz auslebt, ist man nicht nur weitaus glücklicher und zufriedener mit dem, was man hat, sondern lebt auch nach einem der höchsten spirituellen Prinzipien, die es gibt – nämlich nach dem Prinzip, daß man nichts anderes zu tun braucht, als jetzt in diesem Augenblick der zu sein, der man ist. Dann wird man alle Illusionen durchschauen, die sich um einen herum aufgebaut haben. Wenn man das beherzigt, kann man seine Fähigkeiten, in den anderen Welten zu Erkenntnissen zu gelangen, besser nutzen. Dieses Wissen wird die Einsicht bringen, daß für dich als Seele alle Straßen nach Hause führen.

Durch Erfahrung wirst du die Welten GOTTES verstehen lernen und die Kraft erwerben, aus dem Kreis der Illusionen, die dich umgeben, herauszutreten. Du brauchst nicht zu warten, bis du den Himmel findest; du kannst GOTT schon *hier* und *jetzt* erkennen. Du brauchst nur all das zu sein, was du sein kannst. Mit der Zeit wirst du dann feststellen, daß Es die REALITÄT ist. GOTT findet man nicht durch Drogen oder indem man sich in Trance versetzt und mühevollen Übungen unterzieht, sondern indem man einfach um die Wahrheit seiner eigenen Existenz *weiß*.

Ich wurde im christlichen Glauben erzogen und dachte sogar eine Zeitlang ernsthaft daran, Geistlicher zu werden. Spirituelle Dinge haben mich schon immer interessiert, selbst als Kind. Ich verspürte eine natürliche Neugier nach dem Grund unserer Existenz auf dieser Erde und habe schon immer gewußt, daß es einen Schöpfer gibt, der das Spiel hier in Bewegung gesetzt hat. Doch die Erklärungen der Kirche befriedigten mich nur selten, und daher suchte ich meine Antworten hin und wieder auch in der Welt, im Leben.

Als Teenager war ich eine Zeitlang ein ziemlicher Rebell und wollte nicht mehr in die öffentliche Schule gehen, aber ich hatte noch nicht das erforderliche Alter erreicht. Eine kleine katholische Schule bot mir Schutz vor den staatlichen Bestimmungen und gab mir die Möglichkeit, ganz meinen eigenen Studien nachzugehen. Ich entschied mich für Theologie und Dichtung. Für mich gehörten diese beiden Gebiete zusammen: Das eine war das Ringen des Menschen um Verstehen, das andere der schönste Ausdruck jenes begrenzten Verständnisses.

Ich schien nie so ganz in eine der organisierten Religionen hineinzupassen, denn sie sind von Natur aus dazu bestimmt, eine große Menschenmasse anzusprechen. Alle Wissensgebiete, mit denen ich mich befaßt habe, alle Gruppen, denen ich beigetreten bin, und die verschiedenen Gottesdienste, an denen ich teilgenommen habe, waren für mich nichts weiter als interessante, lehrreiche Entdeckungsreisen. Ich bin meinem eigenen Weg gefolgt, was zu nicht unerheblichen Mißverständnissen zwischen mir und meiner Familie und meinem Freundeskreis geführt hat. Doch durch alle Glaubensvorstellungen, die den Schöpfer und unseren Platz in der Schöpfung betreffen, zieht sich ein gemeinsamer Faden. Nur wenige Menschen erkennen das direkt. Sie akzeptieren statt dessen lieber die Ideen und Überzeugungen anderer Leute und lassen sich dadurch die Entscheidung abnehmen, welchen Platz sie in den Welten GOTTES einnehmen.

Seit der letzten Traumbegegnung mit meinem Lehrer waren zwei Jahre vergangen. Ich hatte mich inzwischen mit den verschiedenen Arten und Weisen befaßt, auf die GOTT verehrt wird, auch mit ihrer Begründung und ihrer historischen Entwicklung. Aber wie stand es mit GOTT SELBST und mir? Was ist GOTT, und was bin ich? Alle Schriften deuten es an, aber keine geht direkt auf diese Frage ein. Warum nicht?

Der Goldene Faden, der sich durch alle Philosophien und Religionen zieht, ist das Wissen, daß es ein sehr persönliches Band zwischen GOTT und der Seele gibt. Die Verfasser wahrhaft erleuchteter Schriften wissen um dieses Band. Man kann diese Wahrheit aussprechen und darüber diskutieren; doch eigentlich geht sie über alle Worte und gedanklichen Konzepte hinaus. An irgendeinem Punkt des spirituellen Weges wird jeder von uns das tief in seinem Inneren erkennen. Mein Lehrer hatte mir gesagt, der Sinn des Lebens bestehe darin, GOTT kennenzulernen. Das schien mir ein mystischer Bezug zu sein, aber nichts Reales. Und doch ist es so einfach.

GOTT befindet sich am einen Ende des Goldenen Fadens und wir am anderen. Wir gehen dem Faden so lange nach, bis wir GOTT erkennen. Das wurde mein Ziel; die Sehnsucht danach brannte in meinem Inneren, und ich wußte, daß ich nicht eher aufgeben würde, als bis ich mein Ziel erreicht hatte, selbst wenn alles andere verging. Das war ein bedeutsamer Augenblick für mich. Damals wußte ich noch nichts von den vielen Welten der Schöpfung, den Herausforderungen, die mir bevorstanden, und den Schritten, die ich gehen und die mir auf so viele meiner Fragen Antwort geben würden. Ich spürte nur tief in meinem Inneren, daß ich auf dem Weg zur Wahrheit war.

Eines Abends machte ich noch einen späten Spaziergang durch die stillen Vorstadtstraßen im Norden Atlantas. Der Oktoberwind wirbelte die Blätter auf und rauschte in den

Baumwipfeln um mich her. Unter einer riesigen Eiche blieb ich stehen, setzte mich nieder und lehnte mich mit dem Rükken an den Baumstamm. Ich weiß nicht mehr, ob ich die Augen schloß oder nicht.

«Weißt du, was du willst?»

«Ich will GOTT», entgegnete ich meinem Lehrer, der neben mir saß.

«Und was ist mit deiner Verantwortung? Hast du das vergessen?»

«Ich habe mein Leben durchforscht und trage jetzt die Verantwortung.»

«Ja, das tust du – in vielerlei Hinsicht. Gerade die subtilen, unauffälligen Dinge dürfen wir nicht übersehen. Bei jeder Handlung müssen wir genau die Grenzen ziehen, wo unsere eigene Beteiligung anfängt und wo sie aufhört; und wir müssen jedem anderen Menschen die Freiheit lassen, so zu handeln, wie er will, und die Last seiner eigenen Beweise zu tragen. Du mußt die anderen Menschen loslassen. Du mußt deinen eigenen Weg finden; du verdankst den anderen nicht viel.»

«Können wir GOTT wirklich erkennen?»

Er antwortete nicht.

«Wie ist Er?» fragte ich.

«Die Schöpfung umfaßt viele Welten, und es gibt viele Wesen, die in dem einen oder anderen Glaubenssystem für GOTT gehalten werden. Manche Menschen sind in Trance und in ihren Träumen derartig mächtigen Wesen in so seltsamen Welten begegnet, daß sie diese Wesen für GOTT und deren Welt für den Himmel hielten. Dann schrieben sie ihre Erfahrung nieder und gründeten Religionen. Aber es hat sich nur selten um GOTT gehandelt. Du mußt diese Welten selbst durchschreiten und Es finden.»

«Was werde ich finden?»

«Du wirst die Erfahrungen entdecken, die dich als Seele vervollkommnen. Du wirst die Unterschiede zwischen der wahrgenommenen Erfahrung und IHM erkennen.»

«Und was ist dieses Es?»

«Es. Gott. Es gibt Tausende von Namen für den Schöpfer; jede Gruppe hat eine andere Bezeichnung dafür. Natürlich gibt es kein Wort, das die großartige Energie beschreiben kann, die all dies zustande gebracht hat. Das mußt du selbst erfahren, um es begreifen zu können. Dann wirst du lächeln und die Realität dessen, was du mit irgendeinem Namen bezeichnest, einfach *kennen*.»

«Gibt es einen ganz bestimmten Weg zu dieser Macht?»

«Ja – für dich gibt es nur *deinen* Weg. Für jede Seele gibt es einen individuellen Weg zu Gott. Jeder ist etwas anders und führt auch in einer etwas anderen Geschwindigkeit, einem anderen Rhythmus voran. Du wirst deinen Weg finden.»

«Und wo soll ich anfangen?»

«Beginne dort, wo du jetzt stehst.»

«Aber es gibt Hunderte von Möglichkeiten», wandte ich verwirrt ein.

«Sie alle sind Aspekte Gottes. In jedem Glaubenssystem, jedem Wissensgebiet wirst du zweierlei Arten von Prinzipien entdecken: solche, die sich auf die Welt des Handelns beziehen, in der du jetzt lebst, und ewige Prinzipien. Deshalb sollst du dich mit ihnen befassen: um aus ihnen zu lernen. Aber du brauchst dich nicht in alle intensiv zu vertiefen. Es gibt so viele verschiedene Gebiete, weil es so viele zersplitterte Wege zu Gott gibt. Du kannst und mußt nur eine begrenzte Anzahl von Prinzipien kennenlernen. Zwei Menschen, die sich mit ein und demselben Gebiet beschäftigen, werden höchstwahrscheinlich in ganz verschiedener Weise davon profitieren. Der Wert liegt nicht im Studium selbst, sondern in dem, was du daraus lernst.

Jedes philosophische System, jedes Wissensgebiet wird dich nur ein gewisses Stück weiterbringen. Du wirst merken, wann es an der Zeit ist, weiterzugehen. Manche sagen, daß das Rad des Lebens im Durchschnitt vierundachtzigtausend Leben umfassen kann. Wenn du versuchst, jeden dieser Aspekte zu meistern, wirst du das Gefühl haben, Gott nie erreichen zu können. Sieh die Wahrheit, wo immer du bist, und dann setze deine Reise fort.

Indem du daran denkst, daß du GOTT kennenlernen willst, baust du ein Bild auf, das sich in deinem Leben verwirklichen wird; und wenn du dieses Bild mit Sehnsucht erfüllst, wirst du dein Ziel um so rascher finden. Aber es gibt einen Punkt, über den du dir klarwerden solltest. Wenn du mit deinem Geist und deinen Emotionen zu GOTT findest, dann wirst du eine astrale und mentale Manifestation GOTTES entdecken, und deine Emotionen und dein Geist werden mit dieser Entdeckung zufrieden sein. Das ist aber nicht GOTT.

Wenn du von der Sehnsucht nach GOTT erfüllt bist, wirst du GOTT nicht finden. Du mußt von allem Begehren frei sein. Anfangs, wenn du dich nach GOTT sehnst, wirst du nach IHM suchen. Dein Verlangen wird im Mittelpunkt deiner Energie stehen. Wenn du Es dann nicht findest, wirst du entweder dein wahres Bedürfnis nach IHM entdecken, oder du wirst deine Suche aufgeben. Wenn dein Bedürfnis, Es zu finden, groß genug ist, dann wirst du Es auch entdecken, und zwar, weil du nicht länger begehrst.»

Mir schwirrte der Kopf von all diesen rätselhaften Neuigkeiten. «Aber was ist GOTT, wenn ich Es nicht erkennen kann?»

«Die sogenannten Gotterkenntnisse dieser Niedrigeren Welten sind nur verschwommene Aspekte GOTTES; sie sind sehr begrenzte Manifestationen GOTTES. In Wirklichkeit sind sie Seele und müssen sich innerhalb des Zyklus der Lebensverwirklichung bewegen wie alle Seelen. Du kannst diese Aspekte erkennen und an ihnen wachsen; aber jenseits dieser Welten liegt noch mehr. In den Regionen des Höheren Bewußtseins erkennt man GOTT nicht, sondern man *kennt* Es, weil man sich in SEINER Gegenwart SELBST *befindet.* Der menschliche Geist hat mit diesem Wissen nichts zu tun; und auch die Emotionen haben an dieser Entdeckung keinen Anteil. Die Seele ist sich GOTTES bewußt – ohne die Hemmnisse der niedrigeren Körper. Das bedeutet *Wissen.*»

«Manchmal fühle ich mich so einsam. Es gibt niemanden, mit dem ich über all das sprechen kann, was mit mir geschieht.»

«Wenn du den Mut zu verlieren drohst, denke daran, daß du innerlich mit einem Lehrer in Verbindung getreten bist. Wir arbeiten lange darauf hin; und wenn wir diese Verbindung erst einmal aufgebaut haben, sind wir schon nahe daran, unseren Weg zu finden. Jeder braucht einen Helfer, der ihn durch die unaussprechliche Dunkelheit führt. Ohne einen Führer kannst du zwar weit kommen; aber ohne die Hilfe eines Wesens, das schon vor dir dort gewesen ist, kannst du nicht an dein Ziel gelangen. Eines Tages wirst du ganz auf dich gestellt sein. Einen anderen Weg gibt es nicht.»

«Wirst du immer mein Lehrer sein?»

«Ich habe dich lange beobachtet. Dann batest du eines Tages um Führung.»

«Warst du das damals in meinem Wohnzimmer?»

Er schwieg. Die Zuneigung, die ich für Ihn empfand, überwältigte mich.

«Du wirst noch viele Meister haben, die dich führen. Jeder wird dir helfen, eine ganz spezielle Aufgabe zu bewältigen. Bald wirst du auf ein Wissensgebiet stoßen, das von einem dieser Meister begründet worden ist. Wenn du Seine Bücher liest und direkt mit Ihm auf den inneren Ebenen zusammenarbeitest, wirst du dich sehr rasch weiterentwickeln.

Am besten ist es, mit einem Lehrer gleichzeitig persönlich und in den inneren Welten zusammenzuarbeiten. Das war in den letzten Jahrtausenden nur einigen wenigen möglich. Aber jetzt müssen wir die spirituelle Entfaltung der Menschheit rascher vorantreiben. Um mehr Menschen zu erreichen, die innerlich bereit sind, hat ein Mann den Inhalt einer Lehre niedergeschrieben, die noch nie zuvor so ohne weiteres zugänglich war. Er hat in aller Offenheit zu Gruppen gesprochen und Seine Position zu erkennen gegeben. So etwas kommt in dieser Welt nur sehr selten vor. Viele befassen sich nun mit Seinem Werk.»

«Wird Er mir zeigen, wie ich GOTT finden kann?» fragte ich.

«Warum fragst du Ihn nicht selbst?»

Hinter den verästelten Zweigen der reglosen Bäume dämmerte bereits der Morgen. Wahrscheinlich bin ich nach Hause gegangen; aber ich erinnere mich nicht daran. Die Luft um mich her war in Bewegung, und ich fühlte ein inneres Brennen, das nach einer Antwort schrie. Ich wollte mehr erfahren!

7

Der Übergang

Ich hatte so viele Bücher gelesen und mich auch ein paar Gruppen angeschlossen, die sich mit spirituellen Fragen befaßten; aber in Wirklichkeit hatte ich nichts weiter als den Kopf voller Informationen. In meinem Herzen spürte ich immer noch die Gegenwart meines Meisters, obwohl seit meiner Begegnung mit Ihm schon viele, viele Monate vergangen waren.

Ich hatte inzwischen mit zurückgebliebenen Kindern gearbeitet und im städtischen Krankenhaus alte Menschen gepflegt. Ich hatte geheiratet und war dabei, eine Familie zu gründen; unser erstes Kind sollte in ein paar Tagen zur Welt kommen. Ich schlief unruhig. Und was für Träume ich hatte! Sie waren verworren, und ich konnte mich hinterher nur noch vage an die Details erinnern. Doch als ich ein paar Tage später meiner neugeborenen Tochter in die Augen blickte, wußte ich, daß diese Träume etwas mit ihr zu tun hatten. Erst Jahre später, als ich die Fähigkeit und das Gewahrsein hatte, jene Zeit wieder heraufzubeschwören, stellte ich fest, daß ich im Traumzustand bereits vor ihrer Geburt mit ihr in Kontakt getreten war. Wir hatten über die schwierigen Veränderungen gesprochen, die uns wahrscheinlich bevorstanden, und ich hatte ihr versprochen, sie in diesen schweren Zeiten zu unterstützen. Daraufhin hatte sie beschlossen, in dieser Zeit und an diesem Ort zur Welt zu kommen.

Als ich ein paar Wochen nach ihrer Geburt an der Kasse eines Ladens Schlange stand, streckte ein Taschenbuch vom Regal seine Hand nach mir aus und hielt mich fest. Es hieß *Leben nach dem Leben*, war von Raymond Moody und beschrieb Fälle von Menschen, die «gestorben» und zum Erstaunen der Ärzte wieder ins Leben zurückgekehrt waren. Es schilderte die Sterbeszenen und den friedvollen Übergang ins Jenseits und berichtete auch von ihrem Leben nach dem Tode. Es war in einem einfachen, leichtverständlichen Stil geschrieben – ganz anders als die mystischen Bücher, die ich gewohnt war. Damals fand ich es sehr interessant und speicherte diese Informationen innerlich ab. Nun, da es ein kleines Kind in meinem Leben gab, war mein Leben ausgefüllt und voller Bewegung.

An einem bewölkten Novembernachmittag – ich hatte gerade meine Runde im dritten Stock des Krankenhauses gemacht und die alten Patienten behandelt – stieg ich in den Personalaufzug. Als ich die Tür hinter mir schloß, empfand ich so etwas wie ein Schwindelgefühl; es war, als träte ich aus mir selbst heraus. Dann wurde mir bewußt, daß ich neben meinem Großvater saß. Er lag in einem Bett im Krankenhaus und war blaß und dünner als bei unserem letzten Wiedersehen. Er sah mich an, streckte die Hand nach meinem Arm aus, rang nach Luft und starb.

Dann merkte ich, daß die Tür des Fahrstuhls aufging und Krankenschwestern hereinkamen. Ich lehnte mich an die Edelstahlwand des Fahrstuhls und versuchte mich zu sammeln. Anschließend ging ich noch eine halbe Stunde lang auf dem Korridor auf und ab und versuchte zu analysieren, was geschehen war. Aber ich war mir nicht so sicher, ob wirklich mehr als eine bloße Phantasievorstellung dahintersteckte.

Dann hörte ich, wie durch den Lautsprecher mein Name ausgerufen wurde. Meine Mutter wollte mit mir sprechen. Sie wußte gar nicht, wie sie es mir beibringen sollte: Sie hatte eben einen Anruf vom Krankenhaus erhalten und erfahren, daß mein Großvater ganz plötzlich gestorben war. Sie entschuldigte sich dafür, mir nicht gesagt zu haben, daß er vor ein paar Tagen dort eingeliefert worden war. Niemand hatte geglaubt, daß es etwas Ernstes war. Sein Herz hatte versagt. Sie sagte, er sei allein gestorben; aber ich wußte, daß das nicht stimmte. Ich war bei ihm gewesen.

Tausende von Gedanken rasten mir durch den Kopf, und ich spürte eine Traurigkeit, wie ich sie noch nie zuvor in diesem Leben empfunden hatte. Nachdem ich den ersten Schock überwunden hatte, wurde mir auf der Rückfahrt von seiner Beerdigung klar, wie sehr das Buch an der Kasse mir geholfen hatte, seinen Tod leichter zu akzeptieren. Der Tod war für mich nun keine abstrakte Prämisse mehr; er war real und in unmittelbare Nähe gerückt. Das Wissen, daß überall auf der Welt Menschen bestätigten, was mein innerer Lehrer mir erzählt hatte, tröstete mich ein wenig: Das Leben hört nicht auf. Der Tod ist nur ein Augenblick. Dennoch empfinden wir, die in der physischen Welt zurückbleiben, beim Dahinscheiden eines geliebten Menschen Trauer und ein Gefühl des Verlustes.

An jenem Abend fuhr ich zu dem Haus auf dem Land, wo ich ihm zum erstenmal begegnet war. Ich stellte mein Auto neben dem «alten Haus» ab, dem Holzhaus, in dem er vierzig Jahre lang gelebt hatte. Ich blickte zu den Pecanobäumen hinüber, die in sanftes Mondlicht getaucht waren, und erinnerte mich an sein Gelächter. Dann wanderte ich die sandige Straße entlang, die das Getreidefeld säumte, und schlängelte mich zwischen den tief herabhängenden Zweigen der Bäume hindurch. Dort im dichten Gebüsch lag der riesige Felsbrocken, den er und noch zwei andere Männer im Jahr 1953 mit Hilfe eines Maultiers aus dem Feld gezogen hatten. Großvater hatte ihn glühend vom Himmel fallen sehen und tagelang beobachtet, ehe er versuchte, ihn aus dem Krater herauszuziehen, den er beim Aufprall in die Erde geschlagen hatte. Als ich ein kleiner Junge war, hatte er mit geheimnisvoller

Stimme von ihm erzählt und ihn mir gezeigt. Der rostfarbene Eisenblock lag immer noch am Straßenrand, zernarbt von der glühenden Hitze, die ihn auf seiner Reise zur Erde versengt hatte.

Die Erinnerung an diese Begebenheit war noch sehr lebendig in mir. Ich blieb stehen und dachte an einen anderen Abend zurück, den ich mit Großvater verbracht hatte. Wir waren gemeinsam dieselbe alte Straße entlanggewandert, und ich hatte ihn gefragt, wo denn die goldene Mondsichel herkomme, die im Osten am Himmel hing. Da erzählte er mir, Gott habe seinen Daumennagel beschnitten und an den Himmel gehängt, damit die Menschen sich immer an Ihn erinnerten. Ja, der Mond erinnerte mich tatsächlich an Ihn. Ein intensives Gefühl des Verlustes überwältigte mich. Ich fragte mich, wo Großvater wohl jetzt war. Ich blickte zum Himmel empor, sah die Wolken, durch die das Licht des Vollmondes drang, und wünschte mir mehr als alles andere, wieder mit ihm sprechen zu können.

Als ich weiterging, legte sich mein Kummer allmählich. Zuerst merkte ich es gar nicht; aber dann wurde mir plötzlich bewußt, daß ich still vor mich hin lachte. Das hatten wir oft getan, wenn wir diese Straße entlanggingen; wir lachten einfach in uns hinein, und der Grund dafür blieb unausgesprochen. Da sah ich aus den Augenwinkeln eine Gestalt und wandte mich nach links. Es war Großvater, wenn auch nur ein schwaches, verschwommenes Abbild – er war es tatsächlich! Wir sahen uns nur an und er lächelte. Nach ein paar Minuten überwältigte mich die Intensität meiner Empfindungen, und ich schloß die Augen. Als ich sie wieder aufschlug, war er fort, obwohl ich sein Lachen immer noch hören konnte.

Am nächsten Tag machte ich mich auf die Rückfahrt nach Atlanta und beschloß, sein Grab noch ein letztes Mal zu besuchen. Der Friedhof, auf dem er lag, war nicht groß, und einige der Leute, die dort begraben waren, hatte ich in meiner Jugend gekannt. Ich fuhr durch das schmale Eingangstor zu dem Teil des Friedhofs, wo die neuen Gräber lagen. Als ich ausstieg, rechnete ich damit, frisch aufgeschüttete Erde und Blumen zu sehen; aber sein Grab war nicht da. Ich ging Hunderte von Metern in alle Richtungen, aber ich fand die Stelle nicht mehr. Frustriert stieg ich wieder ins Auto und verließ den Friedhof; aber die Sache ließ mir keine Ruhe. Also fuhr ich wieder zurück und suchte noch einmal nach der Stelle. Sein Grab war nirgends zu finden. Ich beobachtete die Vögel, die den frischgemähten Rasen absuchten, und schließlich entspannte ich mich. Ich spürte, wie eine Stimme tief in meinem Inneren sagte: «Er ist nicht hier; du bist ihm gestern abend begegnet. In deinem Herzen ist er immer bei dir.»

Ich verließ den Friedhof und die kleine Stadt und habe sein Grab seitdem nie wieder besucht. Er ist nicht dort.

Der Tod war ein Rätsel für mich, bis ich später las, was im Augenblick des Sterbens passiert. Doch selbst dann war er immer noch keine Realität für mich; ich mußte mir diese Erfahrung selbst demonstrieren. Das geschah erst ein paar Jahre später, als ich lernte, wie man sein körperliches Bewußtsein freiwillig verläßt und andere Bereiche erforscht. Wir verlassen unseren Körper nicht tatsächlich, sondern wir verlagern unser Bewußtsein auf eine andere Erfahrungsebene in unserem Inneren. Dieser Zustand kann normalerweise nicht viel länger als eine Stunde andauern. In dieser Zeit können wir eine andere Handlungsebene wahrnehmen und uns dort betätigen. Dann kehrt unser Bewußtsein wieder in unseren physischen Körper zurück, der während dieser Zeit schlief oder in Meditation versunken war.

Im Sterben zerreißt das Band, das die Seele mit dem Körper verbindet. Dabei ist das Bewußtsein blockiert, aber manchmal nur für einen Augenblick. In manchen Untersuchungen wird eine silberne Schnur erwähnt, die die Seele mit den verschiedenen Körpern verbindet. Grundsätzlich stimmt das. Wenn wir unser Bewußtsein nur verlagern, bleibt das Band unversehrt; aber beim physischen Tod wird es durchtrennt. Dann wird dem Verstorbenen bewußt, daß er sich in einer neuen Umgebung befindet, einer Art Zwischenstation, wo ein sanfter, allmählicher Übergang stattfinden kann. Manchmal werden wir dort von Freunden und Verwandten begrüßt, aber nicht immer. Es gibt Wesen, die für diesen Übergang zuständig sind, und einen Meister, der den ganzen Prozeß überwacht. Für die Seele, die in Ihrem irdischen Leben bewußt mit einem Meister zusammengearbeitet hat, ist Er da, um Sie zu begleiten. Ist es zu schweren körperlichen Verletzungen gekommen, die einen gewaltsamen Tod herbeiführten, dann war er wahrscheinlich auch von starken emotionalen Reaktionen begleitet, die ausgeglichen werden müssen. Dafür wird in diesem Stadium gesorgt.

Die Zeit, die man in diesem Zwischenbewußtsein verbringt, ist von den Bedürfnissen des einzelnen abhängig. In diesem Bereich der Astralebene wird die Zeit auch sehr unterschiedlich wahrgenommen; doch im allgemeinen hält man sich nicht sehr lange dort auf. Das Karma, in das man sich während seines Lebens verstrickt hat, wird noch einmal rekapituliert, und die Wesen, die in diesem Bereich arbeiten, helfen bei der Entscheidung mit, wo die Seele Ihren Lernzyklus am besten fortsetzen kann. Das ist das Gericht, das in religiösen Schriften so oft erwähnt wird. Die Seele ist sich dieses Rückblicks bewußt. Die Aktionen und Reaktionen, an denen Sie beteiligt war, während Sie in einem physischen Körper wohnte, ziehen noch einmal an Ihr vorüber.

Karma ist der Ausgleich unserer Handlungen, ob sie uns bewußt sind oder nicht; und die Wesen des Zwischenbewußtseins helfen mit, die Umgebung zu finden, in der die Seele Ihre karmische Schuld am besten ausgleichen kann. Sowohl Schuld als auch Belohnung werden bei diesem Ausgleich sehr exakt berücksichtigt. Er kann, wenn man die großen Zusammenhänge nicht begreift, kalt, manchmal sogar grausam wirken.

Es mag sein, daß den Bedürfnissen der Seele am meisten gedient ist, wenn Sie in einen anderen Bereich der Astralebene oder in eine Ebene der Niedrigeren Welten eintritt. Interessanterweise unterliegen die Erfahrungen in der materiellen Welt, auf unserem Planeten, einer starken Beschleunigung, und es ist etwas schwierig, hier wiedergeboren zu werden. Es gibt so viele, die ihre Verpflichtungen erfüllen möchten, und in der materiellen Welt nimmt das im allgemeinen weniger Zeit in Anspruch. Man steht sozusagen Schlange.

Wenn wir während unseres irdischen Lebens einem Meister gefolgt sind, wird Er sich nach unserem Tod direkt um uns kümmern und entscheiden, welcher Weg für uns der beste ist. Diejenigen, die auf dem spirituellen Weg schon weiter fortgeschritten sind, können selbst entscheiden, welchen Weg ihre Seele als nächstes einschlagen soll.

Wenn es überhaupt eine Hölle gibt, so ist sie vielleicht das Stadium, in dem der Seele Ihre karmische Verantwortung bewußt wird: wenn Sie das Resultat Ihrer Handlungen im vergangenen Leben erkennt und Ihr klarwird, daß Sie diese Bürde nun wieder ausgleichen muß. In diesem Augenblick kommt Ihr das vielleicht sehr traurig vor; aber auf diese Weise lernt Sie und entwickelt sich weiter. Es gibt kein ewiges Feuer, das die Seele erdulden muß. Diese Vorstellung ist nur eine menschliche Erfindung. In der niedrigeren Astralwelt gibt es zwar Orte, die an die menschlichen Beschreibungen der Hölle erinnern, und auch dort sind Seelen; aber das ist keine Strafe, sondern die Erfahrung, die Sie durchlaufen müssen. Ich habe Orte auf diesem Planeten gesehen, die tatsächlich die Hölle sind; aber die Menschen lebten aufgrund ihrer eigenen Entscheidung dort. In ihrem Bewußtsein empfanden sie sie vielleicht nicht als Hölle. Vielleicht taten sie es aber auch und beschlossen trotzdem, ihr Leben nicht zu ändern. In den anderen Welten ist es ganz ähnlich.

Nachdem die Seele Ihre karmische Schuld ausgeglichen hat, muß Sie nicht mehr in der physischen Welt wiedergeboren werden. Sie kann dann in Ihrem Bewußtseinsbereich verweilen. Das kann die mentale Ebene sein. Hat die Seele Ihr volles Gewahrsein erlangt, wird Sie ins Seelenbewußtsein zurückkehren und muß nie wieder den Zyklus der Wiedergeburt erdulden. Von dort aus wird Sie weiter voranschreiten, um die Erkenntnis der Höheren Welten zu erlangen, aber keinen Sterbeprozeß mehr durchlaufen.

Hängt die Seele gefühlsmäßig sehr an dem Leben, das Sie durch den Tod gezwungenermaßen aufgegeben hat, kann es sein, daß Sie eine Zeitlang zwischen der physischen Welt und dem Zwischenbewußtsein weilt. Dieser Zustand geht im allgemeinen vorüber, sobald die Seele erkennt, daß Sie keinen materiellen Körper mehr besitzt und weitergehen muß. Manchmal gibt es noch etwas Unerledigtes, das Sie erst lösen möchte, um dann in Frieden hinübergehen zu können.

Manchmal ist die Seele aber auch eigensinnig und bleibt an das Leben, das Sie sich gewünscht hat, gebunden, indem Sie durch die Emotionen und die Energie eines anderen Menschen, den Sie in Ihrem irdischen Leben kannte, weiterlebt. Sie kann auch aufgrund Ihrer puren Willenskraft dableiben, die ihre Wurzeln im Zorn hat. Dann braucht es unter Umständen jemanden, der die Fähigkeit besitzt, dieser Seele zu zeigen, was wirklich geschieht, um Sie zum Übergang in eine andere Seinsebene zu bewegen. Wir können die Anwesenheit einer solchen Seele, die zwischen zwei Welten gefangen ist, leicht spüren; oft nehmen wir über unser astrales Sehvermögen auch ein schwaches Bild Ihres Astralkörpers wahr.

Meine Frau und ich kauften einmal ein Haus, in dessen einem Ende noch zwei Seelen weilten. Anfangs störte ihre Anwesenheit mich nicht, doch nach und nach brachten sie den Haushalt immer mehr durcheinander. Bei Nachforschungen stellte ich fest, daß in den dreißiger Jahren in einem Haus, das teilweise an derselben Stelle gestanden hatte wie unser jetziges, ein entsetzlicher Brand ausgebrochen war. Ein kleiner Junge und seine Schwester im Teenageralter waren dabei umgekommen – und zwar hauptsächlich deshalb, weil ihr Vater betrunken gewesen war und leichtfertig das Holzhaus in Brand gesetzt hatte. Sie starben bei dem Versuch, den Flammen zu entkommen. Beide waren verbittert und aggressiv, denn der Zustand des Gefangenseins zwischen dieser

Welt und der Astralebene brachte sie völlig aus dem Gleichgewicht. Ihr Haß auf ihren Vater, zu dem sie nie eine gute Beziehung gehabt hatten, und ihre Bitterkeit darüber, daß sie nicht mehr an dem Leben teilhaben durften, nach dem sie sich sehnten, hielten sie an diesem Ort gefangen..

Meine Versuche, mit ihnen in Verbindung zu treten, schlugen fehl; es verärgerte sie nur noch mehr. Ihre Anwesenheit an sich störte mich nicht, und ich respektierte ihren Wunsch, dort zu sein. Doch eines Abends brachten sie meine Frau in Verwirrung, indem sie sich um sie drängten und mit Ängsten und Mißtrauen in ihren emotionalen Körper eindrangen. Auch mich griffen sie an. Damit war meine Geduld zu Ende, und ich setzte meine persönliche Energie ein, um die Schwingungen ihrer Umgebung zu verändern, und zwang sie auf diese Weise, in die Astralwelt hinüberzugehen. Von dort sind sie nicht wieder zurückgekehrt und können es auch nicht.

Wer mit einem Meister zusammenarbeitet und die Fähigkeit entwickelt hat, sein Bewußtsein mühelos zu verlagern, für den wird der Tod kaum noch ein Einschnitt sein. Er wird kaum oder gar keine Angst haben und von einem Meister begleitet werden, der ihn dorthin führt, wo er seinen Weg jetzt fortsetzen muß. Der Tod ist nur ein feiner, kaum merklicher Übergang – viel feiner, als wir uns träumen lassen. Die meisten von uns haben Angst vor dem Unbekannten und schrekken deshalb davor zurück, eine neue Erfahrung zu machen. Doch wer den aktiven spirituellen Weg einschlägt, dem wird langsam und allmählich beigebracht, wie man seine Bindungen an diese Welt hinter sich läßt und unerschrocken auf die Suche nach sich selbst geht.

«Nur die Tapferen erfahren GOTT», hat mein Meister einmal zu mir gesagt. Er hatte recht.

Es ist ganz natürlich, daß wir ein schmerzliches Gefühl des Verlustes empfinden, wenn ein uns nahestehender Mensch stirbt. Unser Geist funktioniert nach ganz bestimmten Denkmustern und kann es nicht so ohne weiteres akzeptieren, daß er nicht mehr die vertrauten, bekannten Bilder um sich hat.

Tief in unserem Herzen, unserem Seelenbewußtsein, wissen wir vielleicht, daß der geliebte Mensch sein Bewußtsein nur verlagert hat, als sein physischer Körper verschied. Das kann uns ein kleiner Trost sein, bis unser Geist und unsere Emotionen wieder ins Gleichgewicht gekommen sind.

Die enge Verbindung zwischen mir und meinem Großvater hatte ihn auch nach seinem Tod noch in dieser Welt gehalten – so lange, bis er mir in jener Nacht auf der Straße begegnet war und mir auf diese Weise noch einmal seine Liebe zum Ausdruck gebracht hatte. Nachdem er diese Aufgabe erfüllt hatte, ging er auf die Zwischenebene hinüber. Ich empfand eine ungeheure Zuneigung zu ihm. Als junger Mensch hatte ich ihn lange Zeit vergöttert. Dies verstärkte sich mit seinem Tod nur noch.

Einige Jahre später war ich im Traumzustand bei ihm. Ich verlagerte mein Bewußtsein an die Stelle der Astralebene, an der er sich damals befand. Wir saßen auf dem Rücksitz eines Autos und fuhren durch die ländliche Gegend, in der er früher gelebt hatte. Ich geriet in Begeisterung, erinnerte ihn an die vielen Geschichten, die er mir immer erzählt hatte, und freute mich darüber, daß wir jetzt wieder zusammen waren, genau wie damals. Er blickte mich streng an und tadelte mich, weil ich immer noch in den Erinnerungen meiner längst vergangenen Kindheit lebte. Er erklärte mir, daß er viele Fehler habe, mit denen er sich nun auseinandersetzen müsse. Dann hielt das Auto an, und ich stieg aus. Als ich erwachte, schrie ich laut «Nein!» Großvater hatte mir helfen wollen, mich von meinen idealisierenden Erinnerungen an ihn zu lösen und ihn endlich so zu sehen, wie er wirklich gewesen war: ein Mann mit großen Stärken, aber auch vielen Schwächen. Eines Abends kurz nach diesem Erlebnis begegnete ich ihm wieder.

Innere Vereinigung

Dein Bild, wie ich es kannte,
schwebt dort neben dem Riß in der Wand,
obwohl du schon im Herbst vor drei Jahren
diese Welt verlassen hast.
Ruhig, mit leicht gesenktem Kopf
stehst du vor dem vergilbten Foto
hinter dem trüben Glasrahmen.

Ich habe mir oft gewünscht, dich wiederzusehen,
und dich in jedem Feld gesucht,
an dem ich vorüberfuhr.
Wenn die Welt mir ein mürrisches Gesicht
und taube Ohren zukehrte,
fragte ich, wo du bist.

Doch dann löste ich mich von meiner Sehnsucht
und beschloß, wieder mit dir zu lachen,
aber in respektvoller Stille.

Jetzt klopfe ich mit dem Bleistift
an den Einband dieses Buches,
in das ich meine Gedichte gekritzelt habe,
und denke gar nicht an dich –
und da bist du plötzlich
auf dem lebendigen Bildschirm meines Geistes,
viel realer, als ich mir hätte träumen lassen.
Tränen treten mir in die Augen.
Du, mein unzertrennlicher Freund,
zeigst mir, wie ich dich wieder kennenlernen kann.
Alle Formen und Gestalten der Erde
verfallen und verwesen;
doch die Lebenskraft
dreht sich immer im Kreis des inneren Sinns.

Mein lieber Freund,
damals bedurfte es eigentlich keiner Worte,
und es bedarf auch jetzt keiner Worte mehr.

Sechs Jahre nach seinem Tod kam einer meiner Freunde, mit dem ich zusammengearbeitet hatte, bei einem Autounfall ums Leben. Als ich an jenem Abend nach Hause ging, war ich traurig über den Verlust meines Freundes, aber eigentlich nicht sonderlich aufgewühlt. Ich war ganz ruhig – bis ich plötzlich aus dem Fenster sah. Ich begann zu lachen, und dann stieg tief aus meinem Inneren ein Tränenstrom empor. Der Tod meines Freundes hatte die tief in meinem Inneren eingesperrten Gefühle an die Oberfläche gebracht, die der Verlust meines Großvaters damals in mir ausgelöst hatte. Ich weinte stundenlang, und als ich am nächsten Morgen aufwachte, hatte ich immer noch Tränen in den Augen. Endlich hatte ich mich von meiner emotionalen Bindung an unsere gemeinsame Zeit hier auf der Erde gelöst. Damit war ich von der Gewalt befreit, die die Vergangenheit über mich gehabt hatte.

Auch jetzt treffen wir uns noch hin und wieder. Ich gehe dorthin, wo er sich aufhält, und es ist fast genauso wie früher. Er haßt es, zu reisen. Es geht ihm gut, und er lacht immer noch aus der Fülle der Zufriedenheit mit seinem Leben heraus. Wir werden immer Freunde bleiben.

8

Was Wissen bedeutet

Seit Großvaters Tod waren zwei Jahre vergangen. Ich widmete einen Großteil meiner Zeit meinem neuen Beruf: dem Verkauf von Autobedarfsartikeln im Großhandel. Äußerlich betrachtet war das eine Zeit voller Herausforderungen für mich. Ich hatte eine Familie gegründet und bemühte mich, uns ein angenehmes Leben zu ermöglichen. Gleichzeitig widmete ich mich nach wie vor meinen spirituellen Studien, wenn ich Zeit dazu fand. Das Feuer in meinem Inneren brannte immer noch; aber die Flamme war kleiner geworden. Ich hatte damals noch keinen klaren Weg vor Augen, und deshalb dachte ich einfach in aller Ruhe über die Geheimnisse unserer irdischen Existenz nach, wann immer ich konnte.

Manchmal ging ich spät nachts noch spazieren. Häufig blieb ich dann stehen und blickte zum Himmel empor. Was hatte ich hier auf diesem Planeten zu tun; warum war ich hier? Ich muß ehrlich sagen, daß es nur sehr wenige Dinge gab, die mein Interesse lange in Anspruch nehmen konnten – weder das Geschäft noch die Bücher über okkulte Themen. Es gab niemanden, mit dem ich darüber reden konnte, was ich empfand. Mein Leben war bequem, aber nicht glücklich.

Zu meinen Kunden gehörte eine Lastwagenreparaturwerkstätte, in der ich jede Woche vorbeischaute. Der Besitzer hieß Hutch und war ein netter Kerl Ende Dreißig. Er pflegte lächelnd, mit leicht gesenktem Kopf vor mir zu stehen, und zwischen seinen Lippen hing immer eine Zigarette. Die engen Hemden betonten seinen kräftigen Körperbau. Er rollte seine schon kurzen Ärmel noch höher hinauf; an dieser Stelle steckte im allgemeinen eine Schachtel Zigaretten. Wir boten vielleicht einen Anblick, wenn wir nebeneinander standen! Ich trug lange Haare, wie es damals Mode war; seine dagegen waren sehr kurz.

Anfangs redeten wir nicht viel miteinander. Wir machten ein paar Bemerkungen über das Wetter oder irgendein anderes Thema, und dann begann ich ihm meine Produkte anzupreisen. Er hörte mir höflich zu und begann mir dann zu erläutern, was sein Betrieb brauchte. So ließ er mich auf sehr freundliche Weise wissen, daß es nicht viel gab, was ich ihm anbieten konnte: nur kleine Artikel, die nicht viel einbrachten. Aber einstweilen war ich damit zufrieden.

Eines eiskalten Wintermorgens besuchte ich ihn sehr früh. Eine dicke Reifdecke lag auf der Wiese vor der Tür. Wir begrüßten uns und begannen wie üblich über das Wetter zu reden; doch dann erzählte er mir von einer Theorie, durch die sich die Wetterabläufe, wie wir sie kannten, einschneidend verändern ließen. Er redete fünfzehn Minuten lang und kam dabei vom Wetter auf die Kräfte zu sprechen, die die Erde selbst steuern. Ich war fasziniert und fragte ihn, wo er diese Informationen herhabe; doch darüber verriet er nicht viel. Im Lauf der nächsten Wochen diskutierten wir ausführlicher über seine Ideen, und ich beharrte auf meiner Frage, wo sie denn herstammten.

Eines Tages überreichte er mir zur Begrüßung ein Buch. Er erklärte mir, dieses Buch sei die Grundlage seiner Ideen; er befasse sich gerade mit einer Reihe von Vorträgen dieses Autors. Ich bedankte mich, und auf dem Weg zum Auto blätterte ich es durch.

Sechs Stunden später klopfte er an meine Windschutzscheibe. Ich hatte inzwischen den größten Teil des Buches gelesen und nicht einmal gemerkt, wie die Zeit verging!

Dieses Buch gehört – zusammen mit noch zwei anderen Werken desselben Autors – zu den Einflüssen, die mein Leben am meisten verändert haben. Es ist durchaus möglich, daß diese Bücher die großartigsten Werke sind, die es heute auf diesem Planeten gibt. Instinktiv erkannte ich jedes Wort wieder, das ich las – als hätte ich das alles schon einmal gehört. Ich hatte den Weg und die Schriften des Meisters entdeckt, von dem mein Lehrer mir erzählt hatte. Sofort besorgte ich mir die Vorträge und wurde vier Jahre lang Mitglied in der Organisation, die er gegründet hatte. Auch heute besuche ich noch hin und wieder das eine oder andere Seminar und pflege den Kontakt zu einigen Leuten, die ich damals kennenlernte; aber ich gehöre jetzt keiner organisierten Gruppe mehr an. Ich weiß, daß dieses Werk zu den größten Lehren gehört, die es in der äußeren Welt geben kann, und ich unterstütze die Bemühungen, diese Informationen zugänglich zu machen.

Nebenbei möchte ich noch erwähnen, daß mein damaliger Kunde und Freund – wir sind nach wie vor Freunde – sich später von der äußeren Lehre löste, in die er mich eingeführt hatte. Alles hat seine Zeit; dann muß man sich verändern und weiterentwickeln. Das ist der natürliche Fluß der Dinge.

Jenes Buch bestand zum großen Teil aus einer Reihe von Übungen, mit deren Hilfe man sein Bewußtsein in Bereiche umfassenderen Wissens verlagern kann. Dabei erwirbt man Informationen und Erfahrungen, die in dieser Welt nicht so ohne weiteres erreichbar sind. Ich mußte erst einige Zeit üben, ehe es mir gelang. Hier sind einige Notizen, die ich in der Zeit meiner ersten Begegnung mit meinem neuen Lehrer niederschrieb:

Aus dem Notizbuch:

Ich wollte wissen, wie man sein inneres Ich an irgendeinen anderen Ort auf diesem Planeten projizieren kann. Keine

Astralprojektion, sondern das, was man als Seelenreise bezeichnet. Ich hatte die Übungen, die ich in dem Kurs und aus den Büchern gelernt hatte, ausprobiert; doch außer einem Gefühl der Leichtigkeit erlebte ich dabei nur wenig.

Eines Abends, nachdem ich noch spät meditiert hatte, beschloß ich, zu Bett zu gehen. Ich bat um einen Beweis, daß ich den Weg gefunden hatte, von dem mein Lehrer mir erzählt hatte, und schloß die Augen. Plötzlich stand ich ganz oben auf einem hohen Gebäude im Zentrum der Stadt, von dem ich wußte, daß es gerade gebaut wurde. Ich spürte, wie um mich her der Wind wehte, und blickte an der einen Seite des Gebäudes herab auf das blaue Neonlicht des Firmenzeichens. Die ganze Stadt lag unter mir. Da spürte ich einen Schlag am rechten Arm, und als ich die Augen aufschlug, fand ich mich im Bett wieder. Ich hatte es geschafft! Es war alles so real – all meine Sinne waren dort oben auf dem Gebäude gewesen. Dann hatte meine Frau sich im Schlaf umgedreht, mich dabei am Arm gestreift und meine Aufmerksamkeit dadurch in meinen Körper zurückgerufen. Ich sah meinen Lehrer damals zwar nicht, aber Er muß mir dabei geholfen haben.

Ehe ich die Vergangenheit in mir zum Leben erweckte – oder vielleicht sollte ich lieber sagen: ehe ich mich an meine früheren Leben erinnerte –, arbeitete ich mit Informationen, die mir bekannt waren, ohne daß ich sagen konnte, woher ich sie kannte. Viele Stellen in den Büchern meines Meisters sprachen plötzlich mit der Stimme irgendeines Menschen zu mir, den ich kannte, als lebte ich in einer fernen Erinnerung. Nachdem ich monatelang versucht hatte, mit Ihm in Verbindung zu treten, stellte ich Ihm schließlich ein Ultimatum: Wenn Du da bist, dann weißt Du, daß ich versuche, Dich zu erreichen. Wenn Du existierst, dann hilf mir jetzt.

Nichts geschah. Ich sackte an jenem schläfrigen Nachmittag noch tiefer in mein Sofa hinein, dachte über meinen Mißerfolg nach und schlief dabei schließlich ein. Als ich wieder aus dem Schlaf auffuhr, sagte ich mir, ich müsse es wohl auf einem anderen Weg versuchen. Da merkte ich, daß ich in einem Wald am Rande eines Sandweges saß. Ich hatte diesen Ort noch nie gesehen, und da ich ziemlich abenteuerlustig bin, machte ich mich auf den Weg und ging in die einzige Richtung, die mir sinnvoll erschien.

Ich ging völlig in diesem Augenblick auf und hatte keinerlei Verbindung mehr mit meinem Körper auf dem Sofa. Ich lief den Weg entlang in eine Richtung, die mich zu rufen schien.

Die Farben waren leuchtender und unmittelbarer, als ich je Farben gesehen habe. Der Wald schien endlos zu sein (und das ist er, glaube ich, auch); und doch stand ich schon nach ein paar Sekunden vor einem einfachen Unterschlupf aus Ästen und Reisig. Er schien mir dort genau am rechten Ort zu stehen, und ich begann mir im Geist einzuprägen, wie er gebaut war. Da erschreckte mich eine Stimme, die aus dem Inneren der Hütte kam.

«Suchst du etwas?» fragte ein Mann. Er trat halb aus der Hütte heraus, blickte mich an und grunzte. Dann ging er wieder hinein.

«Eigentlich nicht», antwortete ich mit zaghafter Stimme.

«Ich nehme an, du suchst einen Lehrer, der dir all deine Fragen beantworten kann», sagte die Stimme aus dem Inneren der Hütte. Da wurde mir klar, daß ich die Stimme nicht mit meinen Ohren hörte: Sie kam aus meinem eigenen Inneren.

Ich nahm meinen ganzen Mut zusammen und antwortete: «Ja, ich will dich kennenlernen. Darf ich hereinkommen?»

Von innen kam keine Antwort. Aber ich wußte, daß ich dieses Gespräch fortführen mußte; also spähte ich hinein. Dort saß ein kleiner, einfach aussehender Mann mit glattrasiertem Gesicht. Er trug ein helles Hemd und Hosen, die lokker um seine Beine hingen. Jetzt sah Er mich direkt an und sagte: «Diese Antworten kann ich dir nicht geben. Ich bezweifle, ob überhaupt irgend jemand es kann.»

Ich war mir nicht sicher, was ich als nächstes tun sollte. Ich wußte ja nicht, wer Er war und ob ich überhaupt hiersein durfte. Ich wandte mich bereits wieder zum Gehen; da stand Er auf und sagte: «Ich bin nur ein Mensch wie du, der über die Wunder dieser Welten staunt. Du bist mir sehr ähnlich; du erlebst und erfährst das alles in diesem Augenblick. Und ich frage dich: Was gibt es noch?»

Ich erinnere mich noch, wie einfach mir damals alles vorkam: Ich stand inmitten eines endlosen Waldes, und es gab nichts Wichtiges außer dem, was im Augenblick vor mir lag.

Er bat mich, zu Ihm zu kommen, und wir setzten uns auf den sandigen Boden der einfachen Hütte. Ich fragte Ihn, ob Er hier wohne; aber Er lachte nur und erklärte mir, Er sei selbst nur spazierengegangen und habe beschlossen, sich hier eine Weile auszuruhen. Dann musterte Er mich neugierig, und es herrschte ein unbehagliches Schweigen. Schließlich forderte Er mich auf, Ihm offen zu sagen, was mich bewegte.

Ich suchte nach Worten; aber es gab keine, mit denen ich meine Empfindungen hätte ausdrücken können. Es gab so vieles, was ich wissen wollte; doch ich schüttelte den Kopf.

«Weißt du was? Wenn du deine ganze Zeit damit verbringst, über die Dinge nachzudenken, die du nicht weißt, läufst du Gefahr, das zu versäumen, was im Augenblick direkt vor dir liegt!» Ich starrte nur zu Boden. Als Er wieder zu sprechen begann, blickte ich Ihm in die Augen in der Hoffnung, daraus ablesen zu können, ob in Seinen Worten Wahrheit lag.

«Niemand kann dir Antworten geben oder dir den spirituellen Weg zeigen. Das kannst du nur selbst tun, indem du jeden Augenblick voll und ganz lebst. Was du suchst, ist Wissen. Wissen kann man nicht lehren, es muß erkannt werden. Einer meiner Lehrer hat einmal gesagt, daß man es sich einfangen muß! Weißt du, wie *Wissen* zustande kommt?»

Wieder schüttelte ich den Kopf.

«Wissen ist das Produkt zweier Elemente: Es ist zur einen Hälfte Information und zur anderen Hälfte Erfahrung. Jedenfalls bezeichne ich das als Wissen; manche nennen es auch Weisheit. Über Worte wollen wir nicht streiten.

Manchmal kommt es vor, daß du eine Situation erlebst; aber die Bedeutung dieser Situation begreifst du erst in dem Augenblick, in dem du eine Stelle in irgendeinem Buch liest. Dann ergibt alles plötzlich einen Sinn! Du hast deine persönliche Erfahrung mit einer neuen Information kombiniert, die du brauchtest, um den Erkenntnisprozeß zu Ende führen zu können. Oder du hörst einen Satz und verstehst seinen Sinn erst, wenn du ein Erlebnis hast, das ihn dir veranschaulicht.

Du siehst, es ist ganz einfach: Information aus irgendeiner Quelle plus deine eigene Erfahrung ergibt Wissen. Natürlich muß es die richtige Information und die richtige Erfahrung sein!»

Ich war mir nicht sicher, was er meinte.

«Es ist nicht ganz so simpel, wie es klingt. Der Vorgang fordert ein Gleichgewicht, das schwer zu erreichen ist. Ich will dir damit nur sagen, daß ich deine Fragen nicht beantworten kann. Ich kann dir nur Informationen bieten. Wendest du sie auf dein Leben an, wirst du vielleicht Wahrheiten erkennen, die du vorher noch nicht gekannt hast.

Die meisten Leute denken selbst über die tiefschürfendsten Fragen kaum nach. Sie gründen ihre Meinung hauptsächlich auf die Aussagen anderer. Die heutige Technologie ermöglicht es, Informationen binnen Sekunden über Ozeane hinweg zu verbreiten, und jeder hat Zugang zu nahezu allen Themen, die ihn interessieren. Die Frage ist nur, was man mit diesen Informationen anfängt.

Diese Daten können einem im Kopf herumgehen, und man kann sich über jedes Thema eine oberflächliche Meinung bilden, die ihre Wurzeln in der Meinung anderer hat. Wie oft nimmt man sich wirklich die Zeit, sich persönlich über das Für und Wider einer Frage Gedanken zu machen, eine Information auf seine eigenen Erfahrungen anzuwenden? Wenn wir uns mehr Mühe machen würden, darüber zu entscheiden, was wir persönlich wissen, dann *wüßten* wir wirklich mehr, als wir uns träumen lassen.»

Das erschien mir sinnvoll – überwältigend sinnvoll. Seit

meiner ersten Begegnung mit Ihm bin ich diesen sandigen Weg noch viele Male entlanggegangen, und die Straße ist für mich zu einer Art Symbol für Seine erste Belehrung geworden. Der Weg des Wissens, wenn man so will.

Nachdem Er mir erklärt hatte, wie *Wissen* zustande kommt, hatte ich das Bedürfnis, erst einmal in Ruhe über Seine Worte nachzudenken. Ich erhob mich, und Er nickte mir zu. Als ich mich zum Gehen wandte, sagte Er: «Eine Möglichkeit, die spirituelle Reise zu beginnen, liegt darin, herauszufinden, wo dein Platz ist.»

«Du meinst, herauszufinden, wer ich bin?» fragte ich.

«Wer du bist, weißt du schon. Du bist Seele. Finde heraus, wo du herkommst, in was für einer Verbindung du zu diesem Leben stehst, worin der Zweck deines Hierseins besteht und wohin du gehen wirst!»

Man muß mir meine Verwirrung angesehen haben. Er lachte und sagte: «Du hast dir doch eine Herausforderung gewünscht. Hier ist sie! Oder sind diese Fragen etwa zuviel verlangt?»

Langsam machte ich mich auf den Weg in den dichten Wald hinein. Er lachte immer noch leise vor sich hin. Ganz schwach hörte ich Seine Stimme in meinem Inneren: «Schritt für Schritt, Augenblick für Augenblick – du entfaltest dich mit jedem Atemzug. Du bist schon viele tausend Jahre auf dem Weg. Sei du selbst; sei in jedem Augenblick ganz du selbst. Das ist das Geheimnis, das dir für immer bleiben wird.»

Während ich noch auf Seine Stimme hörte, merkte ich, daß ich unverwandt auf einen Mondstrahl starrte, der über der Kante des Sofas tanzte.

9

Erinnerung an frühere Leben

Ich saß mit einer Schachtel Popcorn und einer Dose Cola in der Hand im Kino. Die ersten Szenen des Films trafen mich völlig unvorbereitet. Ich war gekommen, um mir den Film *Siddharta* nach einem Roman von Hermann Hesse anzusehen, obwohl ich das Buch damals noch nicht gelesen hatte. Die ersten Szenen zeigten eine kleine Stadt in Indien. Mein Puls ging plötzlich schneller. Ich kannte diesen Ort, ich war schon dort gewesen. Aber wie war das möglich?

Der Film handelte von einem jungen Mann und seinem Freund, die von zu Hause fortgehen, um auf dem spirituellen Weg Wissen zu erwerben. Beide stammten aus einer sozial hochstehenden, angesehenen, religiösen Familie, gaben diesen Status aber auf, um die Wahrheit im einfachen Leben zu entdecken. Eine Zeitlang suchten sie gemeinsam, doch dann trennten sie sich, weil jeder ein anderes Verständnis von diesem Weg hatte. Siddharta stellte fest, daß er eine gewisse Wissensebene erreicht hatte und sah keinen Grund, warum er nicht auch das Leben des materiellen Erwerbs kennenlernen sollte. Viele Jahre später nahm er seine spirituelle Suche erneut auf, und die beiden Freunde trafen sich wieder.

Der Film war in Indien gedreht worden, und die Geschichte war mit einer großen Sensibilität verfilmt, wie man sie bei unserer Fülle an kommerziellen Filmen nur sehr selten findet.

Ich erkannte nicht nur die Landschaften, sondern auch einen großen Teil meiner eigenen Suche in der Geschichte wieder. Hinterher erinnerte ich mich an Szenen, die ein paar Jahre später, als ich mir den Film wieder ansah, fehlten. Auch als ich das Buch las, fand ich diese Szenen nicht. Es waren Szenen meines eigenen Lebens, aus meiner Vergangenheit, und ich hatte sie mit denen des Films verwechselt, als ich ihn zum erstenmal sah.

Als der Film zu Ende war, saß ich ganz still auf meinem Platz, bis alle anderen gegangen waren. Tränen liefen mir über die Wangen. Ich war einem Teil von mir wiederbegegnet, von dem ich nicht gewußt hatte, daß es ihn gab. Während der nächsten Tage stiegen viele Erinnerungen in mir auf, aber ich war mir nicht sicher, was für eine Rolle sie in meinem Leben spielten. Ich hatte eine Brücke in meinem Inneren überquert – eine, die dieses Leben mit meiner Vergangenheit verband. Im Lauf der nächsten Jahre lernte ich, unter großen Mühen, jederzeit bewußt mit meiner Vergangenheit in Verbindung zu treten.

Ich denke immer noch mit einem Gefühl großer Zuneigung an meine Zeit im Osten zurück, weil ich viele Leben dort verbracht habe. Mehrere meiner Meister traf ich dort zum erstenmal und lernte von ihnen die Grundlagen. Es gab eine Zeit, da stellte die östliche Welt das Zentrum des spirituellen Bewußtseins auf diesem Planeten dar, und es war nur natürlich, daß die Seele in diese Gegend hineingeboren wurde, wenn Sie eine solche Erfahrung brauchte. Es gibt zwar immer noch Meister, die im Osten leben und arbeiten; doch jetzt ist die westliche Welt das spirituelle Zentrum, und die Vereinigten Staaten haben zur Zeit den größten Einfluß im Bereich der spirituellen Lehren.

Ich fand in meiner Vergangenheit auch Trauer und wachsenden Schmerz und mußte lernen, alles, was ich aufdeckte, wieder auszugleichen. Es ist durchaus möglich, alle Leben, die wir durchlaufen haben, zurückzuverfolgen; aber das ist sehr mühevoll, und es gibt wenig dabei zu gewinnen. Es ist viel wichtiger, die *Essenz* unserer Vergangenheit zu erkennen.

Das Konzept der Reinkarnation wird meist falsch verstanden. Die Mißverständnisse stammen aus der verfälschten und verzerrten Wiedergabe östlichen Gedankenguts. Man wird nicht als Tier wiedergeboren, ganz egal, wie viele Leute einem das auf Cocktailpartys und New-Age-Veranstaltungen erzählen mögen. Es gibt so viele falsche Vorstellungen von Reinkarnation, daß ich das Wort lieber nur dann gebrauche, wenn es wirklich unumgänglich ist.

Die Seele sammelt Erfahrungen, indem Sie äußere Hüllen oder Körper annimmt und damit in verschiedenen Umgebungen lebt. Ein großer Teil des Lernprozesses der Seele findet auf dieser Bewußtseinsebene und anderen in den Niedrigeren Welten statt. Von Leben zu Leben, von Körper zu Körper erlebt die Seele verschiedene Zeitalter, um spirituelle Erfahrungen zu sammeln. Spirituelle Erfahrungen bilden gewissermaßen die Essenz und die endgültige Wahrheit hinter den Lebenserfahrungen, die wir von Augenblick zu Augenblick machen und die uns wiederum die Bedingungen liefern, die wir brauchen, um die spirituelle Wahrheit zu erkennen.

Die Seele bewahrt sich all Ihre Erfahrungen, aber nicht als mentale Erinnerung. Sie lebt nur in der Gegenwart und stellt keine direkte Beziehung zur Vergangenheit oder Zukunft her. Sie akzeptiert die Tatsache, daß alle Kulturen in ganz bestimmten Mustern denken, um die Dinge, die geschehen sind oder vielleicht noch geschehen werden, erklären zu können; doch im allgemeinen kümmert Sie sich nicht um diese Konzepte. Warum sollte Sie auch? Sie weiß nur das, was *jetzt* ist, denn dieses *Jetzt* ist das einzige, worüber die Seele Kontrolle hat. Was wir als Vergangenheit bezeichnen, ist für Sie ein gegenwärtiger Erfahrungsfaktor; es gibt weder Gutes noch Schlechtes, weder längst Vergangenes noch kürzlich Geschehenes. Alles ist Teil der fortlaufenden Erfahrung. Die Seele stirbt nicht mit dem Körper; Sie verliert Ihr Bewußtsein keine Sekunde lang. Sie akzeptiert die Umstände all Ihrer Leben und Erfahrungen, aber Sie weiß, daß in Wirklichkeit nur ein Faktor zählt: das, was *jetzt* in diesem Augenblick vor Ihr liegt.

Indem wir uns unserer vergangenen Leben bewußt werden – das erfordert, mit dem Seelenbewußtsein in Verbindung zu treten –, finden wir Hinweise, die uns unsere heutigen Lebensumstände erklären können. Wir sehen vielleicht, wie Entscheidungen, die vor dreihundert Jahren getroffen wurden, sich noch heute auf uns auswirken. Das ist die karmische Kette von Aktion und Reaktion. Vielleicht gibt es in unserer heutigen Existenz eine Angst oder eine Bindung, die praktisch unser ganzes Leben beherrscht, und wir entdecken deren Quelle in einem längst vergangenen Ereignis. Und damit haben wir auch die Möglichkeit gefunden, sie zu korrigieren. Hier liegt der Sinn der Erforschung früherer Leben.

Zu Schwierigkeiten kann es kommen, wenn wir zwar genügend Bewußtsein besitzen, daß wir unsere Vergangenheit sehen können, aber noch nicht über die Einsicht verfügen, um zu erkennen, in was für einer Beziehung die vergangenen Ereignisse zum letztlich Wesentlichen stehen. Wir alle haben Dummheiten begangen und demütigende Erfahrungen gemacht; so wie wir kühn und tapfer waren, haben wir auch die Rolle des Opfers gespielt. Das ist ein normaler Bestandteil der Lebenserfahrung, und häufig wiederholen sich solche Lektionen sehr oft, ehe wir beschließen, sie nicht noch einmal zu durchlaufen. Wenn wir einem unserer vergangenen Leben nachgehen, sind wir vielleicht entsetzt über die Umstände, die wir damals ertragen mußten. Das kann sehr deprimierend sein. Aber es gibt eine Idee, über die nachzudenken sich lohnt: Was du auch durchgemacht haben magst, um dorthin zu kommen, wo du im Augenblick bist – *jetzt bist du hier!* Und hier ist es schließlich gar nicht so übel. Unsere Erlebnisse und Erfahrungen haben uns zu den Menschen gemacht, die wir jetzt sind. Das ist eine Realität, der jeder persönlich ins Auge sehen muß.

Manchmal erzählen mir Menschen, daß sie immer wieder Beziehungen mit Personen eingehen, von denen sie das Gefühl haben, sie von früher zu kennen, und daß sie sich damit Probleme bereiten. Auf die Frage, warum sie sich auf solche Beziehungen einließen, erklären sie, sie hätten das Bedürfnis gehabt, mit einem fehlenden Teil ihres Lebens wieder Verbindung aufzunehmen oder etwas Unerledigtes zu Ende zu führen. Das wurde zum Problem, weil sie eigentlich eine andere Richtung einschlagen wollten, aber so etwas wie einen inneren Zwang verspürten, ihre Vergangenheit zu erforschen.

Es ist nicht ungewöhnlich, daß wir unser jetziges Leben mit Seelen teilen, mit denen wir in der Vergangenheit zu tun gehabt haben. Meist gehören sie zu unserer Familie. Dadurch erhalten wir Gelegenheit, die karmischen Bedingungen zwischen uns ins Gleichgewicht zu bringen. Es kann vorkommen, daß wir einem Menschen begegnen, der uns völlig fremd ist, und doch das Gefühl haben, ihn schon zu kennen. Vielleicht stimmt das, vielleicht auch nicht. Oft harmonieren unsere Schwingungen gut miteinander, und man hält das irrtümlicherweise für eine frühere Beziehung. Wir sollten kritisch sein und unsere Beziehungen lieber auf fundierte Urteile und bewußte Entscheidungen begründen.

Frühere Leben stellen für fast jeden, der so etwas für möglich hält, ein Geheimnis dar. Wir lieben Geheimnisse und verspüren den inneren Drang, uns in das romantische Abenteuer unserer eigenen Vergangenheit zu stürzen. Doch bei der Erkundung stellen wir oft fest, daß sie viel alltäglicher und banaler ist, als wir erwartet hatten. Was wir als Vergangenheit bezeichnen, ist nur eine Aufzeichnung der Orte, an denen wir gewesen sind. Nicht mehr und nicht weniger. Sie hat aber auch einen Sinn; unsere Vergangenheit zu untersuchen und zu verstehen ist ein Teil des Entwicklungsprozesses unserer Seele. Wir sollten unsere Vorleben mit innerer Aufgeschlossenheit erkunden und doch ein Gleichgewicht suchen, indem wir eine Verbindung zwischen ihnen und unserem heutigen Leben herstellen.

Ich rate dazu, sich nicht von anderen abhängig zu machen, um etwas über die eigene Vergangenheit zu erfahren. Es gibt nur wenige, die wissen, wie man in der Vergangenheit liest und die die spirituellen Konsequenzen verstehen. Viele enttäuschen einen sofort, doch die meisten, die sich dazu berufen fühlen, glauben tatsächlich, daß sie einem helfen können. Meistens tauchen sie in ihre eigene Vergangenheit, nicht deine, und merken den Unterschied gar nicht. Dann gibt es noch diejenigen, die wirklich in der Vergangenheit anderer lesen können; aber sie beziehen ihre Bilder aus dem kausalen Körper oder dem kausalen Bewußtsein. Der Kausalkörper oder Samenkörper enthält zwar Teile der Vergangenheit, ist aber sehr unvollständig. Ein Meister ist in der Lage, deine Vergangenheit zu erkennen, wenn du Ihn darum bittest; doch meistens wird Er dir eher helfen, sie selbst zu entdecken. Er kann dich lehren, die Zusammenhänge zwischen den Ursachen und Wirkungen deiner früheren Leben und deinem heutigen Bewußtsein zu verstehen; und das ist viel wichtiger, als einfach nur Ereignisse aus der Vergangenheit zu kennen.

Hypnose wird oft zur Rückführung in frühere Leben benutzt, und das funktioniert auch bei vielen Menschen. Sie sehen ihre Vergangenheit; häufig erleben sie sie noch einmal. Es ist ein großer Unterschied, ob man nur Beobachter oder aktiv beteiligt ist. Da die Leute, die mit Hypnose arbeiten, im allgemeinen nicht die ganze Tragweite dieses Prozesses begreifen, schlagen sie vor, daß man in das vergangene Leben zurückgehen soll. Dabei kann es passieren, daß man die Dinge noch einmal als betroffene Person erlebt – mit allem, was man dachte und fühlte. War man z. B. in einem vorherigen Leben ein Christ, der den Löwen zum Fraß vorgeworfen wurde, dann durchleidet man den Schrecken und die Schmerzen dieser Augenblicke noch einmal. Das kann zu ernsthaften Schwierigkeiten in der Gegenwart führen.

Falls du einen Meister zu Rate ziehst, wird Er deine Vergangenheit vielleicht für dich niederschreiben oder dir von ihr berichten. Wenn Er dir dabei hilft, die Vergangenheit selbst zu sehen, dann bist du nur ein Beobachter – es ist so, als ob man sich einen Film anschaut. Der Anblick dieser Bilder kann viele Erinnerungen und auch Emotionen in dir wachrufen und dein Wissen erweitern; aber es sind Emotionen des *Jetzt,* ausgeglichen durch die Stabilität deines gesamten Bewußtseins. Wenn man seine Vergangenheit untersucht, sollte man stets Beobachter, nicht Teilnehmer sein.

Der Traumzustand ist eine ausgezeichnete Möglichkeit, frühere Leben zu erkunden. Nimm dir beim Einschlafen vor, daß du einen ganz bestimmten Teil deiner Vergangenheit beobachten wirst. Sobald du bestimmte Orte oder Ereignisse spürst, setze an diesem Punkt an und versuche, mehr darüber in Erfahrung zu bringen. Wenn du erst am Anfang deiner Suche stehst und nicht weißt, was du genau erkunden sollst, dann nimm dir einfach vor, das Gebiet deiner Vergangenheit zu erforschen, das im Augenblick die größte Bedeutung für dich hat.

Diese Traumarbeit kann lange dauern. Du mußt es dir zur Gewohnheit machen, allen Andeutungen und Hinweisen zu folgen und alle Informationen in deinem Bewußtsein zu speichern. Es sollte immer ein Notizbuch neben deinem Bett liegen; und wenn du nach einem Traum aufwachst, schreibe deine Erfahrungen sofort nieder. Mit der Zeit wirst du beginnen, bestimmte Muster in deinen Träumen zu erkennen. Wenn du deine Traumnotizen dann wieder liest, werden dir weitere Einzelheiten einfallen, die du vielleicht vergessen hattest. Auf diese Weise trainierst du dein äußeres Bewußtsein, für deine inneren Erfahrungen offen zu bleiben. Ganz egal, ob du in der Vergangenheit nach Antworten suchst oder einfach nur deine Träume besser verstehen lernen möchtest: Ein Traumtagebuch wird dir eine große Hilfe sein.

Wenn du mit einem Meister zusammenarbeitest, bitte Ihn um Unterstützung. Er wird dich nach und nach all das sehen lassen, was du brauchst. Das geht normalerweise langsamer, als wir es möchten – wenn es nach unserem Willen ginge. Aber diese Langsamkeit schützt uns davor, Erfahrungen schneller aufzunehmen, als wir sie verarbeiten können. Wenn wir aus einer Erfahrung nichts lernen können, warum sollten wir sie dann überhaupt machen? Ein Meister wird dich genau in der Geschwindigkeit vorwärtsschreiten lassen, in der du bei minimaler Anstrengung am meisten profitieren kannst. So sieht der Fortschritt in den spirituellen Welten aus.

10

Außerhalb des Körpers

Ich begann Bücher und Aufsätze über alle Geheimnisse zu lesen, von denen ich mich je gefragt hatte, ob sie auch wirklich existierten. Wo war ich ihnen zum erstenmal begegnet – hatte ich in meinen Träumen von ihnen erfahren, oder hatte mein Lehrer mir etwas darüber erzählt? Ich wußte es nicht mehr. Doch in diesen Büchern standen Sätze, die ich irgendwo schon einmal gehört hatte – Ideen, von denen mir niemals jemand etwas gesagt hatte. Sie mußten tief aus meinem Inneren stammen.

Ich ging ganz in dem Geist auf, der mich durchströmte; und das war eigentlich auch das einzige, was ich zu diesem Prozeß beitragen konnte. Tagsüber verdiente ich meinen Lebensunterhalt, so gut ich konnte; doch in Wirklichkeit lebte ich für die Abende, die der Kontemplation gewidmet waren.

Dann saß ich in einem stillen Zimmer – es brannte nur ein schwaches Licht oder gar keines – und atmete tief, um mich zu entspannen. Anschließend begann ich langsam ein spirituelles Wort zu wiederholen; nach und nach atmete ich es immer lauter aus und sog den Klang dann wieder in mich hinein. Viele Wörter mit spiritueller Bedeutung sind zweisilbig: Die erste Silbe rezitiert man beim Ausatmen, die zweite beim Einatmen. Man kann viele Wörter verwenden; am häufigsten sind die Namen GOTTES. Es kann auch der Name deines Lehrers sein; doch meiner runzelte die Stirn, wenn ich das tat. Solltest du mit einem Meister zusammenarbeiten, bitte Ihn, dir ein spirituelles Wort zu geben, das du bei deinen Meditationen verwenden kannst. Und bist du dir keines Meisters bewußt, dann bitte den GEIST, dir ein Wort zu senden. Wenn du an einem Punkt angelangt bist, wo es dir dienlich ist, wirst du es erhalten.

Nachdem ich das Wort zehn- oder zwanzigmal wiederholt hatte, saß ich schweigend da, und meist begann dann mein Körper mit den Schwingungen des Klanges, der noch in mir nachhallte, zu vibrieren. Dadurch erhöht man seine eigene Schwingung; bestimmte Wörter haben eine stärkere Katalysatorwirkung als andere. Oft konnte ich immer noch hören, wie der Klang sich in mir bewegte, obwohl ich schon längst verstummt war.

In vielen spirituellen Richtungen lernt man, mit seinen inneren Augen zu sehen. Ich pflegte meine Aufmerksamkeit auf einen Punkt ein paar Zentimeter oberhalb meiner Nase zu konzentrieren. Dieser Punkt wird häufig als das «Dritte Auge» bezeichnet. Angeblich wohnt die Seele in der Nähe dieser Stelle. Diese Annahme ist auch nicht ganz falsch, doch ich erreichte mit meiner Konzentration auf diesen Punkt nie viel mehr, als daß ich Kopfschmerzen bekam. Nach und nach stellte ich fest, daß es Wunder wirkte, wenn ich mich entspannte und meine Aufmerksamkeit einfach fließen ließ. Häufig verlagerte ich mein Bewußtsein dabei in ganz andere Gegenden; und wenn ich das dann plötzlich bemerkte, kehrte ich mit einem Ruck wieder in den Körper zurück, der dort im Dunkeln saß.

Solche Übungen haben zum Zweck, den Kontakt mit dem inneren Ich wiederherzustellen, äußere Sorgen und Ablenkungen beiseite zu schieben und über spirituellere Gedanken zu meditieren. Viele Gruppen bedienen sich einer ähnlichen Technik. Ein besseres Konzept ist die Kontemplation, die eine distanziertere Haltung erfordert als die Meditation.

Beim Meditieren konzentriert man sich leicht auf ein Bild oder eine Idee, und meist errichtet man dann eine Mauer rund um dieses Bild und erlaubt der Seele nicht, mit Verstand und Gemüt in Verbindung zu treten. Bei der Kontemplation eines Gedanken dagegen betrachten und untersuchen wir ihn von einem distanzierten Standpunkt aus, konzentrieren aber nicht unsere ganze Aufmerksamkeit auf ihn. Wir sind stets im Fluß und lassen uns auch in andere Gebiete hineintreiben. Wenn wir einen Punkt entdecken, der uns gefällt, halten wir inne, um uns eingehender mit ihm zu befassen; und dann bewegen wir uns wieder weiter. Die inneren Welten können viel leichter erkannt werden, wenn man sich entspannt, wenn man die Aufmerksamkeit vom Geist und Körper löst und in dem natürlichen Rhythmus in unserem Inneren mitströmt. Auf diese Weise verläßt man das Körperbewußtsein und erforscht die inneren Realitäten.

Erinnerst du dich noch daran, wie du als Schüler die ersten Frühlingstage erlebt hast? Du hast im Klassenzimmer gesessen und aus dem Fenster gestarrt, warst Millionen von Kilometern weit weg und merktest gar nicht, daß der Lehrer dich mehrmals beim Namen rief. Das nennt man Tagträumen, und es unterscheidet sich eigentlich nicht von unseren Träumen in der Nacht: Wir sind uns unserer physischen Welt vorübergehend nicht mehr bewußt, allerdings diesmal mit offenen Augen statt mit geschlossenen. Wohin gehst du, wenn du mit offenen Augen träumst – erinnerst du dich an eine vergangene Zeit, oder stellst du dir einen ganz neuen Ort vor, an dem du noch nie gewesen bist? Wie macht man das?

«Das bildest du dir nur ein», sagten die Erwachsenen früher immer zu dir; und wahrscheinlich hast du es inzwischen selbst schon zu Kindern gesagt. Aber was ist Einbildung? Alles, die ganze Materie, alles Sein ist ein Teil GOTTES – ohne Ausnahme. Alles in deinem Inneren ist deine Realität, deine Wahrheit, und niemand weiß das besser als du selbst. Wie kann ein Teil von uns weniger real sein als ein anderer Teil? Ist nicht unser gesamtes Bewußtsein wichtig? In Wirklichkeit verlagern wir beim Tagträumen lediglich unser Bewußtsein von unserer physischen, äußeren Umgebung auf ein anderes Bewußtsein in unserem Inneren. Wir sehen, hören, fühlen und riechen beide Bereiche und empfinden sie in dem Augenblick, in dem wir uns ihrer bewußt sind, auch als real. Das Tagträumen wird nur deshalb so geringschätzig abgetan, weil es dabei um etwas geht, was wir mit unseren physischen Sinnen nicht wahrnehmen können. «Ich glaube nur das, was ich sehe» – was für eine rückständige Haltung! Schon als Kindern bringt man uns bei, was wirklich ist und was nicht, und den meisten von uns hat man schon frühzeitig klargemacht, daß unsere Vorstellungen keine Realität sind. Doch als Erforscher des spirituellen Wegs müssen wir lernen, diese Konzepte, die andere uns eingeimpft haben, zu erkennen und durch Schlußfolgerungen zu ersetzen, die auf unseren eigenen Erfahrungen basieren. Möchtest du dein Bewußtsein «aus deinem Körper heraus» in einen anderen Bereich verlagern, brauchst du dich nur von dem Ort zu lösen, an dem du im Augenblick bist, und dich in Übereinstimmung mit dem Ort zu bringen, an dem du sein möchtest.

Je mehr du daran denkst, daß du dieses Bewußtsein verlassen möchtest, um so schwieriger wird es; also gehe einfach mit entspannter Haltung an die Kontemplation heran. Laß dich vom Augenblick treiben, vergiß die Kleinigkeiten des Tages und fließe mit dem Strom in deinem Inneren mit. Ich saß meist ungefähr eine halbe Stunde lang in Kontemplation versunken und schlief dann irgendwann ein.

Ich studierte die Schriften des Meisters nun schon seit über einem Jahr. Eines Abends dachte ich wieder einmal darüber nach, was ich wohl in all dem zu tun hatte, und schlief darüber ein. Dann wurde mir bewußt, daß ich vor der Couch stand, auf der ich mich während der Kontemplation zurückgelehnt hatte. Im Zimmer war es noch dunkel. Mein Meister saß links von mir und zeigte auf Dutzende buntschillernder Linien, die von einem Möbelstück zum anderen liefen. Er erklärte mir, daß alle Dinge miteinander in Verbindung stehen.

Bei Seinen Worten spürte ich Verständnis in mir aufdämmern. Ich führte den Gedanken weiter und erkannte, daß auch alle Handlungsebenen miteinander verbunden sind. Meine Aktionen in meinem physischen Körper können sich auf meinen astralen, meinen kausalen und meinen mentalen Körper auswirken. Dann erklärte Er mir, daß es ein Schwingungsbewußtsein gebe, das gröber ist als der physische Bereich, mit dem unsere Seele zu tun hat, und daß doch viele unserer Handlungen auf der Erde in diesem gröberen Bereich abliefen. Eine plötzliche Eingebung sagte mir, daß Er damit auf gewisse metaphysische Techniken anspielte.

An diesem Punkt verlor ich völlig den Kopf und zweifelte ganz offen an meinem Meister. «Oh, ich weiß nicht, ob das stimmt!» sagte ich. Danach herrschte Schweigen. Ich erstarrte, als ich Ihn ansah. Ich betrachtete das Gespinst bunter Farben, die alles, was vor mir lag, miteinander verbanden. Die Linien liefen von meinen Händen bis zu dem Punkt, auf den ich zeigte. Ich sagte: «Wenn alles miteinander in Verbindung steht, dann möchte ich diese Energie nutzen, um meine Knie zu heilen. Sie bereiten mir immer noch große Schmerzen.» Ich hatte sie mir bei einem Unfall verletzt.

Der Meister antwortete nicht, und ich wachte plötzlich auf. Ich saß zurückgelehnt auf der Couch, und im Zimmer war es sehr dunkel. Ich ließ meine Erfahrung noch ein dutzendmal vor meinem geistigen Auge vorüberziehen und wußte, daß ich diesmal die Grenze überschritten hatte. Als ich zu Bett ging, machte ich mir immer noch Gedanken über die unbesonnene Antwort, die ich meinem Meister gegeben hatte. Doch als ich am nächsten Morgen aufstand, taten meine Knie nicht mehr weh.

Nun, da wir ein Baby hatten, brauchten wir mehr Geld; also begann ich zusätzlich morgens Zeitungen auszutragen. Ich arbeitete von acht Uhr morgens bis sechs Uhr abends in meinem normalen Beruf, aß dann zu Abend und beschäftigte mich mit meiner Familie, ging um neun Uhr zu Bett, stand morgens um halb zwei wieder auf und begab mich auf meine Runde. Es war eine interessante Zeit: Ich lernte, mit nur ein paar Stunden Schlaf auszukommen. Um diese Zeit war die Stadt wie ausgestorben, und ich empfand die Einsamkeit als erfrischend. Gegen sechs Uhr morgens war ich mit dem Zeitungsaustragen fertig, ging nach Hause, duschte, aß in der Bäckerei einen Doughnut und trank eine Tasse Kaffee. Anschließend fuhr ich zur Arbeit, und es begann wieder ein neuer Tag. Ich hatte wirklich keine Zeit zur Kontemplation; doch da ich so wenig schlief, bewegte sich auch meine geistige Verfassung ein wenig außerhalb des Normalen. Ich konnte mich mühelos in ein anderes Bewußtsein hinein- und wieder zurückversetzen. Das amüsierte mich.

Einmal in der Woche besuchte ich Hutch. Wir sprachen eine Viertelstunde lang über das Geschäft und unterhielten uns dann in der Mittagspause eine Stunde lang über die interessantesten Themen, die wohl damals in dieser Stadt besprochen worden sind. Wir wollten beide mit dem Seelenbewußtsein in Berührung kommen – ein Zustand, in dem man angeblich alles wissen kann, da die Seele sich Ihrer selbst dann völlig bewußt ist. In Wirklichkeit ist das jedoch ein Trugschluß, denn die Seele kann nur das wissen, was Sie eben weiß, und nicht unbedingt alles, was es zu wissen gibt. Aber damals betrachteten wir die Sache aus diesem Blickwinkel. Wir grübelten oft laut vor uns hin und forderten uns gegenseitig zu Schritten heraus, die wir vielleicht nicht gewagt hätten, wenn wir unsere Nachforschungen allein betrieben hätten. Hutch hatte viele Erfahrungen gemacht, über die ich staunte, und in mancherlei Hinsicht hat er mir sicherlich geholfen, eine neue Realität zu entdecken. Auch er hatte eine Zeitlang mehrere Berufe gleichzeitig ausgeübt und war nicht viel zum Schlafen gekommen.

Eines zeitigen Wintermorgens nahm ich mir einen Doughnut und eine Tasse schwarzen Kaffee aus der Bäckerei mit ins Auto. Ich nahm einen Schluck aus meiner Tasse, und als ich sie auf dem Armaturenbrett absetzte, wurde mir plötzlich schwindelig, und ich verlor das Bewußtsein. Ich hatte das Gefühl vollständiger Leichtigkeit, als besäße ich weder Form noch Sein, und ich dachte, ohne daß dabei so etwas wie ein Denkprozeß ablief: – ich *wußte* einfach. Da wurde mir klar, daß ich mich im Zustand des Seelenbewußtseins befand und jetzt alles erfahren konnte, was ich wissen wollte. Ich hatte die Seelenebene erreicht! Also – was für Fragen hatte ich? Erstaunlicherweise gar keine. Überhaupt keine Fragen. Dann begann ich dahinzutreiben.

Ein paar Sekunden später schlug ich die Augen auf und bemühte mich verzweifelt, festzuhalten, was ich gerade entdeckt hatte – mir diese Informationen wieder ins Gedächtnis zurückzurufen. Doch die meisten entzogen sich mir; in meinem Geist waren keine Bilder mehr von dem Ort, an dem ich mich befunden hatte, und doch *wußte* ich, wo ich gewesen war. Ich spürte dieses Wissen, aber ich konnte mich nicht mehr daran erinnern. Immer noch ganz benommen von meinem Erlebnis streckte ich die Hand nach der Kaffeetasse aus. Sie war kalt. Ich war doch nur eine Minute fort gewesen! Doch meine Uhr zeigte halb neun. Ich hatte eine Dreiviertelstunde lang im Auto gesessen, und mir war es wie eine Minute vorgekommen! Natürlich konnte ich meinem Chef nicht erklären, warum ich zu spät zur Arbeit kam, und aus irgendeinem unerfindlichen Grund fragte er mich auch nicht danach. Als ich mich durch den Hintereingang ins Firmengebäude schlich, verstand ich, warum ich auf der Seelenebene keine Fragen gehabt hatte. Mir fiel wieder ein, was mein Lehrer zu diesem Thema gesagt hatte: «Wenn du in deinem Leben genug siehst, so viel, um nach dem nächsten Schritt zu suchen, bewegst du dich auf vertrautem Boden.» Dort, als Teil jenes Bewußtseins, hatte ich die Antworten sofort *gewußt;* deshalb hatte ich keine Fragen gehabt. Die Antworten auf alle Fragen der Niedrigeren Welt liegen im Seelenbewußtsein; doch zuerst einmal muß man sich seiner Fragen bewußt sein. Wenn du dir einer Frage bewußt wirst, dann hast du die Antwort im Seelenbewußtsein wahrscheinlich schon erkannt, aber verstandesmäßig ist sie dir noch nicht klargeworden.

Wenn du keine Frage hast, dann suchst du auch nicht nach der Antwort. Der Seele ist viel mehr bewußt, als unser Verstand akzeptieren kann oder will; und viele Fragen, die wir uns im Geiste stellen, hat uns die Seele eingegeben, damit der Verstand sich eine neue Erkenntnis erschließen kann.

Dann kam mir ein Gedanke: Vielleicht bestand der Trick darin, einen Teil der Informationen mit zurückzubringen, um die Barriere zwischen Seele und Verstand zu durchbrechen. Diese Aufgabe stellte eine Herausforderung dar, der ich mich viele Monate lang widmen sollte.

Aber warum war mir eine Dreiviertelstunde wie eine Minute vorgekommen? Weil es auf der Seelenebene keine Zeit gibt – Zeit gibt es nur in den Niedrigeren Welten. Ich hätte Jahrhunderte dort verweilen können und keinerlei Zeitempfinden gehabt, weil die Zeit dort nicht existiert, und doch tickt die Uhr in der physischen Welt weiter!

Ein paar Wochen später schneite es zum erstenmal. Ich bog gerade mit einem Bündel Zeitungen im Arm um die Ecke eines Appartementhauses, als ich plötzlich einen sehr heftigen Schmerz im rechten Knie verspürte und der Länge nach hinfiel. Als ich versuchte, mich wieder aufzurichten, versagte auch noch mein linkes Knie. Da lag ich um vier Uhr morgens im Schnee, mit schlimmeren Schmerzen als je zuvor. Und neben mir wartete ein Stapel Zeitungen darauf, ausgeteilt zu werden, wofür ich noch zwei Stunden brauchen würde! Ich begriff sehr rasch, was das zu bedeuten hatte. Alle Dinge standen miteinander in Verbindung, und ich hatte die Schwingungen der niedrigeren Energie dazu benutzt, meine Knie vorübergehend zu reparieren. Mein Meister hatte mir erlaubt, das auf eigene Verantwortung zu tun. An jenem Abend hatte ich mich in einem Bewußtseinszustand befunden, in dem ich vieles hätte erreichen können – und ich hatte diesen Zustand zu einem selbstsüchtigen Zweck mißbraucht. In diesem Augenblick fühlte ich mich viele Millionen Kilometer weit von der Seelenebene entfernt, und doch wußte ich gleichzeitig, daß meine neue Erkenntnis hier im Schnee mich wahrscheinlich wieder einen Schritt vorwärts gebracht hatte. Wenn ich nur aufstehen und mit meiner Arbeit weitermachen könnte! Allmählich gelang es mir, mich mühsam aufzurichten und hinkend meine Runde zu beenden. Meine Knie machten mir noch jahrelang Schwierigkeiten, und dadurch, daß ich hin und wieder in die Berge klettern ging, verschlimmerte ihr Zustand sich nur. Diese Last mußte ich lange mit mir herumtragen, und ich erinnere mich, wann sie schließlich von mir genommen wurde. Endlich war die Rechnung beglichen, und heute habe ich kaum noch Schmerzen in den Knien.

11

Erinnerst du dich noch?

Die kühle Luft, die über die schneebedeckten Gipfel wehte, drückte die grauen Dunstschwaden zu Boden. Ich sah, wie hinter einem Felsen die ersten glitzernden Strahlensplitter der aufgehenden Sonne erschienen und das grüne Tal mit gelbem und orangefarbenem Licht erfüllten. Der Felsblock, auf dem ich saß, war durch die tausendjährige Einwirkung von Eis und Hitze ausgehöhlt; doch an diesem Morgen diente er mir bescheiden als Platz zum Nachdenken.

«Er hat sich gar nicht verändert», sagte Er. «Erinnerst du dich noch an das letzte Mal, als wir hier waren?»

Mein Verstand war von Gedanken umnebelt, die sich nicht klären wollten, und wieder spürte ich in meinem Herzen das verwirrende Gefühl, diesen Ort eines Tages verlassen zu müssen. Ich sah Ihm direkt in die Augen, und unsere gemeinsame Vergangenheit war mir *bewußt,* aber an die Einzelheiten konnte ich mich nicht mehr erinnern. «Ich habe dich immer Meister genannt, und ich kenne unser gemeinsames Ziel; aber deinen Namen weiß ich nicht mehr.»

«Namen gibt es nur in diesen Welten. In den Bildern unseres irdischen Lebens scheinen sie manchmal wichtig zu sein; doch in den Höheren Welten haben sie keinen Wert. Wir *kennen* einander einfach.

Wir haben den Namen, der uns bei unserer Geburt gegeben wird, und manchmal spiegelt dieser Name unser Bewußtsein sehr gut wider. Damit meine ich die Schwingungsfrequenz der Namen. Wenn du in der Welt mit einem Namen leben mußt, der dir schwerfällig und grob in den Ohren klingt, kannst du ruhig einen anderen annehmen, der besser mit dir harmoniert. Vielleicht macht dich das glücklicher.

Manchmal gibt ein Meister dir einen mit spiritueller Energie aufgeladenen Namen, der dir hilft, rascher zu wachsen. Manchmal ist dein spiritueller Name identisch mit dem Namen, den du in einer früheren Inkarnation trugst – vielleicht in einem Leben, das dir große Erkenntnisse gebracht hat.

Ein Meister kann sich jeden Namen aussuchen, den Er will; doch oft trägt Er den Namen, den Er bei seiner letzten Inkarnation in den Niedrigeren Welten gehabt hat, wenn er Ihm gefällt. Ich hieß vor vielen Jahren einmal Azjur Ramini, und diesen Namen nehme ich auch heute noch oft an.»

Plötzlich erinnerte ich mich, obwohl das Denken immer noch weit entfernt war. Ich erkannte den Klang Seines Namens und sah Sein Bild vor mir, wie Er vor acht Jahren in meinem Wohnzimmer gestanden hatte. Dieses Bild wurde vom Klang Seines Namens überlagert, der sich in meinem Geist unablässig wiederholte.

Plötzlich fiel mir auf, daß ich Ihn jetzt direkt ansah, während ich mir bei meinen früheren Erlebnissen mit Ihm nur Seiner Gegenwart bewußt gewesen war. Ich wunderte mich nicht über Sein Erscheinen; aber ich fragte mich, warum ich Ihn vorher nie angesehen hatte. Er war ungefähr einen Meter achtzig groß, glattrasiert und gepflegt, wirkte aber dennoch kräftig. Seine Haut war dunkel wie Sein Haar, und Er trug ein schlichtes braunes Gewand, das Ihm bis zu den Knien reichte und um das Er einen geknüpften Gürtel aus Stoff oder Schnur geschlungen hatte.

Er konnte meine Gedanken lesen.

«Ich sehe, du erinnerst dich. Äußerlich hat dieses Tal sich kaum verändert, ebensowenig wie ich. Wir kennen uns sehr gut. Das weißt du, auch ohne daß ich es dir sage. Bei den meisten Reisen, die wir miteinander unternahmen, hast du zugesehen; und jetzt nimmst du selbst daran teil. Du nutzt deine Energie, um dich zu bewegen und zu entdecken, was um dich herum ist.»

Ich blickte an mir herab und war erstaunt. Auch ich trug ein dunkelbraunes Gewand, das Seinem sehr ähnlich war.

«Wir können stets die äußere Erscheinung annehmen, die unserer inneren Einstellung und den Gefühlen entspricht, die wir zum Ausdruck bringen möchten. Mit ein wenig Übung kannst du in jeder beliebigen Gestalt in den Niedrigeren Welten erscheinen. Im Augenblick berührst du jenen Bereich des Bewußtseins, den wir als Vergangenheit bezeichnen. Damals hast du so ähnlich ausgesehen wie jetzt. Fühlst du dich jetzt anders als damals?»

Meine Gedanken kamen mir vor wie ein Stein, der über die unbewegte Wasseroberfläche eines Teiches springt. Flüchtige Bilder von meinem Meister und mir zogen an mir vorüber und veränderten sich wieder. Mit jedem Mal führten sie mich weiter in die ferne Erinnerung hinein.

«Siehst du jetzt so aus oder hast du damals so ausgesehen?» fragte ich.

«Ich habe mir diese Erscheinungsform ausgesucht – damals ebenso wie jetzt. Die Entscheidung liegt bei mir. Ich kann mich den Erfordernissen der Situation entsprechend verändern. Hier unten in der Niedrigeren Welt muß ich mich eines Körpers bedienen. Den Körper, den du jetzt siehst, habe ich schon seit einer ganzen Weile. In einem Anzug würde ich wahrscheinlich ziemlich lächerlich wirken, nicht wahr?»

Ich hörte Ihm zu, aber meine Erinnerung jagte immer noch einer Entdeckung nach. Dann *wußte* ich es plötzlich.

«Ja, das erste Mal habe ich dich auf der Straße getroffen. Du kanntest mich, aber ich hatte dich damals noch nie gesehen. Ich war auf dem Weg zu einem Dorf und suchte nach Informationen über einen Meister; einige Leute hatten mir gesagt, daß Er hier wohnt.» Ich blickte mich um und erkannte die Landschaft.

Da lächelte Er und sagte: «Wir beide haben hier schon viel Zeit miteinander verbracht. Als erstes erklärte ich dir, wie dein Verstand denkt, während dein wahres Ich einfach *weiß,* obwohl du dich in deinen Emotionen nicht von anderen Menschen unterscheidest. Du hattest manchmal eine ziemlich hohe Meinung von dir. Du glaubtest, den Schlüssel zum Himmel zu besitzen, aber du wagtest nicht, ihn zu benutzen.»

Ich erinnerte mich noch genau an diese Ängste. Die Zeit, in der sie mich begleitet hatten, war mir wie eine Ewigkeit vorgekommen. Ich blickte Ihn wieder an und fragte mich, warum wir über mich sprachen.

«Du hast damals beschlossen, diesen Ort zu verlassen und deinen Lernprozeß wiederaufzunehmen. Du hattest gemeinsam mit mir einige der verborgenen Welten besucht und wolltest mehr darüber erfahren. Warum bist du fortgegangen?»

Er wollte, daß ich die Entscheidungen, die ich damals getroffen hatte, begründete und zu ihnen stand. Vor einem Jahr hatte ich Ihn gebeten, mir zu helfen, mich an mein letztes Leben zu erinnern. Er hatte mich noch weiter zurückgeführt – zu meinem vorvorigen Leben –, und ich hätte mir nie träumen lassen, daß das solch eine Herausforderung sein könnte. Ich erinnerte mich noch genau an meine Gefühle. Zuerst schmerzten sie mich, doch dann war es so, als seien es die Empfindungen eines anderen Menschen. Ich fühlte mich seltsam losgelöst, obwohl ich über mich selbst nachdachte.

Langsam begann ich zu sprechen. «Weil ich so sein wollte wie du und es nicht schaffte. Ich versuchte es immer wieder und sehnte mich nach dieser Erfahrung, aber sie kam einfach nicht. Ich war innerlich leer, und mir schien, daß ich alle Schlußfolgerungen aus meiner Existenz bereits gezogen hatte. Ich glaube, ich hatte keine andere Wahl. Ich war noch nicht bereit.»

«Rasheen, du warst mein eifrigster Schüler. Du warst so

vielversprechend, und doch hattest du das Gefühl, noch nicht bereit zu sein. In deinem Geist hattest du über GOTT nachgedacht, und in deinen Emotionen wolltest du Es mehr als alles andere. Du wolltest Es zu sehr; du trugst ein Verlangen in dir, das sich damals nicht befriedigen ließ. Diese Enttäuschung konntest du nicht länger verkraften; deshalb kehrtest du in die Welt der Menschen zurück. Hast du dort deine Erlösung gefunden?»

Ich wußte, daß ich sie nicht gefunden hatte; aber ich konnte keine Antwort über die Lippen bringen.

«Blicke in dich hinein. Schau, wo du gewesen bist.»

Ich schloß die Augen und sah, wie ein paar Jahre, nachdem ich Ihn verlassen hatte, der Tod zu mir kam. Ich fühlte nichts, als diese Szenen an meinem inneren Auge vorüberzogen.

Nach einer kleinen Pause sah ich den Mann, der ich in meinem nächsten Leben geworden war, und erkannte ihn sofort. Ich hatte es zwar bereits geahnt; doch jetzt hatte ich sein Leben konkret vor Augen. Ich sehnte mich nach GOTT, und als Dichter schrieb ich über diese Sehnsucht; ich schilderte, wie der Mensch sich bemüht, die Kräfte der Natur und des Geistes in ein harmonisches Gleichgewicht zu bringen, und was für einen Sinn diese Bemühungen haben. Doch mein eigenes Leben konnte ich nicht ins Gleichgewicht bringen, und so versteckte ich mich hinter dem Bild des Dichters und seiner Verrücktheit. In jenem Leben starb ich, ohne je mit meinem Meister gesprochen zu haben; ich war nicht mit Ihm in Verbindung getreten. Ich hatte beschlossen, meine Antworten in der äußeren Welt zu suchen; doch ich fand sie nicht, sondern litt nur an den Fragen.

Als ich die Augen aufschlug, stand Er direkt vor mir und blickte mir unverwandt in die Augen. Er schaute mit Seinem zeitlosen Gesichtsausdruck durch mich hindurch. Ich fühlte die Trauer nicht mehr und hatte auch keine Fragen mehr über meine Vergangenheit. Mir war nur bewußt, daß Er mich beobachtete, und dann spürte ich den kalten Wind auf meinem Gesicht.

«Als wir beide das letzte Mal hier waren, wußtest du, nach welchen Informationen du suchtest; aber du hattest noch nicht die Erfahrung, um dein Leben ins Gleichgewicht bringen zu können. Du warst in deiner Sehnsucht gefangen, und der Weg, den du vor dir sahst, war dadurch belastet. Wenn wir uns etwas zu sehr wünschen, schieben wir es von uns weg; doch wenn wir es gar nicht verfolgen, kommt es auch nicht zu uns. Wenn wir Angst davor haben, ziehen wir es unfehlbar an; doch in unserer Angst können wir die positiven Aspekte einer Sache niemals erkennen. Die Lösung liegt darin, es nicht zu fürchten, aber auch nicht allzu sehr zu ersehnen, sondern es mit zwanglosem, aber beständigem Interesse zu verfolgen. Das ist der Mittelweg. Das ist der Weg zu GOTT und allen Dingen in den spirituellen Welten.

Du bist Seele und hast in diesem Leben ständig an deinem Gleichgewicht gearbeitet. Als du geboren wurdest, kanntest du das Ziel und die Herausforderung bereits. Von Anfang an wolltest du alles über die spirituellen Welten herausfinden. Nichts hat dich lange interessiert, weil du tief in deinem Inneren die Wahrheit dessen kanntest, worüber wir vor so langer Zeit gesprochen haben.»

«Du hast natürlich recht. Viele dieser Dinge sind überwältigend. Ich sehne mich schon so lange danach, sie zu begreifen. Werde ich mich später an unser Gespräch erinnern können?» fragte ich.

«Du wirst noch wissen, was du gesehen hast, und die Bilder werden aus deiner Erinnerung langsam in dein Verstandesbewußtsein aufsteigen. Die Erfahrung wird dir immer bleiben. Du mußt nur voll und ganz erkennen, wer du bist.»

«Im Vergleich zu dem, der ich eines Tages sein werde, bin ich ein Nichts», sagte ich ruhig.

«Du bist schon jetzt vollständig insofern, als du alle Fähigkeiten besitzt, um Meister zu sein. Du brauchst nur dein Bewußtsein und deinen Platz zu erkennen, deine Kräfte ins Gleichgewicht zu bringen und in den Welten GOTTES zu *sein*.»

«Ich weiß, daß ich mir meine Welt selbst schaffe; aber ich bin mit dem, was ich in diesem Leben nutze, nicht zufrieden.»

«Für alle materiellen Bewußtseinsebenen und die der Niedrigeren Welten ist die Schöpfung abgeschlossen. Du schaffst dir deine Welt nicht; dir wird lediglich ein anderer Teil deiner selbst bewußt. Es gibt nichts Neues; es gibt nur das, was dir noch nicht bewußt ist. Wenn du dich weiterhin an die Konstruktionen von Vergangenheit und Zukunft und Gut und Böse klammerst und daran, was ist und was nicht, dann wirst du nicht sehen, wer du *jetzt* bist. Das Geheimnis besteht darin, sich von all diesen Illusionen zu lösen und sich *jetzt,* als Seele, zu sehen. Die spirituelle Erfahrung wird im *Sein* gemacht, im *Jetzt* – in der vollständigen Bewußtheit des Augenblicks. Komm mit!»

Die Berge verblaßten hinter dünnen Wolkenfetzen, und dann sah ich einen sternenübersäten Himmel vor mir, ein Universum voller Leben, ohne daß eine dieser Welten in meiner Reichweite gewesen wäre.

Wieder hüllte uns Dunst ein, und als er verschwunden war, spürte ich die Gegenwart meines Meisters, aber Er erschien diesmal in Form einer Energiekugel, einer leuchtenden Kugel aus gelbem Licht. Vor mir lag eine unermeßliche Landschaft, von einem sanften, blassen Licht überflutet, das aus keiner bestimmten Richtung kam und in dem es keine Schatten gab. Als ich an mir heruntersah, stellte ich fest, daß ich so ähnlich aussah wie Er, aber nicht so glänzte.

Ich spürte Seine Stimme; eigentlich kannte ich Seine Worte schon. Sie waren in meinem Inneren.

«Das bist du Seele. Hier erkennst du dein Selbst, hast das Wissen um dich, kennst das Sein hier und jetzt.»

Wir schienen uns zu bewegen, aber wir gingen nicht, und in Wirklichkeit bewegten wir uns auch nicht. Nur mein Blickpunkt veränderte sich. Mir war bewußt, daß ich mich in einem riesigen Gebäude befand.

«Ich wollte, daß du deinen Platz in dieser Welt erkennst;

nicht nur, wo du gewesen bist, sondern wo du immer sein kannst. Siehst du die Mauer vor dir?»

Ich wurde mir einer Mauer bewußt, die aus Marmor zu sein schien, aber ein goldenes, glitzerndes Licht ausstrahlte. Die Mauer wies weder Bilder noch Symbole auf; und doch schien, als ich meine Aufmerksamkeit auf sie richtete, eine Geschichte in mein Bewußtsein zu dringen. Sie wurde aber vom Standpunkt der Gegenwart aus erzählt. Ich ging näher an die Mauer heran und begriff.

An diesem Morgen erwachte ich mit einem großen Gefühl des Wissens, konnte mich aber an keine Einzelheiten mehr erinnern. Ich saß auf der Bettkante und starrte das Muster des Perserteppichs an, der auf dem Fußboden lag.

Als ich mich im Zimmer umsah, fiel mein Blick auf einige Bücher auf meinem Schreibtisch. Das unterste schien ein wenig herauszuragen. Ich streckte die Hände danach aus. Meine Handflächen brannten, als ich es hervorzog. Es war ein Gedichtband, den ich schon oft gelesen hatte. «Oh, Gott», rief ich, denn jetzt wurde mir klar, was ich in meinem vorigen Leben durchgemacht hatte. In meinem ersten Jahr auf dem Gymnasium hatten wir im Englischunterricht dieses Buch und diesen Dichter behandelt. Beim Lesen der Verse hatte ich die Gedanken und Bilder, die hinter dem Werk standen, sofort wiedererkannt, obwohl ich das damals noch nicht begriff. Wenn ich nur die erste Zeile eines Gedichtes las, konnte ich den Rest meistens schon auswendig hersagen. Jetzt verstand ich, warum.

In der nächsten Woche überkam mich hin und wieder ein Gefühl der Leichtigkeit und des inneren Wissens, aber es blieb alles sehr vage.

Das Leben ging weiter; Arbeit und Familienleben füllten meine Zeit aus, und ich versuchte jeden Tag so zu nehmen, wie er kam.

Eines Tages kam ich von der Arbeit nach Hause und hatte noch ein paar ruhige Stunden vor mir, da meine Familie einen Ausflug aufs Land gemacht hatte und noch nicht zurück war.

Ich blickte aus dem Fenster auf das Feld hinter dem Haus und sah, wie die Vögel sich in den Bäumen zur Ruhe setzten, während die Sonne hinter den tief am Himmel hängenden Wolken versank. Die Gedanken, mit denen ich so oft kämpfte, gingen mir wieder im Kopf herum. Ich dürstete nach mehr Information; doch Bücher konnten mein Bedürfnis nach Wissen nicht befriedigen. Ich sann über die Fragen nach, die mich quälten, die Antworten, die ich für möglich hielt, und über mein Gefühl, daß dieser Abschnitt meines Lebens einen Sinn hatte. Schließlich streckte ich mich auf der Couch aus und döste langsam ein.

Mir wurde bewußt, daß ich neben Ramini stand; doch nicht Er, sondern jemand anders erläuterte mir und noch ein paar anderen Schülern, deren Gesichter ich nicht sehen konnte, eine neue Idee. Er war dunkelhäutig und trug ein kurzes, schwarzrotes Gewand, das in der Mitte von einem Strick zusammengehalten wurde. Er war von mittlerer Statur und trug einen sehr kurzgeschnittenen Bart. Später erfuhr ich, daß Er Rebazar heißt.

Er deutete mit der Hand auf ein imaginäres Bild des Menschen und erklärte: «Es gibt vierzehn Bandbreiten des Selbst, die ihr erkennen müßt. Manche bezeichnen diese Bandbreiten als Initiationen, aber das ist nur teilweise richtig. Es sind Bewußtseinsbereiche, und ihr werdet in jedem Bereich eine gewisse Zeit der Erfahrung verbringen. Durch jede dieser Erfahrungen wird eure Schwingung höher werden, und ihr werdet euer Leben dann in die nächste Bandbreite hinübertragen. Ist das klar geworden?

Ihr beginnt euren Weg im ersten Bandbereich; im zweiten trefft ihr eure emotionalen Entscheidungen. Im dritten werdet ihr mit euren vergangenen Handlungen konfrontiert, und der vierte ist eine Herausforderung an euren Geist, ins Gleichgewicht zu kommen. Der fünfte Bereich ist das Bewußtsein eures wahren Ich, der Seele. Ihr gehört zu den wenigen, die bereits so weit gekommen sind. Im sechsten Bereich kommt euer Ich in diesen Welten ins Gleichgewicht, und der siebte Bereich ist die Erforschung der Kräfte hinter der Kraft. Der achte Bereich ist die dunkle Nacht der Seele in diesen Welten und allen Welten, denn jetzt werdet ihr auf eurer Reise zu GOTT allein sein. Der neunte Bereich ist die Reise in den Himmel, um ES, ALLES, zu beweisen; und im zehnten Bereich habt ihr zum erstenmal einen Aspekt von IHM entdeckt. Im elften Bereich dringt ihr tiefer in SEIN Herz ein, und im zwölften werdet ihr mit IHM SELBST eins. Jetzt seid ihr die Meister. Im dreizehnten Bereich erkennt ihr ES und das Werk in allen Welten GOTTES in höherem Maße, und der vierzehnte Bereich ist die Verwirklichung in GOTT, die sich mit Worten nicht beschreiben läßt.

Damit habe ich euch nichts verraten, was unumschränkte Gültigkeit hätte; und doch habe ich die Wahrheit gesprochen, die für euren Bewußtseinsstand gilt. Wie kann man den Weg zu GOTT in ein paar Worten zusammenfassen? Nun überprüft euer Leben und entdeckt diese Ebenen in eurer Erfahrung.»

Als ich erwachte, waren meine Gedanken in dichten Nebel gehüllt. Doch schon nach ein paar Minuten konnte ich mich lebhaft an das Bild des Lehrers erinnern, und dann kamen mir allmählich auch Seine Worte wieder ins Gedächtnis. Ich schrieb die Worte sinngemäß auf, und dann fiel mir ein, daß ich in einem Buch etwas über diese Bewußtseinsebenen gelesen hatte. Ich suchte die Stelle und stellte fest, daß dort nur sieben Ebenen beschrieben waren; aber dieser Lehrer hatte von vierzehn gesprochen. Warum?

Darüber grübelte ich monatelang nach; aber die Lösung dieses Rätsels entdeckte ich erst viele Jahre später.

12

Das wahre Ich

Jeder Mensch hat ein Zentrum, und rund um dieses Zentrum gruppieren sich die gewöhnlichen und am häufigsten genutzten Facetten unseres täglichen Lebens. Wir alle haben einen Verstand, Emotionen und einen Körper, in unterschiedlichem Zustand und unterschiedlich entwickelt. Die Wissenschaft betrachtet im allgemeinen den Intellekt als das herausragende Merkmal, das uns von den Tieren trennt. Aber das stimmt nicht.

Die Religionen sprechen seit Jahrtausenden davon, doch heute gibt es unter zwanzig Millionen Menschen nicht einen einzigen, der sagen könnte, daß er es genau und vertraut kennt. Was also ist dieses Zentrum?

Es ist die Seele. Sie ist geheimnisumwittert und doch ist Sie der Lebensfunke in jedem von uns. Ohne Sie wären wir nicht das, was wir sind.

Die Geschichte von Adam und Eva symbolisiert in mancherlei Hinsicht die Erschaffung der Seele und der Welten GOTTES, vor allem der materiellen Ebene. Außerdem gibt es noch die Aufzeichnungen in den Großen Sälen des Wissens, die auf der Seelenebene liegen. Sie berichten von den Gründen und Methoden, aus und mit denen die Welten gebildet wurden, die wir kennen. Es gibt nur ein paar Wesen, die diese

Übergangszeit erlebt haben, und sie bestätigen diese Aufzeichnungen.

GOTT SELBST existiert als Energie; zumindest kommt, wenn wir es schon ausdrücken müssen, diese gedankliche Vorstellung IHM am nächsten. Es ist im Lauf der Zeitalter mehrfach als Person erschienen, und auf den verschiedenen Ebenen gibt es begrenzte Manifestationen oder Vertreter von IHM. Jenseits der höchsten Welten, über die man sprechen oder schreiben kann, existiert Es als formlose, unbegrenzte, alles umfassende Energie. Aus den Aufzeichnungen geht hervor, daß Es immer existiert hat und immer sein wird, denn Es hat auch die Zeit erschaffen.

Die Seele ist aus GOTT SELBST hervorgegangen und ist ein Teil jenes HÖCHSTEN WESENS. Alles, was existiert, ist ein Teil GOTTES, aber die Seele ist aus einem besonderen Funken von IHM entstanden. Mit dem Begriff «Sohn Gottes», mit dem Jesus Christus in der Bibel bezeichnet wird, ist in Wirklichkeit die Seele gemeint, die ein Teil GOTTES ist. Jeder Mensch ist als Seele ein Abkömmling GOTTES. Jesus wurde diese Realität offenbart, ehe Er den Menschen Seine göttliche Aufgabe verkündete und Sich als bescheidenes menschliches Wesen manifestierte – eine Seele, die Ihren Platz in den Welten GOTTES erkannt hatte. Viele Ideen, die Jesus formuliert haben soll, wurden als persönliches Gedankengut Christi betrachtet – auf Ihn als Einzelwesen bezogen. Meistens sprach Jesus jedoch von Sich als Beispiel einer Seele, die ebenso war wie alle anderen Seelen in den Welten GOTTES und nicht das Gefühl hatte, in irgendeiner Hinsicht größer und besser zu sein als die anderen Seelen. Die meisten Welterlöser haben ihre Lehren durch ihr persönliches Beispiel vermittelt, hatten aber die wahre Beziehung der Seele zu GOTT verwirklicht.

Das Ziel der Seele besteht darin, die Welten zu erleben und Ihre wahre Heimstätte zu entdecken – die spirituelle Weisheit GOTTES zu erfahren und zurückzukehren, um Es *kennenzulernen.* Am Anfang, wenn die Seele in Ihre ersten Körper eintritt, sind Ihr nur sehr wenige Dinge bewußt. Im Laufe von

Jahrtausenden lernt Sie dann aus den Leben, die Sie erduldet, und eines Tages wird Ihr bewußt, daß es eine größere Macht gibt als Sie selbst. Viele, viele Existenzen später wird Sie sich dann Ihrer selbst außerhalb der körperlichen Form bewußt – als Seele. Dann kommen die letzten Schritte Ihres Weges zur Erkenntnis GOTTES SELBST.

So, wie ich es hier niederschreibe, klingt das alles ein bißchen zu einfach; aber in Wirklichkeit läßt diese Wahrheit sich nicht in Worte fassen. Unser logischer Verstand drängt uns immer wieder dazu, über die Beweggründe GOTTES nachzugrübeln. Jede religiöse Richtung muß mit Fragen kämpfen, die sich nicht beantworten lassen: Warum hat GOTT uns erschaffen – nur damit wir all die Dinge, von deren Existenz Es doch bereits weiß, noch einmal erfahren? Und warum läßt Es uns auf dem Weg zu SEINER Erkenntnis leiden? Viele Menschen haben das Gefühl, daß wir nicht viel mehr sind als Marionetten, die zur kosmischen Melodie eines unbekannten Geigers tanzen. Ich kann diese Gedanken sehr gut verstehen; das sind die Fragen, die uns alle hin und wieder bewegen.

Ich kann diese Fragen auch nur in Grundzügen beantworten. Ich gehe ihnen nicht aus dem Weg, indem ich einfach sage, daß jeder selbst zu einem Verständnis dieser Realität gelangen muß. Solange wir uns in den Grenzen der Niedrigeren Welten bewegen, können wir die Wahrheit, die hinter der Schöpfung liegt, nicht erkennen. Und doch kann jede Seele die Wahrheit *kennenlernen,* indem Sie darauf hinarbeitet, aktiv in den Höheren Welten zu wirken. Ich will niemanden mit komplizierten Erklärungen und Theorien belasten. Ich habe nur die Erfahrung gemacht, daß die tiefsten Wahrheiten, wenn man sie erkennt, häufig am einfachsten sind. Das gehört wahrscheinlich auch zu unserer Prüfung. Wir suchen nach logischen oder komplizierten Gründen, während der einfachste Grund meist direkt vor uns liegt. Eine grundlegende Prämisse der Höheren Welten ist die Realität, daß Alles einfach IST, nicht mehr und nicht weniger. Die Realität der Höheren Welten oder GOTTwelten IST einfach; dazu bedarf es keiner logischen Beweisführung oder geistigen Gymnastik. Es gibt viele Welten GOTTES. Sie sind im Grunde in zwei Bereiche aufgeteilt: die Höheren und die Niedrigeren Welten. Die Grenze in der Mitte wird durch einen Bereich gebildet, den man meist als Seelenebene bezeichnet. Sie gehört gerade noch zu den Höheren Welten. Die Seele erwirbt die Erfahrungen und Erkenntnisse, die Sie braucht, indem Sie in all diesen Welten Körper bewohnt. Jede Welt hat eine andere Schwingungsfrequenz, und daher nimmt die Seele auch in jeder Welt eine andere Körperform an. Die Schwingungsfrequenz der Seele ist sehr hoch; daher braucht Sie, wenn Sie sich in einer Welt unterhalb der Seelenebene befindet, eine schützende äußere Hülle, den Körper. Die Seele schreitet von Welt zu Welt und von Leben zu Leben voran, bis Sie sich selbst erkennt und bewußt die Wahl trifft, in Ihre wahre Heimat zurückzukehren. Der Mentalkörper ist die erste Hülle der Seele, dann kommen der Kausal-, der Astral- und der materielle Körper.

Die Seele ist unser innerster Teil. Sie ist das, was wir wirklich sind. Wenn die starren Denkmuster unseres Geistes Sie nicht blockieren, spricht Sie zu uns und lenkt unsere Handlungen. Doch über Tausende von Leben hinweg ist die Seele praktisch in den äußeren Körpern gefangen. Sie ist nicht stark oder erfahren genug, um Einfluß auf die Handlungen zu nehmen, die Sie näher zu GOTT hinführen würden. Bis Sie sich dem Ende Ihrer Reise nähert, ist Sie sich nicht einmal Ihrer selbst bewußt. Erst wenn wir wissen, wer wir sind, und unsere wahren Möglichkeiten erkannt haben, können wir alles verändern, was vor uns liegt.

Man kann sich die Seele wie ein Kind vorstellen. Sie lernt aus den Erfahrungen, die Sie in Ihren verschiedenen Existenzen durchläuft. In dem Maße, in dem Ihr Bewußtsein wächst, wird Sie stärker und wissender. Manche sagen, daß die Seele allwissend ist, aber erst einmal in diese Position hineinwachsen muß. Sie kann einen Punkt erreichen, an dem Sie in der Lage ist, auf die Hilfsquellen der Seelenebene zurückzugreifen, auf der man alles wissen kann, was die Welten unterhalb dieser Ebene betrifft.

Die Seele ist von Natur aus ein glückliches Wesen; Emotionen und geistigen Belastungen ist Sie nur dann ausgesetzt, wenn Sie in den Körpern gefangen ist, die Sie in diesen Welten tragen muß. Glücklicherweise können wir lernen, diese anderen Körper vorübergehend abzustreifen und uns auf der Ebene zu bewegen, auf der wir sein möchten.

Jede Seele besteht aus einem Teil GOTTES, und doch unterscheidet Sie sich von allen anderen Seelen. Ihr ist ein eigener Weg angeboten worden, ein Wille, der sich in der Geschwindigkeit und in der Weise äußern kann, die zu dieser Seele paßt.

Die Schöpfung läßt sich in zwei Hauptbereiche einteilen: die Höheren Welten und die Niedrigeren Welten oder Ebenen. Wir stellen uns diese Ebenen übereinanderliegend vor, aber in Wirklichkeit sind sie das nicht. Ebenso wie Licht, Temperatur und Klang gleichzeitig in einem Raum existieren können, koexistieren auch die Ebenen ineinander. Jede Ebene hat eine ganz bestimmte Schwingungsbandbreite, die sie von den anderen unterscheidet, so daß sich die einzelnen Ebenen selten überschneiden.

Die Niedrigeren Welten werden durch zwei Hauptaspekte bestimmt. Jede Welt hat viele Bereiche, die die Seele eine Zeitlang in einem sogenannten Körper erfährt oder durchlebt, um das zu lernen, was das Individuum lernen muß. Gleichzeitig besteht jede Ebene aus einer Grundessenz, und auch diese tragen wir Minute für Minute in unserem Bewußtsein.

Die materielle Welt ist aus den Universen der Materie gemacht und enthält Welten mit Lebewesen. Die Erde und die Menschen, die auf ihr leben, sind ein Teil davon. Es gibt Gesetze, die nur die materielle Welt betreffen. Körper und Formen sind ihnen unterworfen.

Die astrale oder emotionale Ebene besteht ebenso wie alle anderen Welten aus Tausenden von sehr unterschiedlichen

Unterebenen. Dort gibt es Lebensformen, die sich der anderen Welten meist nicht bewußt sind, sondern nur ihrer eigenen. Manche Astralwesen können die physische Welt beeinflussen, wenn wohlwollende Seelen, die ihre Gegenwart anziehen, ihnen dabei helfen. Unsere Emotionen beruhen auf der Essenz der Astralwelt, und wir tragen diese Essenz hier und jetzt in uns.

Die materielle Welt stellt zwar nur eine verschwommene Widerspiegelung der Astralwelt dar, aber eben doch eine Widerspiegelung. Viele unserer Träume laufen im Astralbewußtsein oder, wenn man so will, in der Astralwelt ab; und die Landschaften und Bilder, die wir sehen, fühlen, hören und spüren, ähneln denen auf diesem Planeten. Der deutlichste Beweis dafür, daß man sich im Astralbewußtsein befindet, ist die Lebendigkeit der Farben und Empfindungen. Oft erfahren wir das Leben im Astralbewußtsein, ohne es zu wissen, da die Umgebung und die Bedingungen denen unserer irdischen Existenz so ähnlich sind. Manchmal kehren sich die Bilder in der Astralwelt auch um.

Einmal fuhr ich im Traumzustand in einem kleinen Auto sehr schnell durch eine Landschaft, die mir vertraut war. Plötzlich fiel mir auf, daß die Zahl auf dem Geschwindigkeitsbegrenzungsschild von vorwärts nach rückwärts geschrieben war und die Zahlen und Buchstaben auf dem Kopf standen. Da wurde mir klar, wo ich war. Aufgeregt hielt ich an und stieg aus. Ich ging auf das Schild zu, und als ich es berührte, wachte ich in meinem Bett auf und hatte die Hand gegen das Kopfende gepreßt. Ein intensiver emotionaler Umschwung kann die Erfahrung rasch ins Astralbewußtsein hinübertragen, denn das gehört zur Essenz dieser Ebene.

Auf der Ebene des Kausal- oder Samenkörpers ist der größte Teil unserer vergangenen Leben aufgezeichnet. Diese Essenz beinhaltet die Erinnerungen und die Ursachen unserer Aktionen und Reaktionen in den Niedrigeren Welten. Die Seele trägt zwar auch die Erinnerung an Ihre Erfahrungen in sich, und wenn Sie die kausale Welt erlebt, können diese

Erinnerungen sich zu bedeutungsvollen Informationen für die Gegenwart ordnen. Die Seele lebt in diesem Bewußtsein nur für kürzere Zeiträume. Die Astralebene ist eine Widerspiegelung des kausalen Bewußtseins – mit der einzigen Ausnahme, daß die Farben und Empfindungen auf der kausalen Ebene intensiver sind als auf der astralen.

Ich möchte hier auch die submentale oder unterbewußte Ebene erwähnen, weil wir ihr in der Psychologie so große Bedeutung beimessen. Sie liegt sehr in der Nähe der mentalen Ebene, und im allgemeinen verwechselt man die beiden miteinander. Manche Richtungen bezeichnen sie als die ätherische Ebene und weisen dem mentalen Bewußtsein einen anderen Platz zu. Auch in diesen Welten erfährt die Seele das Leben. Die Essenz dieser Welten liegt in unserem eigenen Geist. Unser Verstand ist zwar ein unglaublich mächtiges Werkzeug, aber eben nur ein Instrument, das uns auf unserem Weg helfen soll. Er ist keineswegs die Quelle unseres Wissens oder unseres Seins; er hat nur eine verarbeitende Funktion, und deshalb sollten wir ihn auch nur wie ein Werkzeug gebrauchen.

Das Unterbewußtsein arbeitet mit Bildern; alle unsere Eindrücke sind in Form von Bildern gespeichert. Wenn wir uns an eine Zeit und einen Ort gut erinnern können, ist diese Zeit und dieser Ort im ätherischen Bewußtsein als Bild gespeichert, vollständig mit allen dazugehörigen Empfindungen. Vielleicht werden wir später irgendwann einmal ein bestimmtes Parfüm riechen, ein Lied aus der Vergangenheit hören oder einen längst vergessenen Ort wiedersehen, und dann wird die Erinnerung an das Ereignis, das damit zusammenhing, wieder in unser Bewußtsein aufsteigen. Das Unterbewußtsein findet das dazugehörige Bild und spielt uns die Erfahrung noch einmal als Erinnerung vor, indem es mit dem kausalen Bewußtsein zusammenwirkt. Dieser Mechanismus funktioniert auch bei unangenehmen Ereignissen. Doch wenn wir lernen, unsere Fähigkeiten auf diesem Gebiet zu verfeinern, können wir auch unangenehme Erfahrungen durchleben, ohne uns von den Bildern vergangener ähnlicher Erfahrungen überwältigen zu lassen. Die meisten unserer Ängste beruhen auf negativen alten Bildern. Diese Bilder werden durch Ereignisse der Gegenwart, die einem vergangenen, schmerzlichen Erlebnis ähneln, reaktiviert.

Auch unser Mentalbewußtsein stützt sich auf Bilder, aber hauptsächlich auf Symbole. Konzepte sind in Form von Symbolen gespeichert, und oft begegnen wir diesen Symbolen in unseren Träumen und begreifen ihren Sinn nicht. In Wirklichkeit ist es aber gar kein Geheimnis; es ist nur unser höheres Mentalbewußtsein, das sich in seiner ursprünglichen Form ausdrückt. Um den Sinn eines Symbols zu verstehen, wird es einem in der Kontemplation als Vision vor Augen gehalten. Dann beginnt das niedrigere Verstandesbewußtsein das Symbol in Konzepte (Bilder) zu übersetzen, dann in Gedanken und schließlich in Buchstaben und Worte, die wir in unserem Inneren hören. Manche Menschen bezeichnen das als inneren Monolog, der aber wie ein Dialog wirkt, wie ein inneres Gespräch: Der Verstand verarbeitet Symbole, rationalisiert sie und übersetzt sie in Gedanken.

Einmal beobachtete ich einen älteren Mann, der einen Arbeitsoverall und einen zerknitterten Filzhut trug und eine Dichtung an einem langen Rohr verstellte. Als ich ein paar Schritte zurücktrat, um meinen Gesichtskreis zu erweitern, kam mir plötzlich eine geometrische Form in einem sternenübersäten Raum zum Bewußtsein. Der Mann und ich standen auf einem kleinen Teil dieser Form. Ich fragte ihn, was er denn da tue, und er antwortete, er gehe seiner Arbeit nach! Auf weitere Fragen hin erklärte er mir, er halte einen Bereich von Konzepten instand, und zwar nach den Angaben der Menschen, die diese Konzepte akzeptierten. Immer wenn die Konzepte sich veränderten, veränderte er auch das Bild, das für sie stand. Dieses Erlebnis war ein Modell für mich, ein Bild einer Wahrheit auf der mentalen Ebene, das mein Lehrer gestaltet hatte.

Dieses Mentalbewußtsein hat in den Niedrigeren Welten

ein großes Machtpotential. Wunder werden vollbracht, indem man die Fähigkeiten dieses Bewußtseins nutzt und in der materiellen Welt zum Ausdruck bringt.

Es gibt Seelen, die im mentalen Bereich leben, und sie sind im allgemeinen spirituell ziemlich fortgeschritten. Alle Welten unterhalb der mentalen Ebene basieren auf den Bildern dieses Bereichs. Die Sonne, unsere Umgebung, die Gestalt unseres Körpers – all diese Bilder sind verschwommene Widerspiegelungen dessen, was das Mentalbewußtsein enthält.

Viele Weltreligionen begründen ihre Vorstellungen vom Himmel auf Erlebnisse, die ihre Gründer hatten, als sie die mentale Ebene besuchten. Wenn ich nicht wüßte, daß hinter den Welten GOTTES noch mehr steckt, würde ich diese Ebene auch für den Himmel halten.

Jede Niedrigere Weltebene hat einen Herrscher, den diejenigen, die es nicht besser wissen, leicht mit Gott verwechseln. Innerhalb ihres Reiches haben diese Herrscher eine ungeheure Macht; ihre Aufgabe ist es, auf der Ebene, die sie überwachen, die Ordnung aufrechtzuerhalten. Jeder dieser Herrscher ist nichts als Seele; und diese Erfahrung ist ein weiteres Werkzeug, aus dem nicht nur die Seelen, die ihnen begegnen, sondern auch die Herrscher selbst etwas lernen.

Die Seelenebene ist der erste Bewußtseinsbereich in den Höheren Welten und die wahre Heimat der Seele. Hier braucht die Seele die schützende Hülle der anderen Körper nicht mehr. Sie kann einfach in der Umgebung Ihres natürlichen Ichs sein. Diese Welt ist unermeßlich groß, obwohl der Raum nicht zum Gefüge der Seelenebene gehört. Unzählige Seelen wohnen hier, und viele sonnen sich im Glanz einer wahren GOTTESwelt. Zeit gibt es hier nicht, und Bewegung ist unbekannt. Aktionen finden nur durch *Sein* und Bewußtsein statt. Auch auf der Seelenebene macht die Seele Erfahrungen und entwickelt sich weiter.

Oberhalb der Seelenebene gibt es noch unzählige andere Ebenen, die die verschiedensten Namen tragen. Ich will nicht näher darauf eingehen, weil es nahezu unmöglich ist, sie zu beschreiben; man muß sie erfahren. Auf der fünften Hauptebene über der Seelenebene wird voraussichtlich die erste wahre Begegnung mit GOTT SELBST stattfinden. Und doch sind die Welten GOTTES unendlich.

Die Niedrigeren Welten könnte man allgemein als MFRZ-Welten bezeichnen; diese Abkürzung steht für Materie, Form, Raum und Zeit. Diese Strukturen existieren nur in den Niedrigeren Welten. Die Höheren Ebenen haben nichts mit Zeit, Raum, Form oder Materie zu tun. Alle Bilder, die wir von der Struktur unserer Welt haben, existieren in den Höheren Welten nicht, weil sie dort nicht nötig sind. Wir in den Niedrigeren Welten denken in Begriffen wie Bewegung, aber auf den Höheren Ebenen gibt es keine Bewegung, keinen Ort, an den man gehen müßte. Die Seele *ist* einfach und braucht nur Sie selbst zu *sein*. Die Welten oberhalb der Seelenebene erforscht man, indem man sein Bewußtsein dorthin bringt – ebenso, wie man es in den Niedrigeren Welten tun kann, aber mühelos.

Überleg einmal: weder Zeit noch Raum, weder Materie noch Bewegung. Das ist schwierig, denn unser Geist kann sich zwar von allem ein Bild machen, was er kennt, aber die Höheren Ebenen befinden sich jenseits des Verstandes und sind ihm unbekannt. Daher sind alle Bilder, die wir vor unserem geistigen Auge haben, unvollkommen und beruhen auf Vorstellungen, die von unserer materiellen Welt geprägt sind. Wenn die Seele sich in den Höheren Welten befindet, braucht Sie weder den Verstand, die Emotionen noch den Körper, um zu funktionieren oder sich zu schützen.

Ich fand es interessant, daß die Niedrigeren Welten als Widerspiegelungen voneinander geschaffen sind, von der mentalen Ebene herstammend. Stell dir diese Erde vor, ihre Farben, ihre Lebensformen. Auf der Astralebene gibt es ähnliche Bilder – nur daß die Farben dort leuchtender und alle Bilder schärfer eingestellt sind. Das gilt auch für die kausale Ebene und die Mentalebene. Jede Welt ist nur ein sehr verschwommenes Abbild der Ebene, die über ihr liegt, und ihre Schwingung ist niedriger. Die Sonne, die in der Astralwelt scheint, würde uns blenden, und doch wirkt sie im Vergleich zu der Lichtquelle auf der Mentalebene trüb.

Sobald wir erkennen, wer wir sind, beginnen wir die Geheimnisse um uns her eingehender zu erforschen. Eine der größten Ängste, der wir in jedem Leben gegenüberstehen, ist die Furcht vor dem Tod. Wir werden geboren, gewöhnlich ohne zu wissen, wo wir vorher gewesen sind. Das ist sehr weise eingerichtet, denn es bewahrt uns davor, von unserer Vergangenheit überwältigt zu werden. Wir haben die Chance, neu anzufangen und neue Erfahrungen zu machen, die uns vielleicht zur Erkenntnis unseres Selbst führen. Selbsterkenntnis wird oft fälschlicherweise für eine Erfahrung gehalten, die in der Astralwelt geschieht; aber wahres Verständnis unserer selbst findet nur statt, wenn wir im Bewußtsein der Seelenebene *sind.*

Bei diesem Vorgang steigen vielleicht Erinnerungen an vergangene Leben in uns empor. Das ist ein natürlicher Anreiz für uns, noch intensiver nach unserem wahren Platz innerhalb der Schöpfung zu suchen.

Bis wir in der Lage sind, verantwortungsvoll zu handeln und uns bei jeder Entscheidung aller Konsequenzen bewußt zu sein, gibt es Wesen, die uns helfen, uns die Erfahrungen unseres nächsten Lebens auszusuchen. Es wird alles getan, um für die Seele das Leben auszuwählen, das Ihr die beste Gelegenheit für die Erfahrungen bietet, die Sie braucht. Karmische Verflechtungen spielen eine Rolle, und das bedeutet in der Regel, daß wir in eine Situation hineingeboren werden, in der wir mit Menschen zu tun haben, mit denen uns ein karmisches Band verknüpft. Das Gefüge der Familie wurde teils zu diesem Zweck geschaffen.

Natürlich entscheidet die Seele im Laufe eines Lebens selbst, was Sie tun will und was nicht. Die Formen und Strukturen, in die Sie hineingeboren wird, sollen Ihr nur eine Gelegenheit bieten. Wir können uns auch entscheiden, diese jetzt noch nicht zu nutzen.

Im Augenblick schlägt sich der Mensch mit dem Problem herum, wann das Leben beginnt und wann es endet. Für ihre Überzeugung hinsichtlich dieser Frage sind sogar schon Leute gestorben. Solange man die Funktionsweise der Seele nicht kennt, begründet man all seine Ideen auf den Prinzipien des körperlichen Lebens. Doch wer mit dem Seelenbewußtsein arbeitet, weiß, daß der Körper ohne die Gegenwart der Seele nicht mehr länger lebt als ein paar Stunden. Wenn die Seele nicht da ist, hört die Maschinerie des Körpers auf zu arbeiten. Selbst die Intensivmaßnahmen unserer heutigen Wissenschaft können einen Körper kaum am Leben erhalten, nachdem die Seele ihn verlassen hat.

Wenn sich der Seele eine Gelegenheit bietet, auf diese Welt zu kommen, tritt Sie meist zum Zeitpunkt der Geburt in den Körper des Kindes ein. Es kann auch ein paar Tage vor oder ein paar Tage nach der Geburt geschehen, aber selten außerhalb dieses zeitlichen Rahmens. Vorher ist der Fötus ein Teil des Körpers der Mutter, und es wird stets respektiert, daß die Seele (Mutter), die diesen Körper bewohnt, das Recht hat, zu entscheiden, ob Sie eine andere Seele in diese Welt setzen möchte oder nicht.

Es ist selten der Fall, daß es nur ein einziges Leben gibt, das für die Seele im Augenblick am besten geeignet ist. Es gibt unendlich viele Möglichkeiten, die Erfahrungen zu sammeln, die man braucht.

Ich sollte an dieser Stelle vielleicht noch erwähnen, daß es einen Unterschied zwischen Lebenserfahrung und spiritueller Erfahrung gibt. Lebenserfahrungen sind die tatsächlichen Ereignisse, die in unserem Leben vorkommen. Die spirituelle Erfahrung dagegen ist die Essenz unserer Lebenserfahrungen bzw. der Nutzen, den wir aus ihnen ziehen. Die Seele muß durch spirituelle Erfahrungen lernen. Man stelle sich eine Situation vor, an der zehn Menschen beteiligt sind: Jeder wird durch sie zu einer etwas anderen Erkenntnis gelangen, und das kann die aus dieser Situation gewonnene spirituelle Erfahrung sein.

Es ist ein Trugschluß, den Wert eines Lebens nach dem äußeren Schein seiner Ereignisse zu beurteilen. Manche Menschen lernen nur wenig aus einer scheinbar traumatischen Lebenserfahrung; andere gewinnen aus der subtilsten Empfindung eines Augenblicks eine ungeheure spirituelle Einsicht.

Die Seele ist der einzige Grund, warum die Gefüge dieser Welten existieren. Sie sind nur Lernplätze, die uns helfen, den spirituellen Sinn hinter den Illusionen zu entdecken.

13

Schwingungen

Alles, was existiert, befindet sich in einem Zustand der Aktivität. Die Atome, die die Wissenschaft entdeckt hat, sind ständig in Bewegung, und es gibt noch viel feinere Elemente der Materie, die auf ihre Entdeckung durch den Menschen warten. Diese Aktivität kann man sich als Schwingung vorstellen, und gemessen wird sie anhand ihrer Frequenz.

Der GEIST ist die Kraft, die die unterschiedlichen Schwingungsfrequenzen zusammenhält, so daß sie harmonisch zusammenwirken können. Aktivität besitzt eine pulsierende Wirkung, die aus dem GEIST selbst stammt. Seine Energie fließt nach außen in die Welten GOTTES und verändert deren Licht- und Klangform, während Sie die verschiedenen Schwingungsebenen durchläuft. Nachdem Sie in die untere Ebene der Materie eingetreten ist, kehrt Sie wieder nach oben zurück, durchläuft dabei wiederum alle dazwischenliegenden Ebenen und spiegelt deren Schwingungsfrequenz wider. Dann geht Sie in die Tiefen der GOTTHEIT ein. Dieser Zyklus ist unendlich, und beide Aktivitäten laufen gleichzeitig ab. Diese Bewegung offenbart sich uns in Ebbe und Flut, in den Kreisen, die ein Kieselstein auf der Wasseroberfläche verursacht, den Umdrehungen der Planeten und Sonnen und der Struktur der Niedrigeren Welten, bestehend aus Aktion und Reaktion.

Jeder Mensch hat seine eigene veränderliche Schwingungsfrequenz. Immer wenn sein Körper, seine Emotionen, sein Denken oder sein Seelenbewußtsein eine Veränderung durchmachen, verändert sich auch die Schwingung. Wir können die Schwingungsfrequenz einer Person spüren. Ihre Auswirkung zeigt sich an einem Phänomen, das normalerweise als Aura bezeichnet wird: einer manchmal buntschillernden Energie, die unsere physischen Körper und die anderen Körper der Niedrigeren Welten umgibt. Sobald die Schwingungszahl sich ändert, verändern sich die Farben der Aura. Über die Bedeutung dieser Farben sind schon viele Vermutungen angestellt worden. Das ist aber ein sehr subjektives Gebiet. Es ist besser, selbst damit zu experimentieren, als einfach zu glauben, was andere Menschen darüber geschrieben haben.

Befindet man sich in einem Raum voller Menschen und spürt plötzlich, wie jemand eintritt und die Aufmerksamkeit auf sich zieht, dann hat man die Schwingung dieser Person wahrgenommen.

Die Erde setzt sich aus vielen Elementen mit sehr unterschiedlicher Schwingungsfrequenz zusammen. Wenn sich z. B. in dem Boden unter einer Stadt große Ablagerungen bestimmter Metalle befinden, fühlt man sich dort entweder wohl oder unwohl – je nachdem, wie die Schwingungszahl dieser Metalle auf die eigene wirkt. Die Ozeane haben ganz andere Schwingungen als die Berge, obwohl die Frequenzen beider Bereiche im allgemeinen nicht so negativ beeinflußt sind.

Viele Menschen ändern ihre Schwingungsrate, um sich besser an ihre Umgebung anpassen zu können. Das tun wir ganz unbewußt. Doch wenn irgend möglich, sollten wir an einem Ort leben, der für uns richtig ist, und uns mit Menschen umgeben, die uns angenehm sind. Wir sollten Interessengebiete, einen Wohnort, einen Gefährten und Freunde finden, die zu uns passen – nicht umgekehrt.

Hast du dich schon einmal gefragt, warum manche Bücher einen persönlich anzusprechen scheinen, als seien sie extra für einen geschrieben, während andere aus einer fremden Sprache zu stammen scheinen? Auch das ist auf die Schwingung zurückzuführen.

Die Buchstaben, aus denen Wörter gebildet werden, sind Klangsymbole. Manche Wörter klingen wundervoll und haben eine erhebende Wirkung; andere wirken bedrückend und erniedrigend. Das liegt daran, wie der Klang auf unsere eigene Schwingungsfrequenz wirkt.

Ein Autor läßt sich beim Schreiben von seiner natürlichen Geschwindigkeit und seinem natürlichen Rhythmus leiten; er richtet sich nach den geistigen und emotionalen Schwingungsmustern in seinem Inneren. Die Worte, die er wählt, spiegeln diese Muster wider. Unsere eigene Schwingungsfrequenz verträgt sich entweder mit dem Ausdruck der Frequenz dieses Autors oder nicht.

Einer neuen Bekannten habe ich einmal ein sehr verständliches Buch über spirituelle Themen empfohlen. Ihr fiel es jedoch schwer, das Buch zu lesen, und sie erklärte, sie verstünde den Sinn nicht. Offensichtlich vertrug sich das Buch nicht mit ihrem Lebensrhythmus. Nachdem wir uns einige Monate lang ab und zu über spirituelle Themen unterhalten hatten, griff sie wieder zu dem Buch; und diesmal fiel ihr die Lektüre nicht schwer. Ihre Schwingungsrate hatte sich erhöht und war an einem Punkt angelangt, an dem sie sich mehr im Einklang mit dem Inhalt des Buches befand. Diese Anpassung ging allmählich vonstatten. Sie war darauf zurückzuführen, daß das Bewußtsein und die Interessen der Frau sich weiterentwickelt hatten. Der Versuch, eine solche Anpassung zu übereilen, kann zu ernsten Problemen führen, da die Emotionen und der physische Körper leicht aus dem Gleichgewicht geworfen werden.

Wir wissen, daß die Texte von Rocksongs schwer zu verstehen sind und wahrscheinlich auch nicht viel Sinn ergeben. Es ist der Klang dieser Songs, der Rhythmus, der uns bewegt und uns eine Botschaft übermittelt. Der Inhalt der Botschaft hängt von unserer Reaktion auf die Musik ab. Der Klang von

Musik hat allgemein eine starke Wirkung auf den Gefühlskörper, gleichgültig, ob man nun positiv oder negativ darauf reagiert, und in großen oder länger anhaltenden Dosen kann Musik auch die anderen Körper beeinflussen. Die Schwingungsfrequenz jedes Klanges beeinflußt Tiere ebenso wie Menschen.

Farben können ähnliche Reaktionen in uns auslösen, denn sie sind widergespiegelte Formen der Aktivität von Licht und Klang. Wir wissen, daß das Licht sich in Wellenmustern fortbewegt, und wir wissen auch, daß Licht und Klang Ausdrucksformen des GEISTES sind. Stimmt man die Farbe der Kleidung auf die Gesichtsfarbe ab (eine Methode, die neuerdings als Coloring oder Farbberatung in Mode gekommen ist), bringt man nur die Schwingungsmuster zweier widergespiegelter Objekte – der Kleidung und des Körpers – und die des Emotionalkörpers miteinander in Einklang. Die meisten Leute, die sich danach richten, sind sich über den Einfluß der Frequenz natürlich nicht im klaren. Sie haben vielleicht einfach nur das Gefühl, daß eine Farbe «nicht richtig für sie ist» – aber wir wissen nun, was dahintersteht.

Vor kurzem wurden Tests mit Langstreckenläufern durchgeführt, bei denen untersucht werden sollte, wie sich unterschiedliche Sonnenbrillenfarben auf die Ausdauer der Läufer auswirken. Es stellte sich heraus, daß manche Farbnuancen die Energie der Läufer senkten, während andere ihr Durchhaltevermögen aufrechterhielten. Es ist erstaunlich, daß ausgerechnet eine Augenbedeckung dazu beitragen soll, das Durchhaltevermögen zu steigern, denn der Körper ist dazu eingerichtet, das normale Tageslicht als Energie zu nutzen. Einen großen Teil unserer Kraft beziehen wir aus dem reflektierten Sonnenlicht. Sogar Blinde können von diesem Licht profitieren; ihr Körper paßt sich an die veränderten Umstände an und absorbiert die Energie durch die Poren der Haut. Menschen, die längere Zeit in einer relativ dunklen Umgebung leben müssen, leiden meist häufiger unter Krankheiten und sterben auch eher.

Gewöhnlich reagieren wir auf die Farben in unserer Umgebung. Manche finden wir beruhigend, andere störend. Es sind schon viele Experimente durchgeführt worden, um herauszufinden, welche Farben am Arbeitsplatz sich am positivsten auf die Leistungsfähigkeit auswirken. Es wäre jedoch am besten, wenn jeder sich die Farben der Umgebung, in der er viel Zeit verbringen muß, nach seinem eigenen Geschmack aussuchen könnte. Manche Formen des Heilens beruhen auf einer Anpassung der Schwingungsfrequenzen von Körper, Geist und Gefühlen. Viele Heiler nehmen die Aura wahr und können in der betroffenen Körpergegend die Farbe berichtigen. Diese Heilmethode ist nur von begrenztem Wert, wenn der Heiler nicht in der Lage ist, das ganze Ausmaß des Problems zu erkennen und die Ursache statt der Symptome zu beseitigen. Viele Formen des physischen Heilens ziehen karmische Verwicklungen nach sich.

Wenn ein Meister spricht, ist Er sich des Klangs bewußt. Öfters kommt es vor, daß Zuhörer sich nach einem Vortrag nicht mehr genau daran erinnern, was der Meister gesagt hat; trotzdem fühlen sie sich durch Seine Worte erhoben und innerlich aufgerichtet. Das liegt daran, daß Er ein Bewußtsein zum Ausdruck bringen kann, das aus den GOTTwelten stammt, und obwohl diese Botschaft durch die gedankliche Verarbeitung und das gesprochene Wort gefiltert ist, enthält sie doch immer noch die Essenz der Höheren Welten. Diese Essenz kann in den Menschen, die Seine Worte hören, ein Erkennen auslösen, und für einen Augenblick sind sie dann wieder mit dem verbunden, was ihrem eigenen wahren Ich so nahe ist, der Seele. Der Meister kann mit Seinen Worten jede einzelne Seele direkt treffen.

Ein Meister kann Menschen mit Seinen Worten scheinbar auch zum Einschlafen bringen. Das liegt vor allem daran, daß Seine höhere Frequenz mit unserer Seele in Kontakt tritt, während unsere anderen Körper mit ihren niedrigeren Frequenzen dadurch eingeschläfert werden, so daß sie automatisch funktionieren, aber nicht mehr bewußt aktiv sind.

Wohin ein Meister sich auch begibt, Er wird immer einen gewissen Aufruhr in Seiner äußeren Umgebung verursachen. Meist hat Seine Schwingung eine erhebende Wirkung. Menschen, die sich in einem ziemlich negativen Schwingungsbereich befinden, kann sie allerdings in Unruhe versetzen. Seine Frequenz ist üblicherweise sehr hoch, obwohl Er sie stets an die Umstände und an Seine augenblicklichen Bedürfnisse anpaßt. Jeder Meister dient vor allem als Vermittler für den positiven Aspekt des GEISTES, und doch besitzt Er einen hauptsächlich negativen Körper und Geist und negative Emotionen und muß in einer Welt leben und arbeiten, die eine ebenfalls negative Basis hat. Diese beiden entgegengesetzten Kräfte stehen miteinander im Konflikt, und daher löst Seine Gegenwart häufig Wetterveränderungen aus, manchmal sogar den Ausfall elektrischer Geräte, und bei manchen Menschen kommt es zu ungewöhnlichem Verhalten.

Man muß sich immer vor Augen halten, daß die negative Kraft alles versucht, um das Werk des Meisters zunichte zu machen. Er wird also gewissermaßen ständig angegriffen.

Wenn ein Meister beschließt, in der Öffentlichkeit zu arbeiten, senkt Er seine Schwingungsfrequenz, um besser mit Seiner Umgebung zu harmonieren. Dadurch kann Er sich länger in der Nähe anderer Menschen aufhalten, ohne die Kräfte Seines physischen und emotionalen Körpers völlig zu erschöpfen; denn das könnte leicht passieren, wenn Er inmitten der niedrigeren Schwingungsfrequenzen, die die meisten anderen Menschen haben, Seine hohe Frequenz beibehielte. Ist Er allein und ungestört, nimmt Er wieder Seine normale höhere Schwingungsfrequenz an. Dann arbeitet Er nahezu ununterbrochen, schläft vielleicht nur vier oder fünf Stunden pro Nacht und ist trotzdem völlig ausgeruht.

Manchmal fällt es meiner Frau schwer, in meiner Nähe zu liegen. Ich kann mich ganz wohl fühlen; aber sie spürt gelegentlich ein Brennen in der Nähe ihres Solarplexus und hat oft Magenschmerzen. Rücke ich von ihr weg, geht es ihr gleich besser. Selbst wenn zwei Menschen normalerweise sehr gut miteinander harmonieren, kann es vorkommen, daß die Schwingungsfrequenz des einen im Augenblick viel höher ist als die des anderen und derjenige mit der niedrigeren Frequenz dann physische Schmerzen hat oder emotionale Veränderungen erlebt. Wir alle können unsere Schwingungsfrequenz bewußt anpassen, sobald wir beginnen, aktiv in den spirituellen Bereichen zu wirken.

Eine höhere Schwingungsrate kann zum Beispiel dazu benutzt werden, den physischen Körper warm zu halten. Es gibt eine uralte Prüfung, die in manchen Teilen der östlichen Welt noch heute üblich ist: Der spirituelle Schüler wird in eine nasse Decke oder ein nasses Gewand gehüllt und muß mitten im Winter auf einem Felsen im Schnee sitzen. Das Ziel besteht nicht nur darin, die Vorstellung, daß einem kalt ist, zu überwinden, sondern auch seine Schwingungsfrequenz so zu erhöhen, daß der feuchte Stoff warm wird und trocknet. Ich habe schon Menschen gesehen, die in der Lage waren, den Schnee in einem Umkreis von einem Meter um sich herum zu schmelzen. Ich mußte mich früher einmal dieser Prüfung unterziehen, und nach vielen vergeblichen Versuchen lernte ich, mein gefrorenes Gewand zu trocknen. Der Überlebenstrieb ist ein guter Ansporn!

Wenn wir verstehen, daß alles, was in Aktivität ist, sich in Schwingung befindet, beginnen wir unsere Beziehung zu allen Dingen zu erforschen. Dieses Verständnis ist ein Werkzeug, das uns helfen kann, nicht mehr die Wirkung unserer Umgebung zu sein, sondern die Ursache.

14

Die bindende Kraft

Aus der höchsten GOTTESebene entspringt eine bindende Kraft, bewegt sich hinab durch alle Welten der Schöpfung und gibt ihnen als Stimme GOTTES richtungsweisende Anleitung und das Gleichgewicht, das alles zusammenhält. Diese Kraft hat im Laufe der Zeiten viele Namen erhalten; am bekanntesten ist sie wohl unter der Bezeichnung «der GEIST».

Sie entstammt der höchsten Ebene GOTTES und ist SEINE mächtige, wissende Wirkung. Diese Kraft hält die Welt im Gleichgewicht und erhält alle Wesen und die ganze Materie am Leben. Wir können viele Aspekte GOTTES erfahren, indem wir direkt mit dem GEIST zusammenarbeiten.

Jede Ebene hat ihre eigene Schwingung. Von oben nach unten nimmt die Schwingungsfrequenz ab. Der GEIST besitzt zwei Elemente, für die Er am bekanntesten ist: Licht und Klang. Auf jeder Ebene nimmt man das Licht und den Klang aufgrund der unterschiedlichen Schwingungsfrequenz anders wahr. Die Begründer von Religionen haben Zeremonien geschaffen, die als Symbole für den GEIST stehen: zum Beispiel das Glockenläuten und die Kerzen in der katholischen Kirche. Solche Symbole finden sich in den meisten Glaubenssystemen, obwohl ihr ursprünglicher Sinn inzwischen praktisch in Vergessenheit geraten ist.

In den Höheren Welten bewegt sich der GEIST als eine einzige Kraft. Doch sobald Er auf der mentalen Ebene in die Niedrigeren Welten eintritt, spaltet Er sich in zwei Kräfte auf. Diese Kräfte werden als «positiv» und «negativ» bezeichnet. Nachdem der GEIST alle Welten bis zur materiellen Ebene hinab durchströmt hat, kehrt er wieder nach oben zu den GOTTwelten zurück. Diese Bewegung läuft ständig ab, und wir können uns diesen Aspekt des GEISTES zunutze machen, um unser Bewußtsein in die Höheren Welten zu verlagern.

Es ist so eingerichtet, daß die Seele am besten zu einem Bewußtsein Ihrer selbst und GOTTES gelangen kann, wenn Sie bewußte Entscheidungen treffen muß. Die Dualität von Positiv und Negativ gibt uns diese Möglichkeit. Zu jedem Aspekt in den Niedrigeren Welten gibt es ein Gegenteil: gut und böse, hell und dunkel, Mann und Frau, links und rechts, oben und unten, Gerechtigkeit und Ungerechtigkeit – um nur ein paar zu nennen. Die Entscheidung zwischen diesen Gegensätzen stürzt uns in einen Konflikt, und dieser Konflikt bringt uns Erfahrungen und läßt uns innerlich wachsen. Das ist das Spiel des Lebens.

Die dunkle oder negative Seite ist durchaus eine Realität. Es gibt Wesen, die imstande sind, uns das Fleisch von den Knochen zu reißen und unsere Seele scheinbar für die Ewigkeit gefangenzuhalten. Diesen Wesen sind die großen Zusammenhänge in der Regel nicht bewußt; sie spielen das Spiel ihres Lebens, indem sie hauptsächlich den negativen Aspekt zum Ausdruck bringen. Selbst die Herrscher der verschiedenen Ebenen sind sich selten vollständig der Höheren Welten bewußt. Auch sie sind Seele und denselben Bedingungen unterworfen wie wir.

Die Funktion des Negativen besteht darin, uns von der Entdeckung abzuhalten, wer wir wirklich sind. Es ist ein sehr komplizierter Prozeß, der uns alle erdenklichen Hindernisse in den Weg legt und uns auf diese Weise die Erfahrungen zuteil werden läßt, die wir brauchen.

Die Funktion des positiven Aspekts besteht darin, der

Seele bei Ihrer Entdeckung zu helfen. Die Seele kann selbst wählen, für welche Kraft Sie der Kanal sein möchte – für die positive oder die negative. Solange wir uns in den Niedrigeren Welten aufhalten, müssen wir an beiden Kräften teilhaben, aber wir können uns entscheiden, welche wir unserem Leben aktiv zugrunde legen möchten.

Da auf den Niedrigeren Ebenen entstanden, haben Körper, Geist/Verstand und Emotionen eine negative Basis, während die Seele, die auf der Seelenebene geschaffen wurde, eine positive Basis besitzt. Alles, was aus den Niedrigeren Welten geboren wird, ist vergänglich; die Seele dagegen ist keinerlei Begrenzung unterworfen, nur der Ihres eigenen Bewußtseins.

Wir sind konditioniert, uns vor der negativen Kraft zu fürchten. Doch es wäre klüger, sich zu erinnern, was für einen Sinn diese Kraft hat. Wir sind den negativen Kräften nur in dem Maße unterworfen, in dem wir es zulassen. Selbst während wir hier in der negativen Welt leben, kann unser Bewußtsein durchaus in den positiven Welten weilen.

In den Niedrigeren Welten gibt es Ursachen und Wirkungen, Gesetze, die man erkennen und respektieren muß. Nach einer Weile kann das eine Art Spiel für uns werden. Wir kennen die Aufgabe der dunklen Seite und den Sinn der hellen. Erst wenn wir unsere Fähigkeit nutzen, immer nur das in unser Leben eintreten zu lassen, was wir gewollt haben, sind wir wahrhaft frei. Dieses Gleichgewicht der Kräfte nennt man den Mittelweg.

Wenn die Seele die Erfahrungen der niedrigeren Ebenen in Einklang bringt und viel über sich selbst erfährt, kann Sie ganz bewußt Zuflucht auf der Seelenebene finden. In den Höheren Welten bedarf es keiner Dualität. Die Daseinsbedingungen, die wir in dieser Welt erfahren, gibt es in den höheren Bewußtseinsbereichen nicht. Selbst wenn die Seele sich auf die Seelenebene begeben hat, erwirbt Sie immer noch weiteres Wissen, erfährt neue Sinngebungen und entwickelt sich weiter. Spirituelles Wachstum kennt keine Grenzen. Die

Welten GOTTES sind grenzenlos; Es ist in SEINEM Wirken ungebunden und dehnt sich immer weiter aus.

Wir haben also auf diesem Planeten die Wahl. Wir können uns entscheiden, die dunklen Kräfte zu manipulieren, um die Macht der Niedrigeren Welten für unsere Zwecke nutzbar zu machen; oder wir können die großen Zusammenhänge sehen und bewußt mit dem GEIST zusammenarbeiten, um unsere inneren Fähigkeiten weiterzuentwickeln, damit wir zu einem größeren Bewußtsein unserer selbst und GOTTES gelangen. Die Seele entscheidet sich – je nach der Bewußtseinsstufe, auf der Sie zu diesem Zeitpunkt steht – für den einen oder den anderen Weg. Bewußt oder unbewußt treffen wir diese Entscheidung in jeder Sekunde.

Im Rahmen der großen Zusammenhänge gibt es weder Richtig noch Falsch. Es gibt keinen Weg, der für dich besser oder schlechter wäre. Es gibt nur die Entscheidung, die du für dich selbst in diesem Augenblick triffst. Deine Entscheidung wird spirituelle Erfahrungen mit sich bringen, die einzig und allein für dich bestimmt sind, und jede Entscheidung wird dich letzten Endes zu GOTT führen.

Der Unterschied liegt darin, was wir in unserem Leben erreichen möchten. Wir können das materielle Leben voll auskosten, all seine Aspekte erforschen und uns für unser inneres Wachstum Zeit lassen. Vielleicht fühlst du dich im Augenblick ganz wohl dort, wo du bist, und hast keinerlei Bedürfnis nach einer Veränderung. Daran ist nichts auszusetzen; wenn deine Entscheidung im Augenblick so lautet, ist das durchaus in Ordnung.

Vielleicht fühlst du in deinem Inneren aber doch ein schwaches Flämmchen: das Wissen, daß es außer den Beschäftigungen der Niedrigeren Welt, für die du dich entschieden hast, auch noch einen anderen Sinn gibt. Vielleicht ist es nur eine ganz leise Stimme tief in deinem Inneren, die dich ab und zu fragt, ob du auch wirklich alles hast, was du verdienst. Es kann sein, daß du nachts plötzlich wach liegst und unzufrieden mit dem bist, was du bisher erreicht hast. Du weißt, daß du dich mit dem Zweitbesten zufriedengegeben hast. Aber du hast die Wahl und kannst dich jederzeit auf einen Weg begeben, auf dem du mehr über dein wahres Ich und deine tatsächlichen Möglichkeiten erfährst.

Ich könnte Bände mit Erklärungen über den GEIST und Seine Methoden füllen. Das gilt übrigens für alle Themen, die ich in diesem Buch anspreche. Am wichtigsten ist vielleicht, daß der GEIST uns auf unserem Weg ein ungeheurer Beistand und ein großer Trost sein kann. Unter vielem anderen ist Er hier, uns eine bewährte Methode zu zeigen, wie wir Bewußtsein erlangen können. Mit Hilfe Seines positiven Aspekts können wir alles, was wir brauchen, in die Realität umsetzen.

Ich kenne viele Menschen, die den GEIST als ihren Freund betrachten, und tagtäglich aktiv mit Ihm zusammenarbeiten. In diesen Welten wirkt der GEIST innerhalb eines genau festgesetzten Rahmens, den GOTT SELBST geschaffen hat. Er kann alles in unser Leben bringen, was wir benötigen, und ist uns mit unserem begrenzten Bewußtsein darin haushoch überlegen.

Ja, das erfordert Glauben – aber nicht das, was man sich unter Glauben vielleicht vorstellt. Es ist mehr eine Art Vertrauen. Sobald du dem GEIST zum erstenmal Gelegenheit gibst, für dich zu arbeiten, und feststellst, daß Er es tatsächlich kann, wirst du allmählich ein wissendes Vertrauen entwickeln, daß Er weiterhin für dich arbeitet. Er kann dich gar nicht enttäuschen! Nirgendwo in den wahren Lehren wird jemals von dir verlangt, daß du etwas ohne Beweise glaubst; im Gegenteil, du mußt dir alles Schritt für Schritt selbst beweisen. Niemand kann dir Wissen oder Erkenntnis schenken. Um darauf vertrauen zu können, daß der GEIST dir tatsächlich das bringt, was für dich am besten ist, mußt du Ihn auf die Probe stellen.

Macht man auf diese Weise vom GEIST Gebrauch, beschleunigt man sein Wachstum. Wir können uns natürlich auch mit Hilfe unserer eigenen Fähigkeiten mühsam vorwärtsquälen; doch indem wir den GEIST bitten, die notwendigen Erfahrungen in unser Leben zu bringen, und zwar so, wie wir sie brauchen, wird der Prozeß der Erkenntnis schneller ablaufen.

Wir geben niemals unseren freien Willen auf. Die Seele hat immer die Wahl. Wenn wir uns des GEISTES bedienen möchten, ist es einfach unser Wille, daß der GEIST uns helfen möge. Doch wir haben jederzeit die Freiheit, uns von Seiner Anleitung zu lösen oder eine Gelegenheit, die Er uns bietet, abzulehnen.

Der GEIST ist zwar alles andere als eine mechanische Kraft; aber Er arbeitet doch innerhalb gewisser Grenzen, und wir können uns Seiner Gesetze immer wieder bedienen. Sie verändern sich nicht. Diese Möglichkeit steht allen offen. Wenn man ein Gesetz des GEISTES beschwört, wird Es Seine Wirkung zeitigen. Das gilt auch für den negativen Aspekt des Flusses. Das können wir an Ritualen sehen, mit denen sich bestimmte erwünschte metaphysische Wirkungen erzielen lassen. Aber nur selten wird darauf hingewiesen, daß jede Handlung ihren Preis hat. Daher sollte man sich stets darüber im klaren sein, was man sich erkauft.

Mit Hilfe der schöpferischen Visualisierung kann man den GEIST nutzen, um das zu erlangen, was man sich wünscht. Im Grunde setzt man sich dabei ein visuelles und emotionales Ziel, und zwar nicht nur in der Vorstellung, sondern in seinem gesamten Ich. Man muß sein Ziel sehen, fühlen und wissen – und man muß auch die unerschütterliche Überzeugung haben, daß man es erreichen wird. Es kann alles mögliche sein. Manche Menschen kleben sich ein Bild des angestrebten Ziels an den Kühlschrank, um es so lebendiger in ihrem Bewußtsein zu bewahren. Ein Mann soll das angeblich mit dem Foto eines roten Ferraris getan haben. Einige Monate später hatte er einen. Hält man sich sein Ziel stets vor Augen, wird man es irgendwann erreichen. Das funktioniert grundsätzlich, egal, ob man vom GEIST weiß oder nicht. Wenn wir uns eines spirituellen Gesetzes bedienen, verwandelt Er sich automatisch in Aktion – ob wir uns Seiner bewußt sind oder nicht.

Kreatives Visualisieren wird schon seit Jahrtausenden praktiziert und ist wirklich kein besonderes Geheimnis. Viele Gruppen haben der Kraft der visuellen Vorstellung heute ein neues Gewand gegeben und ihr teilweise religiöse Aspekte verliehen. Aber es ist nicht notwendig, für etwas, was man umsonst haben kann, einen hohen Preis zu bezahlen. Manche bezeichnen es als positives Denken, andere nennen es *Course in Miracles* (Kurs in Wundern), und es gibt eine christlich fundierte Richtung, die gleich mehrere dicke Bände mit Informationen über dieses Thema herausgebracht hat. In Kursen, die ziemlich teuer sind, wird diese Methode vermittelt. Den Leuten, denen ich dort begegnet bin, ging es um Weltfrieden und gegenseitiges Verstehen – und doch betonten sie vor allem, daß Geld nichts Schlechtes ist, und brachten den Kursteilnehmern bei, wie man sein Leben durch vielerlei materielle Dinge bereichern kann.

Wichtig ist nur, daß man die Ursache und die Wirkung dieser Methode kennt, ehe man sich ihrer bedient. Du wirst alles bekommen, was du dir wünschst – sei dein Ziel nun materieller oder spiritueller Natur; aber oft wirst du hinterher feststellen, daß es dich nicht so glücklich gemacht hat, wie du gedacht hattest. Materielle Objekte haben nur einen sehr begrenzten Wert, und es ist viel leichter, nicht das, was wir wirklich brauchen, in unser Leben zu bringen, sondern das, was wir haben wollen. Alles, was wir tun, ist nicht gratis. Das Karma greift ein, wie bei fast allem, was wir tun.

Irgendwann wird man auf seinem Weg an einen Punkt gelangen, wo einem klar wird, daß man mehr über den GEIST, die Welten GOTTES und sein wahres Ich erfahren möchte und daß einen nichts anderes auf dieser Welt mehr wirklich interessiert. Es ist niemals verlangt worden, daß Wahrheitssucher ohne materiellen Besitz leben müssen. Es ist eher so: Das Hängen an den Dingen dieser Welt verlangsamt unseren spirituellen Fortschritt. Vielleicht hast du Freude an deinem komfortablen Lebensstil. Das läßt sich durchaus mit der Sehnsucht nach mehr Erkenntnis vereinbaren. Aber irgendwo gibt es einen Punkt, an dem viele irdische Dinge den Wert verlieren, den sie ursprünglich für uns hatten; und diesen Punkt erreichen wir auf ganz natürlichem Wege und in vollkommenem Gleichgewicht mit unserem Bewußtsein. Jetzt beginnen wir vielleicht, intensiver mit dem GEIST zusammenzuarbeiten, damit Es das in unser Leben bringt, was wir für unser inneres Wachstum am nötigsten brauchen.

Der GEIST wird nicht nur unseren Wunsch nach Wissen erfüllen; wenn wir wollen, wird Es uns auch als Kanäle für Sein Wirken benutzen. Es hat die Macht, alles zu tun; doch die Seele muß den positiven Strom lenken, sonst kann Sein Werk sich nicht vollenden. Menschen werden geheilt oder gesegnet, Dinge verändern sich, und Seelen werden vom GEIST beeinflußt, der irgend jemanden von uns als Seinen direkten Kanal benutzt – natürlich nur mit dessen Einverständnis. Oft ist uns gar nicht bewußt, daß Es durch uns wirkt; doch hin und wieder erkennen wir die Wunder und wissen, daß nicht wir sie persönlich bewirkt haben, sondern daß der GEIST sie vollbracht hat.

Zuerst müssen wir bitten. Schon viele Menschen haben den Mut verloren, weil ihr Leben ihnen so leer vorkam; aber um etwas empfangen zu können, hätten sie vorher darum bitten müssen. GOTT hat uns SEINE Geschenke schon gegeben, und zwar dadurch, daß Es uns mit dem GEIST gesegnet hat. Wir brauchen nur noch eine persönliche Beziehung zum GEIST aufzubauen und Es zu bitten, uns das zu bringen, was wir in unserem Leben brauchen. Der GEIST ist allen Menschen zugänglich, und das war schon immer so. Wir müssen uns dessen nur bewußt werden, um aktiv mit Ihm zusammenarbeiten zu können. Sobald wir diese Erfahrung selbst gemacht haben, werden wir darauf vertrauen, daß Es uns das bringt, was wir selbst niemals liefern oder uns auch nur vorstellen können. Doch der GEIST ist eine anspruchsvolle Energie; du mußt Es durch deine Bitten und Handlungen lenken, um den Prozeß in Gang zu setzen. Die Auswirkung wird das sein, was du dir wünschst.

Die höchste und lohnendste Form, in der man sich hier des GEISTES bedienen kann, besteht in der Verpflichtung, an GOTTES Werk mitzuwirken und sich ganz dem GEIST anzuvertrauen, so daß Er uns als Teil Seines Willens gebrauchen kann. Doch das kann man nur, wenn man auf dem spirituellen Weg schon ziemlich fortgeschritten ist. Manchem mag es schwerfallen, weil er noch nicht bereit dazu ist. Wer bereit ist, wird es wissen und gern und freiwillig auf diese Weise mit dem GEIST zusammenarbeiten. Während du dem GEIST bewußt und ständig als Kanal für Sein Wirken dienst, begreifst du, daß für all deine Bedürfnisse gesorgt werden wird und daß der Weg, den Es für dich aussucht, im Rahmen der großen Zusammenhänge der beste ist.

Alles, was wir tun, wirkt sich auf unsere Umgebung aus. Wenn wir den GEIST wirken lassen, schafft Es die Umstände und Situationen, die für alle Beteiligten am besten sind. Es bildet sich ein Gleichgewicht zwischen unserer Energie und dem GEIST. Um ein Beispiel zu geben: Wenn wir arbeitslos sind und uns eine neue Stellung wünschen, bitten wir den GEIST, uns die Gelegenheit zu bieten, mit der nicht nur uns selbst, sondern gleichzeitig auch dem großen Ganzen gedient ist. Natürlich muß man auch etwas dazutun: auf Stellenangebote antworten, zu Vorstellungsgesprächen gehen, mit Leuten reden und überhaupt alles tun, was den materiellen Prozeß vorantreiben kann. Durch diese aktive Mitwirkung wird man viele Erfahrungen sammeln. Das Ergebnis wird sein, daß man Erkenntnisse gewinnt und innerlich wächst und der GEIST einem gleichzeitig hilft, die richtige Arbeit zu finden.

An dieser Stelle muß ich auf den Unterschied zwischen dem eingehen, was wir brauchen, und dem, was wir uns wünschen. Wir können mit Hilfe der kreativen Visualisierung erhalten, was wir wollen; und das ist vielleicht nicht einmal das, was wir *brauchen*. Wir können auch direkt mit dem GEIST zusammenarbeiten, um das zu bekommen, was wir brauchen. Dann werden uns die Erfahrungen zuteil, die uns spirituelle Erkenntnis bringen. Manchmal ist das schwer zu sehen, weil wir gerade eine schwierige, entmutigende Zeit durchmachen; doch zum inneren Wachstum gehören nun eben angenehme wie auch schmerzliche Erfahrungen. Es ist wichtig, daß wir das wissen und uns darüber klarwerden, was für uns am wichtigsten ist.

Der GEIST wird uns niemals etwas bringen, womit wir nicht fertigwerden können. Dafür sorgt das spirituelle Gesetz. Es kann gar nichts in unser Leben treten, was nicht mit unserem Bewußtseinszustand im Einklang steht – obwohl es hin und wieder so aussieht, als überfordere eine Erfahrung uns. Manchmal fühlen wir uns auch überlastet, weil wir den Strom in unserem Inneren nicht regulieren können. Kommen wir z. B. mit einem Strom in Verbindung, der für unser derzeitiges Bewußtsein zu mächtig ist, haben wir das Gefühl, innerlich unter Feuer zu stehen. Arbeit und Familienleben leiden unter dieser Belastung, und wir haben kaum mehr an etwas anderem Interesse als am GEIST. Dann sind wir eindeutig aus dem Gleichgewicht gebracht.

Ich lernte einmal einen Mann kennen, der solche Erfahrungen machte, und zwar in extremem Maße. Er war vorher konservativer Christ gewesen. Eines Tages besuchte er eine Kirche, deren Anhänger glauben, mit dem GEIST (den sie als Heiligen Geist bezeichnen) in Verbindung zu sein, in fremden Zungen reden und durch Handauflegen heilen zu können. Das ist eine metaphysische Richtung, obwohl diese Glaubensgemeinschaft es wahrscheinlich nicht so bezeichnen würde.

Was der Mann in dieser Kirche erlebte, bewegte ihn sehr; er war offen für diese Energie. Unter solchen Umständen kann die Macht des GEISTES sehr groß sein, und sie wird von vielen Anwesenden aufgenommen, die gar nicht wissen, wie man sie steuert und unter Kontrolle hält. Dieser Mann war von seiner Erfahrung völlig überwältigt und befand sich danach viele Monate lang in einem großen inneren Aufruhr.

Ihm war, als brenne sein Körper; er hatte Visionen und zitierte fast ununterbrochen aus der Heiligen Schrift. Mit der Zeit brachte er den größten Teil dieser Energie wieder ins Gleichgewicht; aber es war eine Zeit tiefgreifender Erfahrungen und Veränderungen für ihn, und er wird wahrscheinlich immer ein Kanal für den GEIST bleiben.

Es ist viel besser, den Fluß des GEISTES allmählich, in kleinen Dosen in sich aufzunehmen, seinen Meister zu bitten, einem zu helfen, das Bewußtsein dem GEIST zu öffnen. Dann hat man genügend Zeit und Erfahrung, um die Schwingungsfrequenz der Emotionen, des Körpers und des Verstandes an die neue Stufe anzupassen, auf der man sich nun bewegt.

Sobald jemand zu einem aktiven Kanal für den GEIST geworden ist, wird er vielleicht auf Schwierigkeiten stoßen, wenn er versucht, den Strom, der ihn durchfließt, zu blockieren. Wir können den GEIST nicht in unserem Inneren festhalten, wir müssen Ihn in irgendeiner Form durch uns wirken lassen.

Wie also baut man eine persönliche Beziehung zum GEIST auf? Indem man sich Seiner bewußt ist. Mache einen Spaziergang auf einem deiner Lieblingswege oder setze dich hin und schau dir einen Sonnenuntergang an. Sei ganz ehrlich im Hinblick auf dich selbst und deine Wünsche. Der GEIST ist dir so nahe wie dein eigener Atem; wenn es Ihn nicht gäbe, wären wir alle nicht auf dieser Welt. Er kennt dich und empfindet eine unvorstellbare Liebe für die Seele – eine Liebe, die sich mit menschlichen Maßen nicht messen läßt, weil es spirituelle Liebe ist, die der GEIST direkt von GOTT SELBST bezieht und weitergibt. Der GEIST hat dich schon immer gekannt; aber da Er deine Willensfreiheit achtet, wird Er erst direkter mit dir zusammenarbeiten, wenn du Ihn darum bittest.

Seit undenklichen Zeiten erhört und beantwortet der GEIST die Gebete von Milliarden von Seelen; denn das ist die Rolle, die Er als Stimme und Hand GOTTES spielt. Wenn unsere Gebete nicht beantwortet worden sind, liegt das daran, daß wir uns nicht an Seine Handlungsprinzipien gehalten haben. Bittet man darum, daß GOTTES Wille geschehen möge, dann muß man auch respektieren, daß der GEIST bei allem, was Er tut, die großen Zusammenhänge im Auge behält.

Der GEIST wird dir die Information zukommen lassen, die du brauchst – vielleicht in Gestalt eines Lehrers im Leben oder im Traum oder durch ein Buch oder ein Gespräch, das du auf einer sonst langweiligen Heimfahrt im Zug zufällig mithörst. Er wird dir auch die dazugehörige Erfahrung schenken, indem Er dich in bestimmte Situationen führt. Dann liegt es an dir, Information und Erfahrung zu kombinieren, um Wissen zu erlangen.

Doch zuerst mußt du Ihn um Unterstützung bitten, und dann mußt du bereit sein, Ihn mit dir und durch dich wirken zu lassen zum Wohl des großen Ganzen.

Er kann dein engster Freund sein, solange du hier in den Niedrigeren Welten lebst.

Dir, wo auch immer du deinen Platz im Gefüge dieser Welt siehst, rate ich folgendes: Triff eine bewußte Entscheidung für dein Leben.

15

Zeit

Ich erinnere mich noch gut an jenen Samstagmorgen im Frühsommer. Ein paar Minuten, nachdem ich das Büro geöffnet hatte, saß ich schon an meinem Schalter. Draußen auf den Straßen war es noch still, die Telefone klingelten nicht, und ein intensiver Kaffeeduft rief mir längst vergangene Erinnerungen ins Gedächtnis zurück.

Die üppigen grünen Bäume bewegten sich langsam im Wind, und im dichten Gesträuch zwitscherte und regte sich das verborgene Leben der Vögel. Ich versank in meine Erinnerungen an einen anderen stillen Morgen vor siebzehn Jahren auf der kleinen Farm meines Großvaters. Er lachte leise in sich hinein, und ich war ein kleiner Junge, der kein Bedürfnis hatte, irgendwo anders zu sein als bei ihm – mein Leben lang.

Im Nu war ich zurück in der Gegenwart, und im Bruchteil einer Sekunde realisierte ich es. Nein, so einfach kann es doch nicht sein! Ich versuchte es wieder und war verblüfft. Ich hatte die Zeit zum Stillstand gebracht!

Während ich auf meinem wackeligen Stuhl saß und auf das grüne Gebüsch vor dem Fenster starrte, wurde mir schlagartig bewußt, daß ich genau in dieser Sekunde lebte. Ich konzentrierte mein ganzes Gewahrsein auf diese bestimmte Sekunde und spürte alles, was ich war und was ich sein könnte!

Es gab keine Vergangenheit und keine Zukunft mehr, sondern nur noch die Welt, die ich in dieser Sekunde erlebte und die alles umfaßte, was ich je zuvor gekannt hatte. Der normale Strom der Augenblicke war mit kreischenden Bremsen zum Stillstand gekommen, und ich kannte nur noch den Augenblick, in dem ich mich gerade befand.

So etwas bringt uns niemand bei. Im Osten wie im Westen basiert die menschliche Gesellschaftsstruktur auf der Vorstellung, daß es Vergangenheit, Gegenwart und Zukunft gibt. Diese drei Zeitebenen gehen ständig ineinander über, so daß wir in einem Zeitkontinuum eingeschlossen sind. Fast alle unsere Handlungen basieren auf irgendeinem vergangenen oder zukünftigen Ereignis, und den gegenwärtigen Augenblick benutzen wir, um uns über die Konsequenzen unseres Tuns klarzuwerden. Es kommt selten vor, daß wir die Vergangenheit und die Zukunft völlig ausschalten und uns nur in der gegenwärtigen Sekunde sehen. Versuche es einmal; du wirst erstaunt sein!

In abgelegenen Gegenden in Mittelamerika und dem Amazonasgebiet hat man Volksstämme entdeckt, die keine Vorstellung von der Vergangenheit oder der Zukunft haben. Für sie gibt es keine Zeit! Nur der Augenblick existiert. Natürlich haben sie auch Erinnerungen; aber sie sehen sie im Kontext der Gegenwart als eine Realität des Jetzt, dieses Augenblicks. Auch der Begriff der Zukunft spielt in ihrem Denken keine Rolle.

Das gibt uns einen Hinweis auf die Relativität der Zeit. Sie existiert nur in unserem Denken, und durch die gesellschaftliche Prägung ist sie so fest in uns verankert, daß wir sie gar nicht mehr in Frage stellen. Nur in unseren Gedanken ist die Zeit real, und durch die Übereinkunft vieler Menschen ist sie als allgemeingültige Realität akzeptiert worden. Die Zeit existiert nur in den Niedrigeren Welten und ist in irgendeiner Form auf allen ihren Ebenen gegenwärtig – von den mentalen Welten bis zum materiellen Bewußtsein. Aber was ist Zeit?

Zeit ist das Maß einer Bewegung von einem Punkt zum anderen. Sie ist ein Werkzeug, das wir hier benutzen, um Bewegung zu messen – im Hinblick auf diesen Planeten die Bewegung der Erde um die Sonne. Der Mensch braucht das Werkzeug der Zeit, um sein Leben zu organisieren, und die Zeit ist für ihn auch ein Maßstab für seine Vorstellungen von Vergangenheit und Zukunft. Unsere Gesellschaftssysteme würden ohne Zeit nicht gut funktionieren. Sie wird uns so lange begleiten, wie es die Niedrigeren Welten gibt. Unsere Terminologie wird sich ändern, unsere Bezugspunkte werden sich ändern, aber die Zeit wird unser Werkzeug bleiben.

Doch nur wenige Menschen sehen die Zeit so. Sie spielt in unserem Leben und Denken eine so wichtige Rolle, daß wir sie zu einem wesentlichen Bestandteil von uns gemacht haben. Wir lassen uns von den Konzepten der Vergangenheit und Zukunft beherrschen.

Wir können viel lernen, wenn wir unsere vergangenen Handlungen in diesem Leben und in früheren Existenzen noch einmal an uns vorüberziehen lassen. Vielleicht können wir die Gründe für unsere Entscheidungen dann besser verstehen. Wir dürfen nur nicht hauptsächlich in der Vergangenheit leben, sonst verlieren wir die Kontrolle über den gegenwärtigen Augenblick. Die Vergangenheit ist vorüber. Was damals passiert ist, kann nicht mehr geändert werden; wir können es nur noch einmal Revue passieren lassen und daraus vielleicht ein Verständnis gewinnen, das uns jetzt in diesem Augenblick helfen kann. Uns über unsere Vergangenheit oder die eines anderen Menschen Sorgen zu machen, ist eine der Fallen, in die wir am häufigsten stolpern.

An die Zukunft sollten wir denken, weil jeder gegenwärtige Augenblick in den nächsten übergeht – und all diese Augenblicke zusammen ergeben die Zukunft. Die jetzigen Handlungen werden sich auf diese künftigen Augenblicke auswirken, und daher ist es klug, sich über die Konsequenzen der jetzigen Handlungen klarzuwerden. Der jetzige Augenblick beeinflußt die Zukunft.

Beide Richtungen – die Vergangenheit und die Zukunft – drehen sich um den gegenwärtigen Augenblick, das *Jetzt.* Diese Sekunde ist das einzige, worüber wir Kontrolle haben. Die Vergangenheit können wir nicht ändern, und die Zukunft ist noch nicht da. Das einzige, was wir haben, ist das *Jetzt.*

Ich hebe das so hervor, weil es in den Höheren Welten keine Bewegung, keine Zeit und keinen Raum gibt – es gibt nur das *Jetzt.* Wenn wir uns selbst als Seele erkennen und im Seelenbewußtsein oder auf der Seelenebene weilen möchten, müssen wir als ersten Schritt die feinen Unterschiede dieser Konzepte erkennen lernen. Unser Leben wird in vieler Hinsicht so weitergehen wie vorher, doch wir werden jederzeit in der Lage sein, die Zeit anzuhalten und all das zu sein, was wir in diesem Augenblick sind. Das ist der Anfang zur Selbsterkenntnis: daß wir begreifen, wie wichtig es ist, über jeden Augenblick *bewußt* Kontrolle zu haben.

Sobald wir das einmal erkannt haben und üben, geht es bald ganz von selbst, so daß wir nicht mehr bewußt daran zu denken brauchen. Wir *handeln* bewußt *jetzt in diesem Augenblick* und wissen, welche Auswirkung unser Handeln haben wird.

Wir brauchen nicht Sklaven unserer Vorstellung von der Zeit zu sein; die Zeit braucht unser Leben nicht zu regieren. Selbst der vielbeschäftigste Manager könnte sich sofort von seinem Streß befreien, wenn er nur einen Moment innehielte... und die Realität seines wahren Ichs und der gegenwärtigen Umstände bewußt erleben würde, in diesem einen Augenblick, jetzt.

Versuche es einmal mit folgender Übung: Setze dich bequem auf einen Stuhl und bringe alle Bewegungen deines Körpers zum Stillstand. Jetzt schalte alle bildlichen Vorstellungen von den Dingen, die du in den nächsten Augenblicken erledigen mußt, aus deinem Denken aus. Wische auch die Bilder dessen aus deiner Erinnerung, was du in den letzten Minuten getan hast, und konzentriere deine Aufmerksamkeit auf einen Gegenstand, der direkt vor deinen Augen liegt. Du betrachtest nun diesen Gegenstand. Das ist alles, was im Augenblick geschieht. Du sitzt da und siehst nur diesen einen Gegenstand, bis du plötzlich erkennst, daß dein Leben jetzt in diesem Augenblick in vollem Bewußtsein vor dir liegt. Du hast die Zeit zum Stillstehen gebracht; du hast den Augenblick isoliert.

Sollte das nicht gleich gelingen, gib den Mut nicht auf und übe weiter; eines Tages wird es funktionieren.

Das *Jetzt* ist das einzige, worüber wir Kontrolle haben.

16

Karma

Ich könnte ganze Bücher über die rein mechanischen Auswirkungen des Karma schreiben. Ich kann es aber auch in ein paar Sätzen erklären. Die Realität des Karma, seine Wirkungsweise und sein Einfluß auf unser Leben sind ein enttäuschend einfaches Konzept. Es wird viel zuviel Wert auf die angebliche Notwendigkeit gelegt, sich über sein gegenwärtiges Karma Klarheit verschaffen zu müssen, und zwar so, daß man blind wird für seine wahren Möglichkeiten als Seele.

Wenn man die Welten GOTTES bereisen und dort Wissen erlangen möchte, kommt es vor allem auf die Einstellung an. Die Seele lebt nicht nach Regeln oder Methoden; Sie lebt nur aus dem heraus, was Sie *weiß*. Wenn Sie *weiß*, wie Sie auf dem Mittelweg bleiben kann, wird Sie für Ihre Erfahrungen aufgeschlossen und aufnahmebereit sein. Versucht Sie dagegen, sich an starre Glaubensvorstellungen und Regeln zu halten, die aufgestellt worden sind, um den Verstand und die Gefühle zu befriedigen, wird Sie Verwirrung und Unglück antreffen. Unsere Einstellung ist unsere Sicht des Lebens durch die Emotionen, den Intellekt und – in zunehmendem Maß – durch die Seele. Die Haltung eines spirituellen Suchers sollte mit der Absicht verbunden sein, Verstand und Gefühle in ein harmonisches Gleichgewicht zu bringen, um das Leben hauptsächlich aus der Sicht und dem *Wissen* der Seele betrachten zu können.

Die mechanische Funktion des Karma besteht darin, uns bestimmte Erfahrungen zuteil werden zu lassen; gleichzeitig stellt Karma aber auch einen der am häufigsten mißverstandenen spirituellen Aspekte dar.

Seit Jahrhunderten wurden Bücher und Abhandlungen über Karma geschrieben, und heute hält man es meist für eine negative Kraft. Das ist es aber nicht. Dieses Mißverständnis kann die Seele dazu verleiten, sich in scheinbar endlosen Berechnungen über Schuld und Wiedergutmachung zu verfangen. Je mehr sich die Seele Ihrer Vergangenheit bewußt wird, um so leichter kann es geschehen, daß Sie sich bemüht, Ihr Karma zurückzuverfolgen und zu berechnen und dabei immer tiefer in die Falle gerät. Viele Ereignisse in unserem Leben, die eigentlich gar keinen negativen Aspekt besitzen, erklären wir mit Formulierungen wie «schlechtes Karma» oder «das ist dein negatives Karma». Der einzige negative Aspekt des Karma ist die Einstellung, die wir dazu haben.

In den Niedrigeren Welten folgt auf jede Aktion eine Reaktion; jede Ursache zieht eine Wirkung nach sich. Das ist die Struktur des Karma; es existiert, damit die Seele Gelegenheit hat, sich zu entscheiden, in welche Richtung Sie gehen möchte. Es ist ein peinlich genaues Gesetz, dessen Realität niemand entgeht, nicht einmal ein Meister. Der Meister jedoch weiß, wie man sich im Rahmen des Karma bewegt, und Er weiß auch, wie man über die Beschränkungen des Karma hinausgelangt.

Jeder Gedanke, jede Empfindung und jede Bewegung ist eine Handlung und wird daher irgendwo im Reich der Niedrigeren Welten eine Reaktion auslösen. Karma ist weder etwas Positives noch etwas Negatives – es ist beides und keines von beiden. Du siehst: Mit unseren materiellen Sinnen betrachtet, ist jedes Prinzip paradox. Karma existiert schlicht und einfach, um uns Gelegenheit zu Erfahrungen zu geben. Dadurch erlangen wir spirituelles Bewußtsein. Wenn wir das begriffen haben, brauchen wir vor nichts mehr Angst zu haben.

An irgendeinem Punkt unseres Bewußtseins werden unsere vergangenen Aktionen und Reaktionen ins Gleichgewicht kommen – entweder schon in diesem Leben oder in einer unserer künftigen Existenzen. Die Beziehungen mit den Menschen in unserem Leben werden hauptsächlich vom Ausgleich unseres Karma bestimmt. Diese Erkenntnis kann uns helfen, unsere Interaktionen mit ihnen zu verstehen und ins Gleichgewicht zu bringen. Manchmal fühlt man sich gezwungen, eine Beziehung aufrechtzuerhalten. Man glaubt das tun zu müssen, um seine Verpflichtung gegenüber dieser anderen Person zu erfüllen oder um seine karmische Schuld zu begleichen. Wir können sowieso nur von unserer jetzigen Situation ausgehen, um unsere Rolle darin zu beurteilen; doch manchmal ist es die beste Art, seine Verpflichtung zu erfüllen, indem man sich von einer Situation zurückzieht und seine Schuld dann auf andere Weise ausgleicht. Hält man eine destruktive Beziehung aufrecht, schafft man sich leicht mehr Verpflichtungen, als man erfüllt. Karmische Schulden können auch auf andere Weise und zu einem anderen Zeitpunkt abgetragen werden. Es ist wichtig, immer und in jedem Augenblick so viel Kontrolle über sein Leben zu haben und so viel Gleichgewicht und Glück hineinzubringen, wie man kann. Du kannst deiner Schuld nicht ausweichen; aber den Zeitpunkt und die Methode der Begleichung kannst du häufig selbst wählen. Sorge dafür, daß jeder Augenblick dir möglichst viel Erfüllung bringt.

Es ist schwer, es in Worten zu erklären; aber man wird es spüren, wenn die karmischen Verpflichtungen gegenüber jemandem erfüllt sind. Dann wird man sich nicht mehr zu diesem Menschen hingezogen oder an ihn gebunden fühlen – man wird nicht mehr an ihn denken und ihm keine Emotionen mehr entgegenbringen. Das Karma in unseren Beziehungen können wir am besten ausgleichen, indem wir persönliche Verantwortung für es übernehmen, wie ich es in einem früheren Kapitel erwähnt habe.

Die Folgen des Karma sind nicht immer leicht zu erkennen. Es kann lange dauern, bis sie sich in deinem Leben zeigen, manchmal erst in späteren Leben. Karma ist die ausgleichende Kraft, die nicht nur die physischen, sondern auch die spirituellen Erfahrungen betrifft. Manche karmischen Auswirkungen können in einer Form erscheinen, die gar nichts mit der ursprünglichen Handlung zu tun zu haben scheint. Wenn ich heute hundert Dollar für einen guten Zweck spende, bedeutet das nicht unbedingt, daß ich irgendwann einmal unerwartet hundert Dollar zurückerhalten werde. Es ist eher der spirituelle Akt des Mitleids, für den ich in der Zukunft in ähnlicher Form belohnt werde. Das heißt: Nicht auf die Handlung selbst, sondern auf die Essenz der Handlung kommt es an.

Man muß zwei Grundformen von Karma unterscheiden: das primäre und das sekundäre. Das primäre Karma ist das langfristige Karma, das man sich im Laufe vieler Leben erworben hat. Das sekundäre Karma ist das Karma, das von Augenblick zu Augenblick mit jeder unserer Handlungen entsteht. Sekundäres Karma kann sicherlich zu primärem Karma werden, wenn es nicht ausgeglichen wird.

Jeder ist dem Karma unterworfen, selbst der Meister. Um Meisterschaft zu erlangen, muß das primäre Karma im Gleichgewicht sein, und um Meister zu bleiben, müssen die von Augenblick zu Augenblick entstehenden Aspekte des sekundären Karma ausgeglichen werden. Will man seine Schwingungsfrequenz erhöhen, muß das primäre Karma eine Ebene erreichen, auf der größeres Gleichgewicht herrscht. Schwingungsfrequenz und Karma hängen miteinander zusammen; das eine bewirkt das andere. Wer eine hohe Schwingungsfrequenz hat, wird feststellen, daß sich die Reaktionen auf seine Handlungen rascher zeigen, so daß sein sekundäres Karma schneller zum Ausgleich kommen kann.

Man kann dem Karma nur entgehen, indem man in all seinen Handlungen GOTT zum Ausdruck bringt – indem man bei allem, was man tut, zum aktiven Kanal GOTTES wird. Wir handeln dann aus der Macht und Wirkung GOTTES SELBST heraus, unter SEINER Leitung, als SEIN Werkzeug – dadurch umgehen wir die Begrenzungen des Karma. So geht der Meister dem Karma aus dem Weg; sonst müßte Er seine sekundären karmischen Verpflichtungen ständig ausgleichen. Wenn Er eine große karmische Schuld auf sich lädt, wirkt sich das auf Seine Schwingungsfrequenz aus und kann Ihn in Seiner Aktionsfreiheit behindern. Doch das kommt nur selten vor.

Manchmal nimmt ein Meister einen Teil der karmischen Last eines anderen auf Sich. Das ist ein Akt der Liebe und des Mitleids, durch den Er diesem Menschen hilft, ihn aber nicht der notwendigen Erfahrung beraubt, die das Karma ihm gebracht hätte. Der Meister trägt diese Bürde eine Weile, erleidet vielleicht auch ihre Auswirkungen und läßt sie dann im Lebensstrom des GEISTES aufgehen.

Es ist normal, sich damit zu beschäftigen, daß man vielleicht noch für seine vergangenen Handlungen bezahlen muß. Solche Sorge kann allerdings wie eine dunkle Wolke über uns schweben. Auch sie stellt schon eine Handlung dar, die noch mehr Spannung erzeugen und uns außerdem davon abhalten wird, all das zu sein, was wir von Augenblick zu Augenblick sein können.

Statt über den Stand unseres Karma nachzugrübeln und uns ständig zu bemühen, alle Rechnungen zu begleichen, sollten wir lieber ruhig werden und gelassen wissen, daß wir Seele sind. Alle unsere vergangenen Erfahrungen haben uns dahin gebracht, wo wir heute sind; und wir haben nur über das *Jetzt,* über diesen Augenblick Kontrolle.

Lebe dein Leben, so gut du kannst, gehe gelassen und natürlich ans Leben heran, indem du einfach du selber bist. Mit der Zeit und mit wachsender Erfahrung wird dein Karma sich ganz von allein ausgleichen, und jeder Moment wird zur Erweiterung deines Bewußtseins beitragen.

Auf die Einstellung kommt es an. Sieh dich selbst in jedem Augenblick und sei alles, was du *jetzt* in diesem Augenblick *sein* kannst. So einfach ist es.

17

Die Wege der Meister

Jede spirituelle und metaphysische Richtung hat ihre führenden Persönlichkeiten, die es auf ihrem Gebiet zu einem gewissen Grad an Meisterschaft gebracht haben. Wir können vieles lernen, wenn wir mit diesen Menschen zusammenarbeiten, und sie erfüllen bei der ständig fortschreitenden Entwicklung des Seelenbewußtseins eine wichtige Aufgabe. Doch ganz gleich, für welche Richtung wir uns entscheiden – wir sollten immer daran denken, daß jeder Aspekt seine Begrenzungen hat, und nur wenn wir mit jemandem zusammenarbeiten, der bereits ein umfassenderes Verständnis der großen Zusammenhänge erlangt hat, können wir zur Erkenntnis unseres wahren Selbst gelangen. Es gibt auf der Astralebene ein emotionales Phänomen, das uns glauben macht, wir hätten diese Selbsterkenntnis bereits erlangt, und auch auf der mentalen Ebene gibt es ein scheinbares Wissen; doch das ist etwas ganz anderes, als wenn die Seele sich selbst in Ihrer wahren Umgebung auf der Seelenebene erkennt. Wahre Selbsterkenntnis ist Seelenerkenntnis.

Es gibt viele Wissenszweige, die in Wirklichkeit keine größere Erkenntnis erlangt haben als die der Astralebenen mit ihren Gesetzen. Die Anhänger einer jeden Richtung glauben zwar, daß ihr spezielles Gebiet viel bedeutender ist als alle anderen, und haben Millionen von Menschen davon überzeugt, daß ihr Weg der einzig richtige ist. Für die, die daran glauben, ist dieser Weg nur eine weitere Erfahrung, und auch das gehört zum Spiel des Lebens. Dann gibt es Richtungen, die Teile der kausalen und mentalen Ebenen mit einbeziehen. Sie behaupten ebenfalls, daß ihr Weg der einzige ist. All das sind Erfahrungen, die ihren Anhängern an sich nicht schaden. Sie sind Teil der Erfahrungen, die unsere Seele macht; wir alle haben uns irgendwann einmal mit diesen Gebieten beschäftigt oder beschäftigen uns vielleicht gerade jetzt damit. Sie haben uns dorthin gebracht, wo wir heute stehen, und waren die Basis für umfassendere Erkenntnisse. Das gilt für alle Religionen und alle philosophischen, okkulten und metaphysischen Lehren.

Die Informationen in diesem Buch sind Teil eines höheren Wissens, das man erfährt, wenn man eine höhere Realität erlebt. Dieser Weg ist nicht der einzige, sondern soll dir nur klarmachen, daß dieser Planet viel mehr spirituelle Erkenntnisse bereithält, als du vielleicht vermutet hast. Wer Meister dieser Informationen ist, hat sich durch all die mannigfaltigen Lehren dieses Planeten und vieler anderer Welten – einschließlich der GOTTwelten – hindurchgearbeitet. Es gibt einen Entwicklungsprozeß der Seele, den man als Meisterschaft bezeichnen könnte, doch nur wenige wissen davon.

Ebenso wie es verschiedene Erkenntnisebenen gibt, so gibt es auch verschiedene Ebenen der Meisterschaft. Die Höchsten Meister, die mit den Meistern in den Niedrigeren Welten zusammenarbeiten, haben Jahrtausende lang Erfahrungen in den verschiedenen Körpern durchlaufen und ihre Schulung dort abgeschlossen. Sie haben sich praktisch mit jedem Weg, der zur Erkenntnis führt, in seiner Essenz befaßt und ihn gemeistert. Sie können auf der Seelenebene arbeiten und haben die GOTTwelten erforscht. Sie haben in der Gegenwart GOTTES SELBST geweilt und von SEINEN Geheimnissen und Methoden erfahren. Darüber befragt, in welcher Hinsicht Sie GOTT dienen möchten, haben Sie sich freiwillig entschlossen, in die Niedrigeren Welten zurückzukehren, um direkt miteinander und mit dem GEIST zu arbeiten und jenen Menschen Informationen zu vermitteln, die dafür bereit sind. Das sind die Meister, von denen ich in diesem Buch spreche.

Darüber wollen wir noch ein wenig nachdenken. Kann ein solches Wesen wirklich existieren? Ich selbst habe viele Meister gekannt und mit Ihnen zusammengearbeitet. Ihre Existenz und Ihre Erfahrung habe ich mir mit Hilfe der einzigen Methode bewiesen, die gilt.

Diese Ebene der Meisterschaft hat es durch alle Zeiten hindurch auf unserem Planeten gegeben. GOTT SELBST leitet *Einen* Meister an, zum Primärkanal zu werden, durch den der GEIST wirkt, und dieser Meister erfüllt diese Aufgabe dann so lange, bis Er die Position an einen anderen Meister weitergibt. Es ist Teil der Weltenordnung, daß der positive Aspekt des GEISTES in einem Hauptkanal am Ende der spirituellen Welten, auf der materiellen Ebene, verankert sein muß. Erst dann können auch andere Seelen Ihn weiterleiten.

Daneben gibt es verschiedene andere Meister, die auf unserem Planeten bestimmte Aufgaben zu erfüllen haben. Meist sind Sie mit der Unterrichtung jener beschäftigt, die für die Höheren Werke bereit sind. Diese Meister arbeiten bei allem, was Sie tun, auf das Ziel hin, daß die Seele in Ihre wahre Heimat zurückkehrt. Sie arbeiten in völliger Harmonie mit dem *Einen* Meister, dem Hauptkanal, und mit dem GEIST zusammen. Sie haben Ihren Willen dem Willen GOTTES SELBST untergeordnet und richten sich nur nach IHM.

Alle Meister dieser höchsten Erkenntnis bringen uns die gleiche Botschaft. Sie lehren uns das wahre Wesen der Seele und der Welten GOTTES. Vielleicht bedienen Sie sich unterschiedlicher Worte und Beschreibungen, doch im Grund sagen Sie alle dasselbe. Sie haben über die Jahrhunderte stets mit kleinen Gruppen von Anhängern gearbeitet und ihnen dieses Wissen im Geheimen vermittelt.

Vor einigen Jahren erhielt der *Eine* Meister, der als primärer Kanal für den GEIST diente, die Anweisung, diese Lehren an eine breite Öffentlichkeit zu bringen. Er hielt öffentliche Vorträge und schrieb Dutzende von Büchern. Das war der Meister, von dem einer meiner Lehrer mir erzählt hatte. Ich fand Ihn, las Seine Schriften und arbeitete mit Ihm. Sein Name ist Paul Twitchell. Sein physisches Werk auf diesem Planeten endete im Jahr 1971, und ein anderer Meister nahm Seinen Platz ein. Diese Linie der Meister besteht ohne Unterbrechung. Sie läßt sich bis zum Beginn der Schöpfung der Niedrigeren Welten zurückverfolgen.

Die Lehren zielen darauf ab, der Seele zu helfen, die Illusionen zu erkennen, die den Strukturen dieser Welt innewohnen. Sie erklären uns, daß die Seele sich vom physischen und auch vom astralen, kausalen und mentalen Körper lösen und sich selbst und die Welten GOTTES erkennen kann.

Dadurch, daß die Seele Ihren Körper willentlich verläßt und jederzeit wieder in ihn zurückkehren kann, verlieren wir die Angst vor dem Tod. Eines Tages, wenn wir sterben, wird Sie diese unbeholfene menschliche Hülle endgültig von sich streifen; doch diese Erfahrung wird sich kaum von dem unterscheiden, was Sie auch vorher schon erlebt hat, wenn Sie den Körper verließ. Wenn ich vom «Verlassen» des Körpers spreche, bediene ich mich eines Begriffs unserer physischen Welt. In Wirklichkeit verlagern wir unser Bewußtsein nur an einen anderen Punkt in unserem Inneren. Wir bringen uns in Einklang oder Harmonie mit der Schwingung jener Realität, die wir beobachten und an der wir teilhaben möchten.

Alle Welten GOTTES liegen in uns, nicht außerhalb. Wir brauchen nur *jetzt, in diesem Augenblick,* zu *sein;* dann bringen wir die Illusion von Zeit und Raum zum Stillstand und leben im allgegenwärtigen *Jetzt.* Dann richten wir unsere Aufmerksamkeit auf eine andere Facette oder Welt in unserem Inneren. Wir sind in der Lage, auf jeder Ebene, auf der wir *sein* können, bewußt mit den Meistern und anderen Wesen zusammenzuarbeiten.

Manche werden es schwierig finden, ihren Körper zu «verlassen», weil sie sich das so vorstellen, als bewegten sie sich aus ihrem Körper und ihrer Erfahrungswelt heraus. Doch außerhalb von uns gibt es nichts – nur die Atmosphäre der materiellen Welt. Die Realität liegt in uns; wir müssen uns nur mit ihr in Einklang bringen oder unsere Aufmerksamkeit und unser Blickfeld an einen anderen Punkt verlagern.

Ebenso wie wir glauben, daß wir uns außerhalb unserer selbst befinden, wenn wir «den Körper verlassen», stellen wir uns auch den Meister als ein Wesen vor, das jenseits unserer Reichweite liegt. Doch mit der Hilfe eines Meisters können wir selbst zum Meister unserer Welt werden und ganz bewußt mit einem dieser geistigen Giganten zusammenarbeiten. Auch wir werden eines Tages Meister sein.

Die Meister vermitteln uns lediglich Informationen. Sie können den Weg nicht für uns gehen; Sie können ihn uns nur zeigen. Leben und Werk der Meister wird selten verstanden – nicht einmal von denen, die behaupten, zu Ihren Anhängern zu gehören. Das liegt vor allem daran, daß man Sie mit materiellen und sozialen Maßstäben mißt und durch die Brille des eigenen Denkens und der eigenen Gefühle sieht. Doch auf dem Weg zu höherer Erkenntnis wird einem auch bewußt, wie diese spirituellen Wesen zu Meistern werden.

Ehe jemand Meisterschaft erlangt, hat Er sich schon in Seinen früheren Leben ausgiebig mit spirituellen Dingen befaßt. Dann ist Er als Kind auf diese Welt geboren worden. Höchstwahrscheinlich ist Er schon in einem Seiner früheren Leben zur Selbsterkenntnis gelangt; aber das muß nicht unbedingt sein. Er wächst auf wie viele andere Menschen in Seiner Umgebung – nur mit dem einen Unterschied, daß viele Lehrer oder Meister auf den inneren Ebenen sich um Ihn kümmern. Er hat die freie Wahl und kann jederzeit wieder von Seinem Vorhaben zurücktreten. Er muß viele der physischen Mühseligkeiten erdulden, die auch anderen Menschen nicht erspart bleiben, und Er muß zur bewußten Erkenntnis Seiner selbst als Seele und Seiner Fähigkeiten gelangen, ehe Er den Anspruch erheben kann, ein Meister zu sein.

Durch die Zusammenarbeit mit einem Meister erfährt Er von den GOTTwelten, und schließlich ist Er in der Lage, sich allein dorthin zu begeben. Doch obwohl Er die Gegenwart GOTTES erlebt hat, ist Er noch immer kein Meister. Ehe Er diese Position erreicht, müssen die anderen Meister weiter mit Ihm arbeiten und Seine Fähigkeiten noch mehr verfeinern. In mehreren Fällen, die ich kenne, hat es noch vier bis acht Jahre nach der Erreichung des GOTTESbewußtseins gedauert, bis die Seele sich zur vollen Meisterschaft entwickelt hat. Der Augenblick, in dem das geschieht, wird dem Meister zwar innerlich *bewußt;* aber es ist eine sehr subtile Erkenntnis. Wir glauben immer, daß dem Erkenntnisprozeß viele komplizierte Denkvorgänge zugrunde liegen; doch in Wirklichkeit ist diese Erkenntnis nur ein weiterer Schritt und ein weiterer Augenblick im Bewußtsein der Seele. Der Meister hat gelernt, im *Jetzt* zu leben, und ist sich demütig der Tatsache bewußt, daß Er nicht alles weiß. Die Reise ins GOTTESbewußtsein endet niemals. Doch Er ist jetzt bereit, jenen Menschen zu helfen, die um Führung auf dem spirituellen Weg bitten.

Mit dem Bewußtsein GOTTES SELBST wird Er jetzt entscheiden, welche Aufgabe Er für GOTT erfüllen kann. Diese Aufgabe hängt im allgemeinen von den Bedürfnissen des Ordens der Meister ab. Das ist eine nicht streng organisierte, aber mächtige Gruppe all jener Wesen, die Meisterschaft erlangt haben und gemeinsam in Harmonie daran arbeiten, den spirituellen Fortschritt aller Seelen zu fördern.

Der Meister, den GOTT zu jenem *Einen* erwählt, der als primärer Kanal für den Geist dienen soll, betritt diese Welt auf die gleiche Art wie die anderen – mit dem einzigen Unterschied, daß Er vielleicht schon Meisterschaft erlangt hat, ehe Er wieder auf diese Welt kam. Ist das der Fall, hat Er sich freiwillig entschieden, wieder in einem physischen Körper geboren zu werden und dieser *Eine* zu sein. Ein Meister hat Sein Karma völlig ausgeglichen und braucht sich dem Zyklus von Tod und Wiedergeburt nicht mehr zu unterwerfen – es sei denn, Er wünscht es. Das ist eine ungeheuer große Verantwortung, und kaum jemand kann sich vorstellen, was für eine Bürde es sein kann. Der Meister hat bei der Erfüllung Seiner Pflicht nur ein einziges Ziel im Auge: GOTT auf jede erdenkliche Art und Weise zu dienen, wie ER es wünscht.

Manchmal gibt der *Eine* Meister seine Position offen zu erkennen; doch die meisten haben im Lauf der Geschichte nach außen hin nur mit relativ wenigen Menschen gearbeitet. Der Mensch strebt danach, seine althergebrachten religiösen Strukturen zu schützen und zu bewahren, und Außenseiter werden häufig verfolgt. Und es waren auch nur wenige Menschen bereit dafür, die Lehren der Meister zu hören. Es ist nicht so, daß die Wahrheit GOTTES ein Geheimnis wäre; aber der Mensch hat sich diese Wahrheit entweder nicht gewünscht oder hat sie nicht gesehen, als sie vor ihm lag. Auch das ist das Spiel des Lebens und befindet sich im Einklang mit der spirituellen Entfaltung der Seele.

Heute ist der auserwählte *Eine* bekannt und tritt häufig in aller Öffentlichkeit auf, um über Seine Lehren zu sprechen. Er unterstützt die äußere Organisation, die vor etwa zwanzig Jahren gegründet wurde und die die inzwischen erschienenen Schriften vertreibt. Die Lehren und Methoden dieser Organisation bieten allen, die sich gerade erst auf die Suche nach einer höheren Wahrheit begeben haben, eine hervorragende Gelegenheit, den aktiven Weg einzuschlagen. Ich kann sie nur empfehlen. Doch auch bei dieser Lehre kommt der Suchende – wie bei allen anderen – irgendwann einmal an einen Punkt, wo er sich von ihr abwenden muß, um fortan hauptsächlich auf den inneren Ebenen weiterzulernen. Wir müssen allein zu GOTT finden. Das bedeutet nur, daß wir über unser Bedürfnis nach genau vorgegebenen Lernmethoden und nach dem festen Rahmen einer ganz bestimmten Richtung hinausgewachsen sind. Das ist der Fluß des Lebens.

Ich habe viele Meister kennengelernt, die der großen Masse der Menschheit vollkommen unbekannt sind. Sie gehen vielleicht irgendeiner Arbeit nach; äußerlich merkt man Ihnen in keiner Weise an, daß Sie anders sind als die anderen Menschen, und als körperliche Wesen sind Sie es auch nicht. Sie verkehren normal mit den Leuten, mit denen Sie täglich zu tun haben, und arbeiten daneben mit anderen auf den inneren Ebenen. Sie haben sich ein Gebiet der spirituellen Arbeit ausgesucht, das eine solche Lebensweise erfordert, und niemand erkennt Sie als Meister, wenn Sie es nicht wollen.

Es gibt andere Meister, die zurückgezogen in den Bergen leben und kaum menschliche Kontakte pflegen, obwohl Sie in der inneren Realität sehr aktiv sind. Jede Ebene besitzt ihre Meister, die einerseits den Seelen helfen, die dort leben, und andererseits jenen, die diese Ebene auf der Suche nach Erkenntnis aufsuchen.

Wenn du den GEIST um Unterstützung bittest, kann Er dich direkt mit einem dieser Meister in Verbindung bringen, denn Er kennt die Bewußtseinsebene, auf der du stehst. Der Meister arbeitet eng mit dem GEIST zusammen; Er braucht Ihn häufig gar nicht erst um etwas zu bitten. Sobald du unter die wachsamen Augen eines spirituellen Meisters geraten bist, wird Er immer in deiner Nähe sein, auch wenn du es vielleicht nicht merkst. Für Ihn gibt es viele Möglichkeiten, dir zu helfen; im allgemeinen wird Er Methoden anwenden, die es dir ermöglichen, selbst über deinen Erfolg zu entscheiden. Es wird selten vorkommen, daß Er dir etwas aufzwingt.

Solange der Meister in einem menschlichen Körper wohnt, untersteht Er den Gesetzen der materiellen Ebene ebenso wie denen der astralen, kausalen und mentalen Ebene. Er besitzt Emotionen und einen Verstand, die Er im Gleichgewicht halten muß. Viele stellen sich die Meisterschaft vielleicht als einen Zustand der Vollkommenheit vor. Das ist nicht so. Als Seele hat der Meister GOTTESbewußtsein erlangt, und Er hat auch eine ziemlich große Macht über die Bedingungen der zahllosen verschiedenen Ebenen. Doch Vollkommenheit ist ein rein mentales Konzept; außer im menschlichen Denken hat sie nie wirklich existiert. Was wir erstreben, ist nicht

Vollkommenheit, sondern ein harmonisches Gleichgewicht zwischen allen unseren Körpern.

Im Gleichgewicht liegt durchaus ein gewisser Handlungsspielraum; es ermöglicht nicht nur den Mittelweg, sondern auch kleine Abweichungen in beide Richtungen. Im Bereich der Emotionen kann ein Meister zum Beispiel laut lachen, einen völlig neutralen Gesichtsausdruck haben oder Zeichen der Trauer zeigen. Das ist in etwa der Spielraum der emotionalen Ausdrücke, den die Meisterschaft zuläßt. Man wird aber nur selten Zorn, Niedergeschlagenheit oder überschwengliches Glück bei einem Meister beobachten – es sei denn, Er hat einen ganz bestimmten Grund, diese Gefühle zu zeigen. Vielleicht braucht einer Seiner Schüler in diesem Augenblick eine solche Erfahrung; und obwohl Er Gefahr läuft, von anderen, die das mitansehen, mißverstanden zu werden, gibt Er der ihm anvertrauten Seele das, was Sie im Augenblick braucht.

Wir können uns dieses Gleichgewicht so vorstellen wie einen Bleistift, den wir auf der Fingerspitze balancieren. Man kann den Stift ein wenig auf die eine und dann auf die andere Seite kippen lassen, ohne daß er herunterfällt. So ähnlich ist der Balanceakt, den wir mit unserem Geist, unseren Emotionen und unserem Körper praktizieren. Wenn der Bleistift herunterfällt, sind wir aus dem Gleichgewicht geraten. Doch ein Meister läßt das nicht mit sich geschehen.

Ein Meister gibt nicht viel auf den äußeren Schein oder auf materielle Besitztümer. Wie alle anderen Menschen braucht Er Geld, um zu leben, aber Er hängt nicht an den Dingen dieser Welt.

Ein Meister kann durchaus auch heiraten und Kinder aufziehen. Er kann genau das gleiche tun wie du und ich, denn Er lebt in dieser Welt. Es ist dumm, Ihn nach Seinem äußeren Leben zu beurteilen, obwohl Er weiß, daß Er beurteilt wird. Der Meister arbeitet nur für das Wohl des Ganzen und handelt niemals selbstsüchtig, wird in dieser Hinsicht aber leicht mißverstanden. Sein Urteil ist unangreifbar, obwohl du dir persönlich über die Bedeutung Seiner Handlungen klarwerden mußt, soweit sie dich betreffen. Wer versucht, einem Meister zu schaden – ob er nun weiß, daß er einen Meister vor sich hat oder nicht –, wird mit großen Schwierigkeiten zu kämpfen haben. Der Meister schlägt nicht zurück; der Angriff wird vielmehr durch die positive Energie des GEISTES reflektiert, die der Meister besitzt, und der Angreifer sieht sich mit seiner eigenen Handlung konfrontiert, die zu ihm zurückkehrt.

Er kann heilen und Wunder wirken, tut das aber nur selten auf eine Art und Weise, die Aufmerksamkeit erregt. Er wird dir demütig erklären, daß Er lediglich ein Kanal und Mitarbeiter GOTTES ist und das Wunder nicht aus eigener Kraft bewirkt hat. Fast alles, was Er tut, tut Er im Namen GOTTES und zur Erreichung SEINER Ziele, nicht Seiner eigenen. Dadurch umgeht er den Zyklus des Karma, dem man nur ausweichen kann, indem man im Wirken GOTTES lebt. Seine wenigen Handlungen, die sekundäre karmische Konsequenzen haben, werden fast sofort wieder ausgeglichen, um Seinem Bewußtsein nicht zu schaden.

Der Meister ist Seele, die Meisterschaft erlangt hat; doch Er wird dir stets einschärfen, niemals Ihn oder irgendeine andere Seele anzubeten. Folge niemals jemandem, denn ein Meister ist kein Anführer. Er wird dir mit äußerstem Respekt vor deiner eigenen freien Entscheidung den Weg zeigen; dann wird Er zurücktreten und dich deine Richtung selbst wählen lassen. Er wird dir zeigen, wie man mit dem GEIST zusammenarbeitet und wie du die verschiedenen Welten selbständig meistern kannst. Er wird dir klarmachen, daß es keinen richtigen oder falschen Weg gibt, sondern nur Unterschiede und den Mittelweg.

Der Meister wird dir auch zeigen, wie du dich von deiner Bindung an alles Irdische lösen und in allen Situationen den Mittelweg finden kannst.

Er wird dir selten offen zu erkennen geben, wer Er ist, wenn du ihn danach fragst. Statt dessen wird Er dir raten, in dich hineinzusehen und die Antwort dort zu finden. Und dann auf diese Antwort zu vertrauen. Wenn Ihm befohlen wird, dir zu offenbaren, wer Er ist, wird Er dir unverwandt in die Augen sehen und dir Seine Wahrheit tief in deinem Inneren vermitteln. Du wirst wissen, wer Er ist, obwohl Er vielleicht kein Wort sagt.

Der Meister schenkt allen Menschen Wohlwollen und spirituelle Liebe und läßt sich nicht auf Diskussionen ein, in denen es darum geht, was richtig und was falsch ist. Er läßt dich selbst entscheiden. Ihm liegt zwar jede Seele am Herzen, doch Er arbeitet für das Wohl des Ganzen wie es im Vorhaben GOTTES liegt.

Vielleicht steht Er neben dir im Lebensmittelladen, und du erkennst Ihn nicht, weil du nach jemandem Ausschau hältst, der den weltlichen Vorstellungen von einem Meister entspricht. Er ist ein geistiger Gigant in Menschengestalt. Er ist hier, um die Formen zu sprengen, die dich gefangenhalten, und mischt sich nur in dein Leben ein, weil du Ihn darum gebeten hast.

Auf dieser Erde gibt es Tausende von Menschen, die in der Lage sind, zu heilen oder zu zerstören, die Zukunft oder die Vergangenheit zu erkennen, deine Gedanken zu lesen oder sogar zu beeinflussen. Und es gibt noch zehntausend weitere, die große Menschenmengen emotional beeinflussen und unter ihre Kontrolle bringen können, um sie zu einem angeblich glücklicheren Leben zu führen. Wie sind diese Menschen zu beurteilen?

Alle metaphysischen Techniken – und es sind nichts anderes als Techniken – erwirbt man sich durch Studium und Übung. Die Niedrigeren Welten bestehen aus bestimmten Gesetzen, die das Gleichgewicht der Materie regieren. Die Metaphysik ist nichts anderes als die Anwendung solcher Gesetze. Sie dienen jedem, der sie richtig anwendet. Die Naturwissenschaften fallen auch darunter; nur haben im Gegensatz zu den metaphysischen die naturwissenschaftlichen Gesetze allgemeine Anerkennung gefunden. All diese Gesetze existieren, ob wir um sie wissen oder nicht. Um uns selbst besser zu verstehen, können sie eine wichtige Rolle spielen. Und doch kommen wir GOTT noch lange nicht näher, indem wir die Gesetze der Niedrigeren Welten meistern.

Die Wunder, die der Meister wirkt, sind Handlungen GOTTES in den Niedrigeren Welten. Sie werden bewirkt, weil GOTT es so will. Es ist ein weitverbreiteter Irrtum, daß ein Meister jeden metaphysischen Akt vollbringen kann, den Er möchte. Auf dem langen Weg zur Meisterschaft kommt Er mit allen möglichen Wissensgebieten und Aktivitäten in Berührung. Fast jeder Meister hat sich im Laufe der Leben mit sämtlichen wichtigen Richtungen befassen müssen. Im allgemeinen ist die Geburt eines Meisters Seine letzte notwendige Inkarnation auf dieser Welt, nachdem Er all diese Wege bereits vorher gegangen ist. In diesem letzten Leben wird Er erkennen, was jenseits des Einflußbereichs der Niedrigeren Welten liegt. Jeder von uns möchte bestimmte Fähigkeiten besitzen; das liegt in unserer persönlichen Natur. Doch Meisterschaft zu erlangen bedeutet, zu entdecken, daß GOTT die Essenz von allem *ist*.

Zum Beispiel kann jeder Mensch mit dem Seelenbewußtsein in seinem Inneren in Verbindung treten und hat dann Zugang zu allem Wissen, das er sich wünscht. Das geschieht durch einen Prozeß der Bewußtseinsverlagerung, den fast jeder erleben kann, gleichgültig, wie gut man ihn beherrscht. Es ist eine rasche, Schritt für Schritt ablaufende Technik der Bewußtseinsverlagerung, im allgemeinen mit Hilfe von Visualisation. Ein Meister braucht das nicht zu tun; Er *weiß* einfach. Ihm steht eine direkte Bewußtseinslinie offen, obwohl Er sich nicht ständig im GOTTESbewußtsein befindet. Der Meister hält das Bewußtsein in Seinem Inneren immer im Gleichgewicht, um sich sofort auf den jeweiligen Augenblick einstellen zu können.

Ein anderes Beispiel wäre Heilen. Der physische und emotionale Körper läßt sich mit Hilfe metaphysischer Methoden heilen: Gebete, Handauflegen, positives Denken, bildliche

Vorstellungskraft (Visualisation), Gesänge (Schwingungen) und Kombinationen aus diesen Methoden. Sie haben alle die gleiche Wirkung – eine begrenzte Aktion, die durch eine andere begrenzte Aktion ausgelöst worden ist. Eine solche Heilung ist häufig nicht von Dauer und hat mit ziemlicher Sicherheit karmische Konsequenzen. Aber es ist eine beeindruckende Show. Menschen, die heilen können, haben Millionen von Anhängern. Ein Meister dagegen wird nur selten jemanden heilen. Er ist ein Kanal für den GEIST. Das ist eine der Aufgaben, die Er hier zu erfüllen hat – eng mit dem GEIST zusammenzuarbeiten, um gemeinsam dem Vorhaben GOTTES zu dienen. Der GEIST vermag einem Menschen die Last einer Krankheit abzunehmen, und der Meister vermag diese heilende Energie zu vermitteln; doch das ist selten der Wunsch des Meisters selbst. Er sieht die größeren Zusammenhänge und weiß, was jemand aus Krankheit und Leid zu lernen hat. Häufig ist dabei ein karmischer Ausgleich in Bewegung, und das ist wesentlich, damit die Seele reifen kann. Wenn der Meister doch einmal mit dem GEIST zusammenarbeitet, um eine Heilung zu bewirken, geschieht das meist auf den inneren Ebenen und nicht in aller Öffentlichkeit.

Zaubertricks machen keinen Meister aus. Der Meister kann über die technische Fähigkeit der Niedrigeren Welten verfügen, auf dem Wasser zu wandeln, oder auch nicht – aber du kannst sicher sein: Wenn es für Ihn einmal notwendig sein sollte, auf dem Wasser zu wandeln, dann wird Er es tun! Das Werk GOTTES wird sich wegen eines kleinen technischen Problems nicht verzögern. Die Macht, die ein wahrer Meister besitzt, ist ein Spiegelbild der Macht GOTTES. Der Meister nimmt keine Macht für sich selbst in Anspruch. Das gilt auch für die Liebe eines Meisters; sie ist eine Widerspiegelung der Liebe GOTTES, und Er ist nur ein Kanal für diese Energie und dieses Bewußtsein und leitet sie dem Werk entsprechend weiter, das Er hier auf diesem Planeten zu erfüllen hat. Nur wenige Menschen werden das verstehen – aber ein Meister ist tatsächlich der Vertreter GOTTES auf dieser Welt.

Häufig wünscht sich der suchende Mensch, ein Meister möge ihn im spirituellen Körper besuchen und ihm große Weisheiten vermitteln. Schließlich behaupten manche, so etwas erlebt zu haben, und es ist viel darüber geschrieben worden. Warum passiert es nicht jedem?

Der Meister arbeitet mit jedem aufrichtig Suchenden zusammen, und zwar häufig im Traumzustand. Anfangs erinnert man sich wahrscheinlich nicht an diese Begegnungen. Man weiß nur noch, daß man irgendwo in einem weit entfernten, im Nebel liegenden Teil seines Seins etwas entdeckt hat. Doch mit der Zeit und mit wachsender spiritueller Erfahrung wird man sich allmählich immer mehr Informationen ins Gedächtnis zurückrufen können, bis man sich schließlich an alles erinnert. Der Meister arbeitet im Traum mit uns, weil wir zu Beginn in diesem Zustand aufnahmebereiter sind, frei von vielen emotionalen und mentalen Blockaden, die uns sonst im Weg stünden.

Vielleicht brauchst du einen Beweis dafür, daß es in deinem Leben einen Meister gibt; und der Meister fordert auch tatsächlich von dir, daß du dir alles selbst beweist. Viele Menschen begehen den Fehler, nach einem physischen Beweis zu suchen. Unser Wachstum auf dem spirituellen Weg hat zwar auch äußere Auswirkungen; doch der Beweis liegt größtenteils in unserem Inneren. Der Meister weist uns immer wieder darauf hin, daß wir die Antworten auf unsere Fragen viel zu oft außen suchen. Vielleicht glauben wir, daß ein bestimmtes Wissen jenseits unseres Fassungsvermögens liege; und wenn wir daran glauben, wird das auch immer so sein. Die ganze Wirklichkeit liegt innerhalb unserer eigenen Wahrnehmung der Welt. Außerhalb von uns ist nichts – alles liegt in uns!

Hin und wieder kann es vorkommen, daß ein Meister jemandem in physischer Gestalt erscheint, um mit ihm zu arbeiten. Das geschieht in der Regel, weil diese Person ein starkes Bedürfnis nach Befriedigung ihres logischen Verstandes hat. Unser Verstand muß alles rationalisieren, und ein großer

Teil der spirituellen Arbeit besteht darin, sich von früheren Konzepten zu lösen und neue zu akzeptieren. Die Gefühle sind ein weiterer Faktor, den der Suchende mit Hilfe des Meisters ins Gleichgewicht bringen muß.

Wenn jemand erzählt, daß ihn ein Meister besucht hat, ist es in Wirklichkeit meist umgekehrt. Der Suchende hat sich auf den Ort eingestimmt, an dem der Meister ist, und das Gespräch zwischen Meister und Schüler findet in den spirituellen Welten statt. Der Meister arbeitet mit vielen Menschen im spirituellen Körper zusammen.

Er kann auch in menschlicher Gestalt auftreten, mit einem Körper, einem Geist und Emotionen wie wir alle; doch Er kann physisch nur mit wenigen Menschen zusammensein. Das Paradoxe daran ist, daß die Personen, die zu Seiner Umgebung gehören, meist nicht erkennen, wer Er wirklich ist.

Am häufigsten arbeitet der Meister sehr direkt mit jemandem, durch die Verwendung von Schwingungsimpulsen von Seele zu Seele. Das geschieht ohne Worte, ohne Ideen, ohne Emotionen. In dir wird ganz plötzlich ein neues Verständnis aufblitzen – sei es als Erinnerung an einen Traum, sei es im Wachzustand. Der Meister richtet Seine Existenz und Sein Licht auf dein wahres Ich, die Seele, und gibt dir die Informationen, die du in diesem Augenblick brauchst, damit du sie mit deiner Erfahrung kombinieren und auf diese Weise zu einer neuen Erkenntnis gelangen kannst. Der Verstand und die anderen niedrigeren Körper werden dabei umgangen. Auf der Seelenebene und in den Höheren Welten benutzen wir nicht den Verstand, um uns von dem, was wir wissen, Vorstellungen bilden zu können. Wir *wissen* einfach. Dort gibt es keine Bewegung, keinen Klang, wie wir ihn jetzt hören, und auch keine Emotionen. Der Meister kennt deine Bedürfnisse und weiß über deine Fortschritte Bescheid. Er gibt dir stets das, was du im Augenblick brauchst, obwohl du das vielleicht nicht wahrnimmst, weil es nicht das ist, was du dir gewünscht hast.

So viele Menschen suchen in äußeren Phänomenen nach

einem spirituellen Beweis, und manche sind zufrieden damit. So mögen sie es sein.

Wisse, daß der Meister auf die intimste Art und Weise mit dir arbeitet, die du dir vorstellen kannst – von Seele zu Seele. Blicke in dich hinein und sieh, ob deine persönliche Welt jetzt besser ist als je zuvor. Fühlst du dich genügend herausgefordert und ausgefüllt, verwirklichst du in deinem Leben all das, was du sein möchtest? Du kannst den Meister bitten, in dein Leben einzugreifen. Dann wird Er dich nie wieder verlassen.

Dein Meister wird entweder im Traum oder in der Kontemplation direkt zu dir sprechen; du kannst Ihn sehen und vielleicht gleichzeitig hören oder nur Seine Stimme erkennen. Vielleicht spürst du auch nur Seine Gegenwart in deinem Leben. Wenn du an der Realität dieser Erfahrung zweifelst, bitte Ihn, während das geschieht, sich dir zu erkennen zu geben. Nach dem spirituellen Gesetz muß Er das tun. Er wird dir entweder direkt antworten oder deinen spirituellen Körper mit intensiver Wärme erfüllen; dann wirst du *wissen*, daß Er es ist. Falls du immer noch im Zweifel bist, bitte im Namen GOTTES darum, daß dieses Wesen oder diese Illusion verschwinden möge, wenn es nicht der Meister ist, und lege alle Kraft deines Seins in deine Bitte. Ist es nicht der wahre Meister, wird es dich verlassen.

Manchen Menschen ist nicht wohl bei dem Gedanken, daß sie einem Meister folgen sollen; und dem Meister selbst ist es auch nicht recht. Er möchte keine Anhänger. Er möchte lieber dein Freund sein, denn Er ist nur in dein Leben getreten, weil du es wolltest. Er schlägt dir lediglich Möglichkeiten vor, wie du Probleme lösen kannst, bei denen du um Hilfe gebeten hast. Die Entscheidung liegt immer bei dir.

Wieder andere suchen die Verbindung mit dem GEIST und spüren Seine Führung. Das ist auch gut. Meister und GEIST arbeiten Hand in Hand, und man kann darum ruhig direkt mit dem GEIST zusammenarbeiten. Wendet man sich Ihm zu, wird man feststellen, daß man sich mehr auf seine eigenen inneren Quellen stützen muß. Der GEIST agiert so subtil, daß man tiefer in sich hineingehen muß, um zu Ergebnissen zu kommen. Bei einem Meister besteht immer die Gefahr, daß der Suchende von Ihm abhängig wird; und das will der Meister nicht. Der GEIST dagegen wird dir langsam und allmählich beibringen, deine eigenen Fähigkeiten zu nutzen, und dich gleichzeitig mit Seinem Wirken unterstützen. So kann der normale Verlauf der spirituellen Schulung aussehen: Zunächst die Arbeit mit dem Meister, der dich dann an den GEIST übergibt. Natürlich wird Er weiterhin in deiner Nähe sein und über dich wachen. Vor der endgültigen Erlangung der Meisterschaft wird wieder eine lange Zeit der Unterweisung durch deinen Meister folgen, in der alles, was du dir erworben hast, abgestimmt und noch weiter verfeinert wird. Erst danach wirst du ein eigenständiger Meister sein.

18

Initiationen

Ich aß im vollgestopften Nebenraum meines Büros, in dem das Ersatzteillager untergebracht war, zu Mittag. Das Licht war aus, und meine Gedanken schweiften von der Arbeit ab und zu einigen Gebieten hin, mit denen ich mich in der letzten Zeit beschäftigt hatte. Ich gehörte nun schon seit etwa einem Jahr der Organisation an, die Paul Twitchell ins Leben gerufen hatte, und seitdem waren mir viele Erfahrungen zuteil geworden, wenn auch meist sehr subtile.

Als ich fertig gegessen hatte, verschränkte ich die Arme vor der Brust und ließ meinen Kopf auf den Schreibtisch sinken. Ich schlief nicht, sondern befand mich nur in einem Zustand der Entspannung. Da sah ich vor meinem geistigen Auge das Bild eines Mannes, der auf mich zukam. Ich verfolgte Seine Bewegungen wie eine Szene in einem Film. Er war groß und trug einen Umhang mit einer Kapuze, die Sein von feinen Linien durchzogenes Gesicht und Seinen weißen Bart umrahmte. Plötzlich erschrak ich über die Realität Seiner Gegenwart. Ich hob den Kopf, schlug die Augen auf – und sah nichts außer meiner normalen Umgebung. Doch kaum hatte ich den Kopf wieder auf den Tisch gelegt, war Er wieder da. Ich sah mich noch einmal im Zimmer um, um sicherzugehen, daß ich wach und bei klarem Verstand war.

Das war ich tatsächlich; doch als ich meinen Kopf wieder sinken ließ und die Augen schloß, war Er immer noch da und starrte mich an. Ich betrachtete Ihn genau, als Er sich mir entgegenneigte; und da sah ich hinter Ihm einen strömenden Lichtfluß. Er hielt eine Lichtkugel in den Händen und bot sie mir dar. Ich war ganz überwältigt von diesem Geschenk; und doch wollte mein rationaler Geist das, was da geschah, nicht recht akzeptieren. Ich spürte, wie das Licht in mich eindrang und tief in mein Sein hineinströmte. Dann verlor ich die Besinnung.

Als ich wieder erwachte, blickte ich mich im Zimmer um. Der Uhrzeiger war nur um ein paar Minuten vorwärtsgerückt, doch ich hatte mich durch Zeit und Raum bewegt und Licht vom Meister empfangen, obwohl ich Seinen Namen damals noch nicht kannte. Meine innere Wahrnehmung war begrenzt, und daher hatte ich Ihn nur in Schwarzweiß gesehen. Später sollte ich erfahren, daß wir, wenn wir unser Bewußtsein öffnen, nicht nur einen größeren Teil unserer spirituellen Erfahrungen im Gedächtnis behalten können, sondern auch die Farben und die Struktur der Ebene, auf der wir uns befinden, intensiver empfinden.

Während meiner Kontemplationsübungen hörte ich häufig Geräusche, wenn ich mich durch die verschiedenen Bewußtseinsbereiche bewegte. Ich weiß noch, daß ich einmal, nachdem ich etwa zwanzig Minuten kontempliert hatte, dachte, der Kühlschrank habe sich eingeschaltet, weil ich plötzlich ein leises Maschinengeräusch hörte. Doch als ich die Augen aufschlug und mich auf das Zimmer einstimmte, umgab mich absolute Stille. Manchmal hörte ich auch einen leisen Flötenton oder fließendes Wasser. Man kann die verschiedenen Schwingungsebenen, die man durchläuft, als Geräusche wahrnehmen.

Licht und Klang sind die beiden Aspekte des GEISTES, die man in den GOTTwelten findet. Auf der materiellen Ebene sind sie überall anzutreffen. Wir finden Licht und Klang in jedem Bereich der Niedrigeren Welten und nehmen sie durch unser Bewußtsein wahr. In den Höheren Welten gibt es keine Form und kein Wesen, das sich in die Begriffe «Licht» oder «Klang» fassen ließe; und doch existiert der GEIST auch dort und drückt sich als Stimme GOTTES mit einer Gegenwärtigkeit aus, die wir in unserem innersten Bewußtsein kennen. Die Wahrnehmung, die dieser Erfahrung auf der Erde am nächsten kommt, ist die von Licht und Klang.

Ebenso wie man den Klang auf jeder Ebene unterschiedlich empfindet, so erscheint uns auch das Licht in verschiedenen Farben, wenn wir unsere Aufmerksamkeit auf unterschiedliche Bereiche der Niedrigeren Welten verlagern.

Wir können unsere Schwingungsfrequenz erhöhen, indem wir uns während der Kontemplation in das Licht oder den Klang versenken und darin aufgehen.

Wenn in unserem Inneren ein Meister erscheint und sich in einer dieser beiden Formen des GEISTES – Licht oder Klang – zeigt, erhöht Er unsere Schwingung und unser Bewußtseinspotential. Das wird oft als Initiation bezeichnet.

Vielleicht hast du das Gefühl, daß zwischen dem, was du tief in deinem Inneren weißt, und dem, was dein Verstand zu erfassen vermag, eine Kluft liegt. Das ist ganz normal. Wie oft hast du die Antwort auf eine Frage schon *gewußt,* konntest aber nicht sagen, wo sie eigentlich herkam? In Träumen werden uns häufig Erkenntnisse zuteil; doch sobald wir erwacht sind, können wir uns nicht mehr an sie erinnern. Das liegt daran, daß die Aufnahmefähigkeit unseres Geistes und unserer Emotionen noch begrenzt ist.

Die Seele erlebt solche Ereignisse in unserem Inneren; die Seele ist das eigentliche Ich, und Sie versucht, unseren Emotionen und unserem Geist die Erkenntnisse aufzuprägen, die Sie gewonnen hat. Haben wir Angst vor Veränderungen oder neuen Erfahrungen, ist die Schwingungsfrequenz unseres Emotionalkörpers zu niedrig, als daß die Seele einen dauerhaften Eindruck in ihm hinterlassen könnte. Vielleicht hindern uns bestimmte Aspekte unserer Angst daran, unser Bewußtsein zu erweitern. Unser Verstand bewegt sich in ganz bestimmten Mustern – manchmal bezeichnen wir sie als eingefahrene Bahnen – und erkennt nur Bilder, die aus Quellen stammen, mit denen er vertraut ist. Sobald ein Bild eine höhere Schwingungsfrequenz hat als die Bewußtseinsstufe, auf der er sich befindet, wird er ihm Widerstand leisten.

Wenn die Seele die Höheren Welten erfährt, ist es ganz normal, daß der Verstand und die Emotionen sich daran später nicht mehr erinnern können; denn diese Information geht über die Bilder und Schwingungsmuster hinaus, die wir für gewöhnlich erkennen können.

Der Meister arbeitet mit den Menschen, die Seiner Obhut anvertraut sind. Er trägt vor allem zur Erhöhung der Schwingungsfrequenz ihres Geistes und ihrer Emotionen bei. Dabei erhöht sich automatisch die gesamte Schwingungsfrequenz einer Person, so daß jetzt auch die anderen Körper mit dem Bewußtsein der Seele in Verbindung treten können. Das war der ursprüngliche Sinn der Initiation. Viele metaphysische Richtungen verwenden den Begriff der Initiation in den verschiedensten Bedeutungsvarianten, was schon zu zahlreichen Mißverständnissen geführt hat.

Heute gibt es Gruppen, bei denen die Initiation schon bei der Aufnahme stattfindet. Sie besteht meist darin, daß man dem neuen Mitglied sagt, dieser Weg sei der einzig wahre Weg zur spirituellen Erleuchtung, und es gebe kein Zurück mehr, wenn man ihn erst einmal beschritten habe. Dem Lehrer wird Treue und Ergebenheit geschworen. Dann zeigt der Lehrer dem neuen Schüler vielleicht ein paar Atemübungen, damit sein Körper sich entspannt, und läßt ihn einen bestimmten Namen GOTTES oder ein anderes spirituelles Wort laut rezitieren. Anschließend gibt er ihm ein geheimes Wort, das er leise in seinem Inneren aussprechen muß. Wenn der Lehrer die Fähigkeit besitzt, im emotionalen und mentalen Körper des Schülers Eindrücke zu hinterlassen, wird er es tun. Dabei prägt er ihm die Hingabe an den Lehrer und den Weg sowie das Bild eines Klanges und eines Lichts ein. Das geheime Wort wird die Schwingungsfrequenz des

Schülers erhöhen, und er wird ein Gefühl der Freude und Befreiung empfinden und häufig auch eine neue, nicht definierbare Erkenntnis spüren. Diese Methode kann bei der ersten Initiation und auch bei späteren Initiationen angewandt werden; der hauptsächliche Unterschied besteht darin, daß der Schüler dann ein anderes geheimes Wort erhält.

Dieses Vorgehen birgt die Gefahr, daß der Schüler laut oder in seinem Inneren ständig ein mit Energie geladenes Wort wiederholt, ohne die angemessene spirituelle Anleitung von einem erfahrenen Lehrer zu bekommen. Durch das Zusammenwirken eines Schwalls neuer Informationen, die der Schüler von seinem Lehrer erhält, und der plötzlichen Erhöhung seiner Schwingungsfrequenz können Geist und Emotionen aus dem Gleichgewicht geraten, was viele Probleme mit sich bringt.

Wenn ein wahrer Meister mit jemandem arbeitet, kümmert Er sich intensiv um die innere und äußere Realität dieses Schülers. Er weiß, daß ein natürlicheres Gleichgewicht zwischen Informationen und Erfahrung der beste Weg zur spirituellen Erleuchtung ist. Also wird Er den Schüler vor der Initiation erst einmal eine Zeitlang unterweisen – manchmal bis zu drei Jahre lang. Auf diese Weise können dessen Geist und Emotionen die Informationen in ihrer eigenen Umgebung testen und erproben. Die erste Initiation findet wahrscheinlich auf den inneren Ebenen statt, vielleicht im Traum, und kann so ähnlich ablaufen wie mein Erlebnis mit dem Meister, der mir das Licht darbot. Durch diese erste Erfahrung erhöht sich die Schwingungsfrequenz des Geistes und der Emotionen, und man kann dadurch einige der Informationen, die man vorher vom Meister erhalten hat, mit inneren Erfahrungen in Verbindung bringen. Das Ziel besteht darin, die verschiedenen Körper auf eine Schwingungsfrequenz zu bringen, die mit der Schwingung der Seele in Einklang steht.

Einige Zeit später – je nach dem Entwicklungsstand des Schülers – findet dann eine äußere Initiation statt. Sie besteht in einer Kontemplationssitzung, bei der ihm auf den inneren Ebenen ein geheimes spirituelles Wort gegeben wird. Anschließend bestätigt der Meister dieses Wort äußerlich und gibt dem Schüler Anregungen, wie er es richtig einsetzen kann. Dieses Wort ist mächtig genug, um die Schwingungsfrequenz der Körper des Schülers etwas zu erhöhen, aber nicht so mächtig, daß er aus dem Gleichgewicht gerät. Bei künftigen Initiationen wird er Worte erhalten, die mit einer noch höheren spirituellen Energie aufgeladen sind – je nach der Entwicklungsstufe, die er erreicht hat. Er braucht dem Meister oder dem Weg keine Treue zu schwören, denn ein wahrer Meister weiß, daß man Ihm nicht folgen soll und daß der Weg sich wieder ändern wird, wenn die Seele sich weiterentwickelt. Der Meister wird den Schüler darauf hinweisen, daß es, wenn er sich einmal auf den Weg zu GOTT begeben hat, kein Zurück mehr für ihn gibt, da die Seele erst dann glücklich sein wird, wenn Sie GOTT *kennt.*

Durch eine äußere Initiation erhöht sich zwar auch die Schwingungsfrequenz des physischen Körpers; doch ist diese Initiation in erster Linie dazu bestimmt, das mentale Bewußtsein mit dem der Seele in Einklang zu bringen. Fast jede Veränderung in der Schwingungsfrequenz der anderen Körper wirkt sich auch auf die Frequenz unseres physischen Körpers aus, da alle Körper miteinander in Verbindung stehen. Normalerweise hat eine äußere Initiation eine größere Wirkung, da die nach außen gerichteten Sinne des Verstandes und der Gefühle daran stärker beteiligt sind. Das trägt dazu bei, die Kluft zwischen dem, was die Seele *weiß,* und dem, was der Verstand erkennt, zu überbrücken.

Schließlich ist die Seele in der Lage, dem Geist auch subtilere Eindrücke direkt zu vermitteln, da seine Aufnahmefähigkeit sich entsprechend gesteigert hat, so daß er nun auch die neuen Informationen als von sich kommend betrachtet und darum akzeptieren kann. Er denkt nicht mehr so sehr in «eingefahrenen Geleisen». Die Emotionen des Schülers sind im Lauf der Zeit so weit ins Gleichgewicht gekommen, daß sie das breite Spektrum seiner neuen Erfahrungen erfassen können – vorausgesetzt, daß er mit seinen Ängsten fertiggeworden ist und sie ausgeglichen hat.

Manche Richtungen haben Initiationsrituale, bei denen ein größeres Gleichgewicht herrscht und der Schüler sich erst einmal eine Zeitlang dem Studium der Lehren widmen muß, ehe er zur Initiation zugelassen wird. Gruppen, die bei der Initiation mit Schwingungen arbeiten, sollte man mit Vorsicht gegenüberstehen; alle anderen Initiationen sind Zeremonien. Du solltest dir Zeit nehmen, herauszufinden, wer der Leiter einer solchen Gruppe ist, über was für Fähigkeiten er verfügt, und dir seine Position dann selbst beweisen. Wenn dein Lehrer dir bei der Entdeckung der inneren Welten nur um ein paar Schritte voraus ist, dann tappt ihr beide im Dunkeln und bedürft der Führung.

Manchmal messen wir äußeren Initiationen zu große Bedeutung bei. Es hat im Lauf der Geschichte immer wieder jene gegeben, die nie mit einem äußeren Meister arbeiteten, sondern nur innerlich mit ihrem Meister in Verbindung standen. Die Initiationen waren innere Veränderungen; sie fanden nicht in unserer physischen Welt statt. Man kann auch auf diese Weise auf dem spirituellen Weg voranschreiten; allerdings ist es besser, mit einem Meister zusammenzusein, der einem sowohl eine äußere als auch eine innere Initiation bieten kann. Dann macht man rascher Fortschritte und läuft nicht so sehr Gefahr, aus dem Gleichgewicht zu geraten. Wir sind uns unserer äußeren Welt und in wachsendem Maße auch der inneren Welten bewußt; daher müssen wir diese beiden Bewußtseinsebenen im Gleichgewicht halten, um uns auf beiden erfolgreich bewegen zu können.

Bei vielen Initiationen fordert der Lehrer den Schüler auf, als Zeichen seiner Hingabe an GOTT Früchte darzubringen. Das ist eine symbolische Geste, die den geistigen Inhalt der Zeremonie bekräftigen soll. Viele spirituelle Richtungen bedienen sich bestimmter Rituale, damit der Verstand und die Emotionen das Geschehen leichter akzeptieren können. In den höheren Lehren gibt es nur wenige Rituale und schließlich überhaupt keine mehr.

In vergangenen Zeiten war es für einen Meister viel einfacher, mit den wenigen zusammenzuarbeiten, die Ihn um Führung baten. Er konnte jeden seiner Schüler genau überwachen und ihm die Informationen und Initiationen, die er brauchte, zum rechten Zeitpunkt zuteil werden lassen. Zwar unterliegen alle, die sich auf dem Weg befinden, spirituellen Entwicklungszyklen; doch wir haben alle eine andere Einstellung zu dem, was mit uns geschieht, und auch ein anderes Verständnis davon. Die Idee, daß zwischen den äußeren Initiationen wenigstens zwei Jahre inneren Studiums liegen sollten, basiert auf der Vorstellung, daß alle Menschen auf ihrem Weg einen ziemlich ähnlichen Entwicklungszyklus durchlaufen; doch es gibt viele Abweichungen in beiden Richtungen. Manche Menschen schreiten rascher voran; aber die meisten brauchen länger, um innerlich zu wachsen.

Heute, wo sich so viele Menschen aktiv auf einem äußeren Weg befinden, kann ein Meister unmöglich mit jedem physisch zusammenarbeiten. Daher vermittelt Er denjenigen, mit denen Er eine Zeitlang gearbeitet hat und die schon fortgeschrittener sind, die Ausbildung, die sie brauchen, um andere zu initiieren. Das kann durchaus gut funktionieren; doch es besteht natürlich auch die Gefahr, daß sich ein übermächtiges Ego in diese Arbeit drängt.

Es ist heikel, jeder Initiation einen bestimmten Rang zuzuweisen. Manche Gruppen tun das, andere nicht; einige gehen sogar so weit, ihre fortgeschrittenen Schüler auch auf die Gefahren eines übersteigerten Egos hinzuweisen. Doch ganz gleichgültig, ob Initiationen nun einen bestimmten Rang verleihen oder nicht – wenn die Schüler über die Initiationen Bescheid wissen, die die anderen erhalten haben, wird es immer welche geben, die glauben, sie seien nicht so weit wie ein anderer oder weiter. Eine Initiation an sich ist aber noch kein Zeichen, daß man spirituelles Wissen besitzt oder daß man in den spirituellen Welten einen bestimmten Platz einnimmt; sie ist lediglich ein mechanischer Vorgang, bei dem die Körper der Niedrigeren Welten mit dem Seelenbewußtsein ins Gleichgewicht gebracht werden.

Manche Menschen begeben sich mit großem innerem Wissen auf einen äußeren spirituellen Weg. Solche Leute haben wahrscheinlich im Laufe ihrer vergangenen Leben schon mit vielen Meistern gearbeitet. Sie unterscheiden sich in ihrem Weg und ihren Initiationen nicht sehr von den anderen Schülern, weil sie die Schwingungsfrequenz ihres Geistes und ihrer Emotionen auch langsam und allmählich erhöhen müssen, um besser mit dem Erkenntnisstand ihrer Seele in Verbindung treten zu können. Dann gibt es Menschen, die sich vielen äußeren Initiationen unterziehen und trotzdem noch nicht die gleiche Stufe des Seelenbewußtseins erreicht haben wie andere. Initiation an sich ist noch nicht gleichbedeutend mit spirituellem Bewußtsein – obwohl jemand, der sich einer höheren, fortgeschritteneren Initiation unterziehen darf, natürlich auch in der Lage sein muß, in diesem Bereich zu wirken, also auf jeden Fall die Fähigkeit besitzen muß, mit der höheren Schwingungsfrequenz umzugehen.

Jede äußere Lehre muß bis zu einem gewissen Grad strukturiert und organisiert sein, will sie mit größeren Gruppen arbeiten. Häufig kommt es vor, daß die Strukturen den Zielen entgegenwirken, wenn sie nicht richtig eingesetzt werden. Solange wir mit unseren Mitmenschen konkurrieren oder uns ihnen überlegen fühlen, lassen wir den Sinn der Lehre und die Prinzipien, die ihr zugrunde liegen, außer acht. Da es häufig zu solchen Verwirrungen und Mißverständnissen kommt, machen viele Menschen von vornherein einen großen Bogen um jede äußere Organisation.

In spiritueller Hinsicht ist jede Seele allen anderen Seelen ebenbürtig und nimmt den gleichen Platz ein, auch wenn die Menschen sich auf ganz unterschiedlichen Bewußtseinsebenen befinden. Niemand ist bescheidener als der spirituelle Meister; denn Er weiß, daß Er nur ein kleiner Teil der Schöpfung ist und nur durch die Liebe und Macht GOTTES existiert.

19

Heilen

Die Menschheit leidet auf diesem Planeten an vielen verschiedenen Krankheiten. Auf jeder Ebene besteht ein gewisser Grad an Disharmonie zwischen uns und unserer äußeren Hülle, unserem Körper. Einerseits lassen sich die Ursachen von Schmerz und Krankheit leicht erklären, andererseits sind sie manchmal sehr schwierig zu verstehen, wenn man die Sache vom materiellen Standpunkt aus betrachtet.

Der menschliche Körper ist normalerweise dazu bestimmt, eine begrenzte, wenn auch unterschiedlich lange Zeit zu überdauern. Auch wenn es immer bessere Ernährungsmethoden, Nahrungsergänzungsmittel und Medikamente gibt, um Krankheiten zu bekämpfen – eines Tages ist der Körper erschöpft und versagt uns seinen Dienst. Das kann man nur verhindern, wenn man lernt, den Alterungsprozeß auf unbegrenzte Zeit auszuschalten. Einige Meister haben das aus bestimmten Gründen getan. Es gibt Meister, die angeblich Hunderte von Jahren in ein und demselben Körper gelebt haben.

Solange wir uns in einem menschlichen Körper befinden, sollten wir versuchen, uns unsere Gesundheit zu bewahren und zumindest auf unsere elementarsten gesundheitlichen Bedürfnisse zu achten. Wir brauchen unseren Körper, um hier zu sein, und wir sind hier, um viele wichtige Erfahrungen zu sammeln. Wenn wir unser irdisches Leben durch Nachlässigkeit gegenüber unserem Körper verkürzen, verlängern wir damit nur die Zeit, die wir in der materiellen Welt zubringen müssen, und werden wahrscheinlich noch einmal hierher zurückkehren müssen, um uns den Lektionen zu stellen, die wir in diesem Leben vermieden haben. Krankheit und Schmerz nehmen leicht unser ganzes Bewußtsein in Anspruch und können uns vom Weg ablenken.

Karma ist nicht immer der Hauptgrund für Krankheiten, obwohl jede Handlung ein Teil des karmischen Gleichgewichts ist. Manchmal entschließen wir uns vielleicht, einem anderen Menschen die Bürde seiner Leiden abzunehmen und sie selbst zu tragen. Ein Meister kann beispielsweise eine Krankheit von einem Menschen nehmen und im Strom des Geistes aufgehen lassen; oder wenn die Umstände es erfordern, kann Er die Krankheit auch selbst auf sich nehmen. Der Meister kennt und begreift das Wirken des Karma bei einem solchen Vorgang.

Wir werden mit bestimmten Begrenzungen geboren und entwickeln Krankheiten, damit die Seele mit Hilfe dieser körperlichen Probleme spirituelle Erfahrungen gewinnt – obwohl wir das nicht immer voraussehen. Manche Leute führen alle Leiden und Krankheiten auf das Klischee des «negativen» Karma zurück; doch das ist eine allzu große Vereinfachung eines komplizierten Vorgangs. Ganz gleichgültig, wie unsere körperliche Beeinträchtigung zustande gekommen ist, das Ergebnis im großen Ganzen ist letzten Endes immer dasselbe – die Seele gewinnt an Erfahrung. Das bedeutet nicht, daß wir nicht versuchen sollten, auf dem Gebiet der Medizin und anderer Heilmethoden Fortschritte zu machen, denn auch sie sind ein Beitrag zur Erfahrung der Menschheit. Ich will damit nur eine Ursache des menschlichen Leidens erklären.

Das gilt auch für den Hunger, der in vielen Ländern dieses Planeten herrscht, und für Naturkatastrophen wie Dürreperioden, Orkane und Erdbeben. Sie sind ein Resultat des ständigen Kampfes zwischen der negativen und der positiven Kraft, der im Mittelpunkt dieser materiellen Ebene steht. Seelen, die sich im Einflußbereich dieses Kampfes befinden, haben dadurch nur eine zusätzliche Möglichkeit, spirituelle Erfahrung zu gewinnen; und selbst wenn wir eines Tages in der Lage sein sollten, alle Krankheiten zu heilen und alle Naturkatastrophen und Kriege zu verhindern, wird der natürliche Konflikt zwischen diesen beiden Kräften doch immer wieder neue Kämpfe hervorrufen. Das ist das Gesetz der Niedrigeren Welten.

Viele Menschen widmen einen großen Teil ihres Lebens dem Versuch, hungernden Menschen zu helfen, Atomkriege zu verhindern und Kranke zu heilen. Das ist weder richtig noch falsch. Es ist ihre Erfahrung, und vielleicht haben sie das Bedürfnis, auf diese Ziele hinzuarbeiten.

Die Meister lehren, daß unsere wichtigste spirituelle Verpflichtung die gegenüber uns selbst als Seele ist; denn erst wenn wir die spirituelle Liebe GOTTES wirklich kennen, können wir diese Liebe auch wiederum anderen Menschen entgegenbringen. Dieses Streben nach Selbsterkenntnis ist kein Egoismus. Die Seele überlebt dadurch, daß Sie sich Ihrer Position bewußt wird. Nur weil man sich bemüht, die Lebensbedingungen seiner Mitmenschen zu verbessern, drückt man im allgemeinen noch nicht diese göttliche Liebe aus, auch wenn man das vielleicht glaubt. Man ist in den emotionalen Kämpfen der Astralebene befangen. Das ist eine Erfahrung und ist auch ganz richtig so. Es ist nur wichtig, daß du den Unterschied erkennen lernst, wenn du Meisterschaft erlangen willst.

Emotionen spielen bei diesem Thema eine große Rolle. Ich bin schon vielen Menschen begegnet, die sich ganz der Aufgabe gewidmet haben, Kranke zu heilen, und sie bedienen sich dabei häufig außersinnlicher Methoden wie Geisteskraft, Handauflegen oder direkte Energieübertragung. Sie haben das Gefühl, daß ihr Leben keinen anderen Sinn hat als den Dienst an der Menschheit. So mögen sie es ruhig tun.

Ebenso wie beim Thema Karma müssen wir auch beim Heilen die großen Zusammenhänge betrachten, statt nur den Einzelfall zu sehen. Als ich jung war, arbeitete ich auf einer Krankenstation für zurückgebliebene Kinder. Damals sah ich nicht nur Kinder, die an den elendesten Bedingungen litten; ich versorgte sie auch täglich. Mein Herz schrie oft vor Mitleid mit diesen Babys, die nur zu uns geschickt wurden, um zu sterben. Die Wissenschaft konnte ihnen nicht helfen. Sie rührten die Herzen aller Eltern, Ärzte, Schwestern und Krankenpfleger. Etliche Babys starben in meinen Armen, und ich spürte, wie hilflos menschliche Emotionen und menschliches Mitgefühl sind, wenn es keine Möglichkeit gibt, zu helfen.

Einmal widersprach ich einem Arzt, der angeordnet hatte, das Leben eines dieser Kinder nicht weiter künstlich zu verlängern. Ich hatte eine Zuneigung zu dem Kind gefaßt, das trotz aller Bemühungen der Ärzte und des Pflegepersonals allmählich dahinstarb. Obwohl dem Kind in medizinischer Hinsicht nicht zu helfen war, wollte ich, daß man weiterhin alles versuchte. Später wurde mir klar, daß der Arzt recht gehabt hatte, das Kind in Frieden sterben zu lassen. Wir müssen die großen Zusammenhänge sehen, um den Illusionen unserer Emotionen zu entgehen.

Ich will hier keine strikten Richtlinien für das Heilen aufstellen; diese Entscheidung bleibt jedem selbst überlassen. Jeder Augenblick bringt uns neue Gegebenheiten und Entscheidungen; es gibt keine eindeutigen Regeln, da es weder Richtig noch Falsch gibt. Wichtig ist nur, daß wir uns der spirituellen Gesetze bewußt sind, denen wir unterliegen, um bewußte Entscheidungen treffen zu können. Wenn wir jemanden mit Hilfe der Fähigkeiten der Niedrigeren Welten heilen, nehmen wir auch einen Teil der karmischen Verantwortung für diesen Menschen auf uns.

Der Meister weiß, daß jeder Mensch viele verschiedene Erfahrungen durchlaufen muß, und berücksichtigt diesen Prozeß. Er könnte jeden, den er will, durch übernatürliche Kräfte heilen; doch Er weiß, daß Er die Seele dieses Menschen dadurch um eine Erfahrung bringen würde, die Ihr bestimmt ist. Der Meister kann die karmischen Muster einer Seele sehen und weiß, was für Sie notwendig ist. Aus Achtung vor dem Prozeß der Seelenerkenntnis wird Er Ihr die Möglichkeit geben, selbst zu entscheiden – ganz egal, wie das vom Standpunkt der Niedrigeren Welten aussehen mag.

Es gibt auch Fälle, in denen ein Meister nach Anweisung des GEISTES heilt. Die Heilung findet auf den inneren Ebenen statt und setzt am Ursprung des Problems an. Für kurze Zeit nimmt der Meister das Karma des zu heilenden Menschen auf sich; dann läßt er es vom Fluß des GEISTES wegspülen. Ein solcher Akt des Heilens wird mit einem höheren Verständnis für die Bedürfnisse dieser Seele und der anderen betroffenen Seelen – beispielsweise der Familie – ausgeführt. Häufig ermöglicht er es der Seele, rascher auf dem Weg zu GOTT voranzuschreiten.

Der Hauptunterschied beim spirituellen Heilen liegt in der Absicht und dem Standpunkt des Heilenden. Willst du der Seele helfen, auf dem Weg zu GOTT einen Schritt weiterzukommen, oder beraubst du Sie nur einer Erfahrung, die Sie dringend braucht, und verlängerst damit Ihren spirituellen Kampf? Nur wenige Menschen kennen den Unterschied. Vielleicht hilft es, wenn du dir die Frage stellst, ob du bereit bist, die Verantwortung für dein Handeln zu tragen.

Triff eine bewußte Entscheidung für dein Leben.

20

Die New-Age-Bewegung

Mit dem Begriff «New-Age» bezeichnet man im allgemeinen einen Zeitraum, der vor etwa fünfundzwanzig Jahren begonnen hat und bis in die nächste Zukunft hineinreicht, in der sich ein umfassenderes Verständnis für spirituelles Gedankengut durchsetzen wird. Wenn ich einen Artikel über die New-Age-Bewegung lese oder im Fernsehen oder Radio eine Diskussion darüber höre, scheint es immer um metaphysische Themen zu gehen. Das zeigt, wie wenig die meisten Menschen, die mit den Konzepten der Niedrigeren Welten wohlvertraut sind, über die wahre Bestimmung und die Heimat der Seele wissen. Man fragt mich oft, welcher Platz diesen Themen in unserem täglichen Leben zukommt, und deshalb möchte ich an dieser Stelle ein paar Worte dazu sagen.

Eine kurze Geschichte

Wenn du in Virginia lebst und hörst, das Land der Verheißung, deine wahre Heimat, sei Kalifornien, wirst du dich sicherlich nach Kalifornien aufmachen. Unterwegs begegnest du vielleicht vielen Menschen, die nicht an ein verheißenes Land glauben, und noch viel mehr Leuten, die es gar nicht interessiert, ob es ein solches Land gibt oder nicht.

Vielleicht erscheint es dir sinnvoll, mit dem Auto nach Kalifornien zu fahren; und du stellst fest, daß viele Menschen erstaunlich interessiert daran sind, wie dein Auto funktioniert. Sie nehmen es auseinander und setzen es wieder zusammen, wobei sie die einzelnen Teile häufig für andere Zwecke verwenden und nicht zu ihrem ursprünglichen Zweck des Transports. Es sind unzählige Bücher darüber geschrieben worden, welche Funktionen die einzelnen Teile für das Auto haben – wie beispielsweise der Verbrennungsmotor funktioniert. Das gilt als besonderes Fachwissen, das nicht allen Menschen zugänglich ist, und viele Leute beschäftigen sich ihr Leben lang mit solchen Dingen – obwohl diese Information allein noch niemanden irgendwo hinbringt.

Du stehst daneben und fragst dich, warum eigentlich niemand außer dir den Wunsch hat, in das Auto zu steigen und nach Kalifornien zu fahren.

Channeling

Channeling ist zur Zeit ein sehr beliebtes Thema. Um dieses Phänomen zu verstehen, muß man sich zunächst einmal darüber klarwerden, mit welcher Energie gearbeitet wird. Es gibt drei Möglichkeiten: Man kann mit dem Seelenbewußtsein arbeiten, direkt mit dem GEIST in Verbindung treten oder mit einem Wesen von einer anderen Ebene Kontakt aufnehmen.

Viele behaupten, beim Channeling mit ihrem «höheren Selbst» in Verbindung zu treten. Ich nehme an, damit meinen sie ihr Seelenbewußtsein; obwohl es manchmal auch sein kann, daß sie mit dem GEIST in Kontakt treten. Das können wir alle. Doch nach den Worten dieser Leute zu urteilen, glauben sie offensichtlich, daß ihr höheres Selbst außerhalb ihres normalen Bewußtseins liegt; und diese Sichtweise hindert uns daran, all das zu sein, was wir sein können. Die Seele bemüht sich stets, dem Verstand Ihren Willen zu erkennen zu geben; und wenn wir lernen, den Unterschied zwischen unserem Verstand, unseren Emotionen und unserer Seele zu erkennen, können wir uns fast ständig unseres Seelenbewußtseins bedienen.

Manche Menschen beanspruchen für sich, beim Channeling mit dem Willen oder dem GEIST GOTTES in Verbindung zu treten. Auf diese Kraft stützen sie sich meist beim Heilen oder Hellsehen. Vielleicht stehen sie tatsächlich mit dem GEIST in Verbindung; aber du mußt die Tragweite dessen selbst beurteilen. Man sollte nicht vergessen, daß der GEIST in den Niedrigeren Welten in zwei verschiedenen Aspekten wirkt, einem positiven und einem negativen. Der Vorgang des Channeling ist der gleiche, egal, mit welchem Aspekt des GEISTES man Verbindung aufnimmt; wenn also jemand mit Hilfe einer negativen Kraft geheilt wird, so wird dieser Akt eben die Konsequenzen und Verantwortung der Handlung mit sich bringen. Die Heilung an sich ist noch keine positive Handlung. Wir glauben ja auch nicht, daß es ein göttlicher Ausdruck des GEISTES ist, wenn man Nadeln in eine Voodoopuppe steckt; und doch erzielen solche Rituale durchaus die gewünschte Wirkung. Das ist auf den negativen Aspekt des GEISTES zurückzuführen. Die meisten Leute, die behaupten, mit dem GEIST Kontakt aufnehmen zu können, haben die besten Absichten; sie sind sich der Dualität dieser Macht nur nicht ganz bewußt.

Als dritte Möglichkeit des Channelings kann man mit einem Wesen oder einer Seele aus einem anderen Bewußtseinsreich in Verbindung treten. So etwas Ähnliches tun zum Beispiel Medien. Ich habe das noch nicht oft erlebt – und wenn, so konnte ich keinen besonderen Sinn darin erkennen. Wir können einer Seele von einer anderen Ebene auch direkt begegnen und mit Ihr sprechen, indem wir unser Bewußtsein an den Ort verlagern, an dem Sie sich befindet – wozu also brauchen wir ein Medium? Wenn man jemand anderen als Vermittler benutzt, läuft man immer Gefahr, daß das Medium seinen eigenen subjektiven Standpunkt mit in das Gespräch einbringt. Doch die meisten Leute, die channeln, besitzen nicht einmal die Fähigkeit, direkt mit einer Wesenheit aus einem anderen Bewußtseinsreich in Kontakt zu treten; sie hören und spüren nur Eindrücke. In Wahrheit hören sie meist sogar die Stimme ihres eigenen Geistes und nicht die einer anderen Wesenheit.

Von den meisten Seelen aus anderen Bewußtseinsbereichen kann man ohnehin nicht viel lernen. Wenn wir mit Ihnen in Verbindung treten, ist das so ähnlich, als ob wir uns mit einem Fremden auf der Straße unterhalten. Wenn du um einen spirituellen Kontakt bittest und deine astralen Sinne sich diesen Kontakt intensiv genug wünschen, kann es passieren, daß du ein Astralwesen anziehst, das sich deine Energie für seine eigenen Zwecke zunutze macht. Das führt eventuell zu einer Bindung an dieses Wesen, die sich unter Umständen nur schwer wieder lösen läßt.

Es ist äußerst unwahrscheinlich, daß ein Meister, der von einer anderen Ebene aus arbeitet, durch ein Medium spricht, weil das nicht notwendig ist. Ein Meister bedient sich normalerweise keiner anderen Person, um dir zu helfen. Es liegt bei dir, mit dem Lehrer in Kontakt zu treten; und nachdem du das getan hast, wird Er direkt mit dir zusammenarbeiten. Wenn die Wesenheit, mit der du Verbindung aufgenommen hast, nicht in der Lage ist, entweder im Traum oder im Wachzustand direkt mit dir zu arbeiten, würde ich an deiner Stelle weiter nach einem Meister suchen. Sonst hast du es wahrscheinlich nur mit einer sehr begrenzten Macht zu tun, und die Gefahr falscher Informationen ist dabei sehr groß.

Kristalle

Auch Kristalle sind heutzutage sehr beliebt, und viele behaupten, daß sie eine besondere Energie in ihr Leben bringen würden. Ähnliches wird auch von der Form der Pyramide gesagt. Solche Behauptungen sind nicht alle unbegründet; man kann mit Hilfe dieser Gegenstände unter bestimmten Umständen tatsächlich Energie verändern. Das ist schon seit

Jahrtausenden bekannt, und man hat sich dieses Wissen in allen Erdteilen zunutze gemacht. Vor ein paar Wochen, als ich in einer großen Buchhandlung war, entdeckte ich dort ein fix und fertiges Kristallset mit etlichen schlecht geschnittenen, in Plastik eingepackten Steinen und der dazugehörigen Gebrauchsanweisung. So etwas tut der Wirkung der Kristalle keinen Abbruch, sondern zeigt nur, wie beliebt metaphysische Dinge geworden sind. Der Kasten wurde übrigens gerade rechtzeitig zum Weihnachtsgeschäft auf den Markt gebracht.

Noch erstaunlicher ist, daß viele Leute solchen Gegenständen ungeheuer große Bedeutung beimessen und glauben, daß sie ihr Leben verbessern können. Ein intensiver Glaube kann tatsächlich viel dazu tun, unser Leben zu verändern. Das sieht man zum Beispiel daran, daß manche Menschen Kreuze oder andere Sinnbilder um den Hals tragen, die eine starke Kraft in unserem Inneren symbolisieren. Ein Talisman, wie beispielsweise ein vierblättriges Kleeblatt, kann für jemanden, der daran glaubt, die gleiche Wirkung haben. Auch Voodoopuppen haben über manche Menschen Macht. Diese Macht liegt im Glauben begründet, nicht im Gegenstand. Kristalle an sich können uns kaum dabei helfen, GOTT *kennenzulernen*.

Astralprojektion

Es gibt unzählige Bücher über Astralprojektion; und doch wird dieses Phänomen meist mißverstanden. Wenn wir uns auf unseren Astralkörper oder unser Astralbewußtsein konzentrieren und versuchen, es vom Bewußtsein unserer anderen Körper zu isolieren, sind wir uns nur unserer astralen Sinne bewußt. Das ist ein sehr, sehr begrenztes Bewußtsein, das uns nur wenig geben kann. Wenn wir uns genug Mühe geben, können wir jeden beliebigen Bewußtseinsbereich in unserem Inneren isolieren und ausschließlich die Wirkungen dieses speziellen Gesichtspunkts erfahren.

Unter normalen Bedingungen benutzen wir unsere Bewußtseinsbereiche alle gleichzeitig, und sie beeinflussen sich gegenseitig. Die meisten Menschen, die glauben, sich auf einer Astralreise zu befinden, verlagern lediglich ihr gesamtes Bewußtsein an einen anderen Punkt in ihrem Inneren. Wenn wir unser Bewußtsein in Bereiche mit höherer Schwingungsfrequenz verlagern, brauchen wir die Bewußtseinsbereiche mit niedrigerer Schwingung nicht mehr. Kehren wir dann wieder in unser physisches Bewußtsein zurück, benötigen wir diese Bereiche, die wir vorher beiseite geschoben haben, erneut. Manche Gruppen bezeichnen diesen Vorgang als «Seelenreise». Dieser Begriff ist zwar auch irreführend, kommt der Wahrheit aber näher als «Astralprojektion». Die Seele ist der Beobachter und benutzt die anderen Körper als Schwingungshülle. Welche Hüllen Sie verwendet, hängt von der Ebene ab, auf der Sie sich gerade befindet.

Aura

Die Aura ist ebenfalls ein interessantes Studiengebiet, gehört aber auch nur zum Wissen der Niedrigeren Welten. Unser physischer Körper besitzt ein Energiefeld, das von ein paar Millimeter bis über einen Meter weit in die Umgebung ausstrahlt. Unsere anderen Körper sind ebenfalls von Energiefeldern umgeben. Wenn sich die Schwingungsfrequenz ändert, wird das im Astralbewußtsein als Farbveränderung wahrgenommen. Man kann diese Energie aber auch spüren und fühlen.

Schon viele haben versucht, aus diesen Farben Rückschlüsse auf den Gesundheitszustand, die Einstellung und die spirituelle Entwicklungsstufe einer Person abzuleiten. Daran ist – wie an den meisten metaphysischen Lehren – durchaus etwas Wahres. Doch statt den Beobachtungen anderer blindlings Glauben zu schenken, sollten wir lieber, wenn es uns interessiert, selbst die Fähigkeit entwickeln, die Aura zu sehen, und unsere eigenen Schlußfolgerungen in bezug auf die Bedeutung der Farben ziehen. Wenn wir weiter auf dem höheren spirituellen Weg voranschreiten, wird die Aura uns immer weniger interessieren, weil wir in der Lage sein werden, die Informationen, die wir brauchen, einfach zu *wissen*. Dieses Wissen kommt aus dem Seelenbewußtsein.

Magie

Es gibt verschiedene Aspekte der Magie; die häufigsten und bekanntesten sind schwarze und weiße Magie. Sie unterscheiden sich nur durch die zugrundeliegende Absicht. Bei beiden Formen werden viele metaphysische Methoden eingesetzt, und beide haben ihre Basis hauptsächlich im Astralbewußtsein, obwohl auch mentale Kräfte eine wachsende Rolle dabei spielen.

In der Regel handelt es sich um organisierte Gruppen, die für ihren Erfolg auf die Teilnahme und Energie ihrer Mitglieder angewiesen sind. Nur wenige Magier – egal, ob schwarz oder weiß – könnten einzig und allein aufgrund ihrer persönlichen Kräfte bestehen. Wenn sie allein wären, wer wüßte dann schon, daß sie Magier sind? Das bedeutet nicht, daß Magier nicht in der Lage sind, etwas zu tun, was gegen dich gerichtet ist. Das können sie sehr wohl – aber nur, wenn du es zuläßt. Die meisten Magier haben jedoch gar nicht die Absicht, anderen Menschen zu schaden.

Wenn du das Gefühl hast, unter dem Einfluß von jemandem oder von etwas zu stehen oder gar angegriffen zu werden, brauchst du dir einfach nur vorzustellen, daß du entweder von einem weißen Licht oder von einem unsichtbaren Energieschild umgeben bist. Lege so viel Energie wie möglich in diesen Gedanken. So kannst du eindeutigen Angriffen entgegenwirken und dich auch gegen eine Anwesenheit wehren, die dich nur einschüchtern will. Es gibt viele Menschen, die deine Gedanken und Emotionen beeinflussen können. Nur wenige sind Magier; und sie können dich auch nur beeinflussen, wenn du es ihnen erlaubst.

In einem meiner früheren Leben, das schon lange zurückliegt, gehörte ich auch zu einer Gruppe, die sich mit weißer Magie befaßte – obwohl das damals nicht so genannt wurde. Es gibt viele okkulte Kräfte, die man einsetzen kann, um ein gewünschtes Ergebnis zu erzielen. Es ist weder gut noch schlecht, sich solcher Kräfte zu bedienen. Diese Aktionen ziehen nur – wie jede Handlung in den Niedrigeren Welten – karmische Konsequenzen nach sich. Magier beziehen ihre Kraft aus den Energiefeldern der Erde und der Planeten mitsamt der astralen und mentalen Ebenen. Zusammen mit diesen Energien und mit der persönlichen Energie der Menschen in ihrer Umgebung können sie deutlich erkennbare Veränderungen bewirken. Da das eine sehr begrenzte Lehre ist und leicht mißbraucht werden kann, beschloß ich damals, mich davon abzuwenden. Das Problem liegt nicht in der Macht selbst, sondern darin, wie wir sie verwenden. Es vermittelt einem ein großes Machtgefühl, solche Kräfte zu manipulieren. Macht kann eine berauschende Wirkung haben und eine an sich wohlmeinende Seele für ihre höheren Ziele blind machen.

Astrologie

Dieses Gebiet ist so populär geworden, weil jeder irgendeine Art von Führung in seinem Leben sucht, und die Astrologie erklärt uns, warum wir bestimmte Verhaltensmuster haben und was für Kräfte hinter den Veränderungen in unserem Leben stehen. Die heutige Astrologie stützt sich nur noch in groben Zügen auf eine uralte Lehre, die sich mit den Wirkungen und Einflüssen der einzelnen Planeten befaßte. Beide Lehren berücksichtigen aber nicht die großen Zusammenhänge, die Seele und den Grund unserer Existenz.

Auch an der Astrologie ist etwas Wahres, denn das Leben in der materiellen Welt bewegt sich – ebenso wie das Leben in den übrigen Niedrigeren Welten – in Mustern und Zyklen. So funktioniert der Mechanismus der Schöpfung. Die Astrologie ist zwar ein interessantes Gebiet, berührt aber in keiner Weise die wahren Vorgänge und Hintergründe. Es gibt bestimmte Kräfte, die die Niedrigeren Welten zusammenhalten. Einige dieser Kräfte werden von der Wissenschaft erforscht, mit anderen befaßt sich die Metaphysik. Die meisten Vorgänge sind jedoch beiden Richtungen unbekannt. Die Horoskope, die in Zeitschriften und Zeitungen tagtäglich erscheinen, können bestenfalls der Belustigung dienen; ansonsten haben sie keinen Wert.

Außersinnliche Wahrnehmung

«Außersinnliche Wahrnehmung» ist ein Oberbegriff für viele verschiedene Fähigkeiten. Die meisten sind auf der mentalen Ebene angesiedelt. Die bekannteste dieser Fähigkeiten ist das Gedankenlesen.

Diese Technik ist ziemlich einfach, obwohl es auch hier zwei unterschiedliche Methoden und Prinzipien gibt. Die erste Methode wird in metaphysischen Zirkeln gelehrt; sie besteht darin, daß man um den Kopf eines Menschen herum und darüber dessen Gedankenbilder erkennt. Der Gedankenleser sieht die Gedanken als Bilder. In Wirklichkeit haben Gedanken die Form von Schwingungsimpulsen, die dem mentalen Bewußtseinsbereich der betreffenden Person entsprechen. Der Gedankenleser übersetzt diese Schwingungen im Geist lediglich in Bilder.

Die fortgeschrittenere Methode arbeitet mit dem Seelenbewußtsein. Dann brauchen wir nicht auf den Kopf eines Menschen zu schauen, um seine Gedanken zu erkennen. Was wir wissen möchten, das *wissen* wir einfach, selbst wenn die Person Tausende von Kilometern entfernt ist. Auch in ihren Prinzipien unterscheidet sich diese Methode von der ersten. Man nimmt Rücksicht darauf, daß jeder Mensch ein Recht auf seine ungestörte Privatsphäre hat, und dringt nicht ohne seine Erlaubnis in sein Leben ein. Es gibt nicht viele metaphysische Lehren, die ihren Schülern Respekt vor anderen Seelen beibringen.

Sicherlich hat schon jeder erlebt, daß das Telefon klingelte und jemand am Apparat war, an den man gerade gedacht hatte. Auf dem Weg der Gedankenübertragung erfahren wir häufig, daß jemand an uns denkt oder uns vielleicht sogar braucht.

Wenn du dich nicht aktiv mit diesen Phänomenen befaßt, wird es dich vielleicht ein wenig erschrecken, daß jemand deine Gedanken lesen kann und weiß, mit was für Fragen du dich gerade beschäftigst. Wenn jemand so etwas kann, spricht es sich rasch herum, und bald bestürmen ihn viele neugierige Menschen und bitten ihn um Rat. Das ist etwas, was ich nicht verstehe. Wenn jemand Gedanken lesen kann, bedeutet das doch nicht unbedingt, daß er das, was er gelesen hat, auch versteht und dem anderen gute Ratschläge im Hinblick auf sein Leben oder auf spirituelle Fragen geben kann! Das ist eine voreilige Schlußfolgerung.

Ein weiteres Gebiet der sogenannten außersinnlichen Wahrnehmung ist der Blick in die Zukunft. Es gibt ein paar bekannte Hellseher, die ihren Lebensunterhalt damit verdienen, vorauszusagen, was berühmten Persönlichkeiten oder der Welt im allgemeinen widerfahren wird. Ihr Erfolg ist bestenfalls begrenzt, denn in Wirklichkeit gibt es keine Vorherbestimmung.

Das einzige, worauf wir Einfluß haben, ist der Augenblick, das *Jetzt*. Die Zukunft ist noch nicht da. Wir können natürlich Formen schaffen, die sich auf künftige Ereignisse in unserem Leben auswirken werden, beispielsweise mit Hilfe der kreativen Vorstellung. Aber damit sehen wir die Zukunft nicht voraus, sondern wir beeinflussen sie. Man braucht keine spirituellen Fähigkeiten zu besitzen, um die Muster analysieren zu können, nach denen das Leben eines Menschen oder das Weltgeschehen abläuft, und dann vorauszusagen, wie die Zukunft wahrscheinlich aussehen wird. Ganz sicher liegt man niemals falsch, wenn man voraussagt, daß ein alter Mensch irgendwann sterben oder daß demnächst ein Brief vom Finanzamt kommen wird!

Auf einer höheren Ebene gibt es in den Niedrigeren Welten

eine Struktur und einen zeitlichen Rahmen, der anzeigt, was für Ereignisse im menschlichen Bewußtsein und in den materiellen Welten höchstwahrscheinlich stattfinden werden. Doch diese umfassende Sicht hat man nur von einem sehr losgelösten, distanzierten Standpunkt aus, und sie erfordert große Einsicht, nicht nur in die niedrigeren Körper und die spirituellen Umstände der Seele, sondern auch in die mechanischen Gesetze, denen die materiellen Welten unterliegen. Ein Meister ist sich dieser Bedingungen bewußt und kann daher wahrscheinliche Ereignisse voraussehen; aber Er weiß auch, daß die Zukunft noch nicht da ist und daß Ereignisse, die wahrscheinlich sind, nicht unbedingt eintreten *müssen*. Es kann sich immer noch etwas ändern. Die Seele kann selbst entscheiden, worauf Sie sich einläßt.

Manchmal glaubt jemand, daß er in die Zukunft sehen kann, weil er ein bestimmtes Ereignis im Traum vorhergesehen hat und es dann tatsächlich eingetreten ist. Das kann jedoch in Wirklichkeit eine Schlußfolgerung gewesen sein, zu der er aufgrund bestimmter Muster gelangt ist, und im Traum sind diese Ahnungen an die Oberfläche gestiegen.

Ich träumte einmal, in einem dichten Wald zu sein. Dort sah ich einen Mann, den ich als Vertreter immer besuchte. Wir hatten zwar eine freundliche Beziehung, aber keinen sonderlich engen Kontakt zueinander. Im Traum schien er betrunken oder krank zu sein, und ich erkannte in seiner Aura eine dunkle, trübe Fläche in der Gegend seines Hinterkopfes. An der anderen Seite des Weges sah ich noch ein Bild von ihm. Das war sein mentaler Körper, der mir erklärte, sein «Bruder» fühle sich nicht wohl und werde nicht mehr lange leben. Er sagte, er sei froh, daß *er* das nicht durchmachen müsse. Ein paar Tage später traf mein Chef diesen Mann auf der Straße und erfuhr, daß er vor ein paar Tagen beim Arzt gewesen sei. Der Arzt habe einen Gehirntumor festgestellt. Innerhalb von ein paar Wochen war der Mann tot.

Ich war diesem Mann in einem anderen Bewußtseinsbereich begegnet und hatte erkannt, was mit ihm los war. Er wußte, daß er krank war, und man sah es auch an seiner Aura. Als ich nach jenem Traum erwachte, fragte ich mich, ob wohl etwas Wahres daran sei, und wenn ja, was wohl mit dem Mann passieren würde. Hatte ich tatsächlich die Zukunft vorausgesehen? Nein, ich hatte nur die gegenwärtigen Auswirkungen seines Zustandes beobachtet und ein wahrscheinliches Resultat vorhergesehen. Es gibt aber auch noch andere Erklärungen dafür.

Wenn wir uns ständig stark auf einen Gedanken konzentrieren, wird er in unserem Leben Gestalt annehmen. Häufig wird er im Traum auftauchen; manchmal manifestiert er sich aber auch in der physischen Welt. Es stimmt, daß wir etwas, wovor wir Angst haben, durch unsere Angst herbeiführen können. Wenn wir uns vor etwas fürchten, tragen wir es in unsere Träume hinein, und von dort gelangt es auf die materielle Ebene. Auch hier schlägt man am besten den Mittelweg ein – sich nur wenig zu wünschen und vor nichts Angst zu haben.

Die Fähigkeit, an zwei Orten gleichzeitig zu sein

Von der Fähigkeit, zumindest scheinbar an zwei Orten zugleich zu sein, wird nicht so viel Aufhebens gemacht, weil so wenige Menschen dazu in der Lage sind. Man kann ein Bild seines physischen Ichs erschaffen und an einem anderen Ort erscheinen lassen. Jemand, der auf dieses Bild zugeht, merkt nicht, daß es nur eine Attrappe ist, da es die gleiche Substanz hat wie der physische Körper. Ein Teil des inneren Bewußtseins steuert diesen Körper und läßt ihn mit anderen Menschen kommunizieren. Das ist ein ziemlich komplizierter Vorgang, der einen hohen Grad an Meisterschaft erfordert.

Häufiger ist die Fähigkeit, jemandem in seinem spirituellen Körper zu erscheinen. Das kann der astrale oder der mentale Körper sein. Auch er sieht wie der physische Körper aus, ist aber wahrscheinlich von einem schimmernden, glitzernden Nebel umgeben. Es erfordert allerdings, daß der andere sensibel genug ist, den Erschienenen auch in seinem astralen oder mentalen Bewußtsein zu spüren und sich seiner bewußt zu sein. Beide Methoden werden von Meistern auf dieser Ebene benutzt, um mit all den Menschen zu arbeiten, die unter ihrer Obhut stehen.

Es ist auch durchaus möglich, sich unsichtbar zu machen, so daß man für die physischen Sinne der anderen Menschen nicht mehr erkennbar ist. Dazu muß man die Schwingungsbereiche in sich mit dem primären Schwingungsbereich eines anderen Menschen oder einer Gruppe von Menschen in Einklang bringen. Wenn wir das tun, nehmen diese Menschen uns nicht mehr als gesonderte Gestalt wahr, weil wir ihrer Schwingungsfrequenz so genau entsprechen. Auch diese Methode wird von Meistern, die hier arbeiten, häufig eingesetzt; erlernen kann sie aber jeder.

Aus Zeichen lesen

Vergangenheit und Zukunft oder der Charakter eines Menschen können aus Tarotkarten, aus Handlinien, den Gesichtszügen, aus dem Tee- oder Kaffeesatz, bestimmten Wetterphänomenen oder der Handschrift gelesen werden. Es gibt noch viele weitere Möglichkeiten. Solche Informationen stimmen häufig, wenn die Leser in der Lage sind, mit dem Bewußtsein ihres Gegenübers in Kontakt zu treten; und in diesem Bewußtsein sind seine Vergangenheit und auch die zukünftigen Ereignisse gespeichert, mit denen er rechnet. Die Karten, Teeblätter oder Handlinien sind nur ein mentales Hilfsmittel, um an diese Informationen zu gelangen. Man kann aber auch die Fähigkeit entwickeln, all das direkt zu *wissen,* so daß man keinen Vermittler mehr braucht.

Ausblick

Vielleicht hat jemand den Eindruck, daß ich diese Themen nicht ernst genug nehme. Doch ich kritisiere hier nicht die

Wissensgebiete an sich; meine etwas scharfen Bemerkungen richten sich nur gegen jene, die dieses Wissen dazu einsetzen, andere zu übervorteilen oder auszunutzen. Viele Menschen sind fasziniert von den Geheimnissen des Metaphysischen; und das zieht viele Scharlatane an, die nicht viel davon verstehen, aber so tun, als könnten sie die natürliche Neugier dieser Leute befriedigen – natürlich gegen Bezahlung. Das ist zwar auch eine Erfahrung für alle Beteiligten; doch ich möchte in diesem Buch einen kürzeren, direkteren Weg zeigen und meinen Lesern vielleicht bei der Entscheidung helfen, welche Richtung sie einschlagen sollen.

Keines dieser Wissensgebiete ist neu; die meisten werden schon seit Zehntausenden von Jahren praktiziert – und sie sind nur ein kleiner Teil der vielen Fähigkeiten, die wir uns in den Niedrigeren Welten aneignen können. Es sind Stufen, die zu größerer Erkenntnis führen, obwohl sie in ihrer Wirkung begrenzt sind. Sie allein können dich noch nicht in den Zustand des Seelenbewußtseins versetzen, geschweige denn des GOTTESbewußtseins; aber du kannst durch sie einen neuen Aspekt der spirituellen Wahrheit kennenlernen. Sie sind ein Teil des normalen Entwicklungsprozesses der Seele, die die Geheimnisse GOTTES entdeckt. Es schadet nichts, sich mit metaphysischen Praktiken zu befassen. Jeder entscheidet selbst, welche Ziele er erreichen und welchen Gebieten er seine Aufmerksamkeit zuwenden möchte.

Die meisten Diskussionen über New-Age-Themen kreisen um die Frage, wie man sich seines höheren Selbst bewußter werden und mit Hilfe welcher Methoden man sein Leben verbessern kann. Und sicherlich können wir unser Leben durch den sinnvollen Einsatz einiger dieser Methoden tatsächlich verbessern.

Ich finde es allerdings merkwürdig, daß ausgerechnet einige der prominenteren Vertreter der New-Age-Bewegung ihr eigenes Leben ganz beträchtlich verbessern, indem sie eine Menge Geld für Bücher und Vorträge verlangen, die weniger enthalten als das, was ich hier in ein paar Worten angesprochen habe. Wir sind es uns schuldig, uns stets zu fragen, wohin uns jedes unserer Interessengebiete letzten Endes bringen wird – und ob das wirklich unserem Ziel entspricht.

Doch Metaphysik beiseite – in einem tieferen Sinne befinden wir uns in einem Neuen Zeitalter. Der Orden der Meister wußte schon seit langem, daß es irgendwann in diesem Jahrhundert wahrscheinlich notwendig werden würde, mehr Menschen über das wahre Ziel der Seele hier auf der Erde aufzuklären.

In früheren Zeiten genügte es, dieses geheime Wissen immer jeweils nur den wenigen zu offenbaren, die dafür bereit waren. Die Wirkung der Lehrtätigkeit der Meister über die Jahrtausende zeigt sich uns daran, daß heute eine viel größere Zahl von Seelen nach den höheren Wahrheiten strebt und aufnahmebereiter für sie ist. Und trotzdem spüren die allermeisten Menschen immer noch nicht das geringste Verlangen, diese Wahrheiten zu entdecken.

Die Tatsache, daß die Bevölkerung auf diesem Planeten rapide zunimmt, es also immer mehr Körper gibt, die die Seele bewohnen kann, kommt den Bedürfnissen der vielen Seelen entgegen, die sich weiterentwickeln möchten. Auf der Erde kann man sein Karma rascher abtragen als auf allen anderen Ebenen. Doch durch die vielen Körper, die zur Verfügung stehen, gibt es hier auch genügend Seelen, die noch viele, viele menschliche Leben durchlaufen müssen, bevor Sie Ihr wahres Ich erkennen werden. Der Mensch hat auf materiellem Gebiet einen Kenntnisstand erreicht, der fast schon ans Verantwortungslose grenzt. Er verfügt inzwischen über genug Wissen, um diesen Planeten zu zerstören, besitzt aber nicht die nötige Einsicht, um diese Zerstörung zu verhindern.

Deshalb ist es notwendig geworden, dieses höhere Wissen an die Öffentlichkeit zu bringen. Es begann in den zwanziger Jahren in Europa und verbreitete sich dann allmählich auch in den USA. Man glaubt allgemein, daß dieses höhere Wissen in China, Tibet und manchen Teilen Indiens schon vor Jahrhunderten der Öffentlichkeit zugänglich war; doch nur die wenigen, mit denen die Meister zusammenarbeiteten, verstanden es wirklich. Das Gedankengut und die spirituellen Praktiken des Ostens haben sich in all der Zeit nicht wesentlich verändert und sind in ihrem Bewußtseinsstand ziemlich begrenzt.

Erst Anfang bis Mitte der sechziger Jahre wurden die Lehren in Buchform veröffentlicht und damit einer großen Leserschaft zugänglich gemacht. Seitdem haben sie enorm viele Anhänger gefunden. Der *Eine,* der zum primären Kanal für den GEIST erwählt wurde, hat sich offen zu erkennen gegeben. Hinter der Szene arbeiten die Meister mit vielen auf den inneren Ebenen und auch in der äußeren Welt. Doch es bleibt stets der einzelnen Seele überlassen, ob Sie die Informationen auch annimmt und mit Ihren Erfahrungen kombiniert, um zur Erkenntnis zu gelangen.

Die Millionen von Seelen, die diesen Planeten bevölkern, haben die Wahl; gemeinsam werden Sie Ihre kollektive Zukunft gestalten. Jede Seele wird über Ihre eigene Zukunft und damit gleichzeitig auch über die des großen Ganzen entscheiden. Die Meister, die hier arbeiten, tragen lediglich dazu bei, die Ordnung dieser Welt aufrechtzuerhalten. Alles andere bleibt den Menschen überlassen, die sich durch das Leben auf diesem Planeten hindurchkämpfen.

All das gehört zum Spiel des Lebens. Ganz gleichgültig, was dabei herauskommt – die Seele wird auf jeden Fall überleben und weiter auf dem spirituellen Weg fortschreiten. Kurzfristig betrachtet ist die eine Richtung vielleicht besser als die andere; doch in den großen Zusammenhängen spielen die einzelnen Richtungen keine so große Rolle, wie manche gern glauben wollen. Man sollte sich lieber darum kümmern, sich selbst als Seele kennenzulernen, statt die Welt retten zu wollen. Würden viele das tun, könnte eine so hohe Stufe spiritueller Entwicklung erreicht werden, daß die gemeinsame Verantwortung, die die Menschen für ihre Handlungen tragen würden, diese Welt tatsächlich retten könnte.

Dies ist das Neue Zeitalter des größeren Verständnisses, eine Zeit, wie es sie auf unserem Planeten noch nie gegeben hat. Das Wissen, auf das es ankommt, ist jetzt in viel größerem Umfang und viel leichter zugänglich als je zuvor – mehr als auf jeder anderen Ebene der Niedrigeren Welten. Und das erhöhte Interesse an metaphysischen Dingen kann für viele Menschen ein Katalysator sein, der ihnen dabei hilft, den nächsten Schritt auf ihrer inneren Reise zu tun. Jedes dieser Wissensgebiete ist eine Station auf der Reise der Seele.

21

Die Beziehung zwischen Mann und Frau

Man hat von sich selbst meist ein Bild als männliches oder als weibliches Wesen; doch die Seele ist keines von beiden. Die äußere Form des Geschlechts bringt all die Einflüsse mit sich, die bewirken, daß du dich als männlich oder weiblich wahrnimmst. Und was du von dir selbst glaubst, das bleibt so lange wahr, bis du diese Vorstellung durch eine andere ersetzt, von der du ebenso überzeugt oder sogar noch überzeugter bist.

Wir alle haben auf diesem Planeten und in anderen Reichen viele Leben sowohl in männlicher als auch in weiblicher Gestalt verbracht. Im allgemeinen nimmt die Seele immer für mehrere Leben das gleiche Geschlecht an und wechselt dann für die nächsten Leben ins andere Geschlecht über. Dieser Vorgang wiederholt sich so lange, bis Sie zu einem Gleichgewicht Ihrer spirituellen Erfahrungen gefunden hat. In männlicher und weiblicher Gestalt zunächst einem primär positiven und dann einem primär negativen Einfluß unterworfen zu sein, ist eine Herausforderung für die Seele. Jedes Leben bietet Ihr viele Möglichkeiten, zu neuen Einsichten zu gelangen.

Stelle dir nur einmal das komplexe Gefüge aus verschiedensten Faktoren vor, die der Seele in jedem Leben als Herausforderung gegenüberstehen. Da gibt es karmische Verbindungen zu anderen Seelen, mit denen Sie Kontakt haben wird; karmische Verpflichtungen, die Sie für sich erfüllen muß; und hinzu kommt noch die Gesamtsituation, in die Sie hineingeboren wird. Die Tatsache, daß Sie eine männliche oder weibliche emotionale und physische Hülle angenommen hat, macht die Seele häufig blind und läßt Sie glauben, Sie sei nur dieser Körper und nichts anderes. Das Geschlecht ist also eine Herausforderung für Sie, zu entdecken, daß Sie in Wirklichkeit Seele ist.

Die Seele ist weder männlich noch weiblich; Sie besteht aus einem Stoff, der über die materiellen Welten hinausgeht. Ein Teil des Prozesses, mit dessen Hilfe die Seele in den Niedrigeren Welten Erfahrungen sammelt, kommt durch die Gegensätze Positiv und Negativ, Männlich und Weiblich zustande.

Unser Leben ist hauptsächlich in einem dieser beiden Felder verwurzelt, entweder dem positiv/männlichen oder dem negativ/weiblichen. Die Essenz des Männlichen und Weiblichen liegt im emotionalen und im physischen Körper. Doch in den materiellen Welten finden sich überall beide Elemente, männlich und weiblich, und auch wir bestehen aus beiden.

Wenn man einen männlichen Körper besitzt, kann man sich vorstellen, daß er zu siebzig Prozent männlich und zu dreißig Prozent weiblich ist, denn jeder Mensch trägt männliche und weibliche Züge in sich. Den weiblichen Körper kann man sich als zu siebzig Prozent weiblich und dreißig Prozent männlich vorstellen. Das ist zwar eine vereinfachte Darstellung eines sehr komplexen, vielschichtigen Themas, doch es erfüllt an dieser Stelle seinen Zweck.

Wenn die Seele reift, löst Sie sich von dem allzu großen Einfluß der Körper, in denen Sie verankert ist, und lebt als Ihr wahres Ich. Die Seele gehört keinerlei Geschlecht an, und doch kann Sie sowohl vom Positiven als auch vom Negativen beeinflußt werden, solange Sie in einem Körper wohnt. Das Ziel kann man sich so vorstellen, daß man zu fünfzig Prozent männlich und zu fünfzig Prozent weiblich sein, d. h.

die positiven und negativen Aspekte ins Gleichgewicht bringen sollte.

Dieses instinktive Ringen um Gleichgewicht führt dazu, daß Mann und Frau sich zueinander hingezogen fühlen. Der Mann möchte seine siebzig Prozent männlichen Anteil durch die dreißig Prozent Männlichkeit der Frau ausgleichen, und er versucht auch, aufgrund einer fernen Erinnerung seiner Seele, seine dreißig Prozent Weiblichkeit mit den siebzig Prozent der Frau zusammenzubringen. Die Frau tut das gleiche. Die emotionale und geistige Prägung, die wir in unserer Gesellschaft erfahren, unterstützt diese Kombination zwischen Mann und Frau. Wir alle fühlen uns dazu gedrängt, uns mit unserem Gegenteil zu verbinden. Wem das verwirrend erscheint, denke daran, daß es in Wirklichkeit nicht verwirrender ist als alle anderen Aspekte der Beziehung zwischen Mann und Frau. Beziehungen beruhen nicht auf Logik; sie begründen sich auf tief innerliche emotionale und spirituelle Bedürfnisse – Bedürfnisse nach Erfahrungen, die nur sehr wenige Menschen bewußt erkennen. Die Seele sehnt sich nach Wissen und sucht nach den Erfahrungen, die Sie näher an die Quelle bringen. Das emotionale Element, das in uns allen wohnt, wird manchmal als animalischer Instinkt bezeichnet, da es ein sehr ursprünglicher, beschränkter Bewußtseinsbereich ist, der einen machtvollen Einfluß auf unser Leben nimmt.

In Ihrem instinktiven Bemühen, Ihre positiven und negativen Aspekte zum Ausgleich zu bringen, paart die Seele sich mit Ihrem Gegenteil. Letzten Endes wird Sie entdecken, daß Sie dieses Gleichgewicht in sich selbst erreichen kann und keine andere Person braucht, um Vollständigkeit zu erlangen. Andererseits ist die Beziehung zwischen Mann und Frau für die Seele eine wunderbare Gelegenheit, Erfahrungen zu sammeln. Denke einmal darüber nach, wieviel du aus so einer engen Beziehung zu einer anderen Seele schon gelernt hast. Dieselben spirituellen Erfahrungen hättest du auch allein sammeln können; doch wenn man seine physischen und emotionalen Lebensumstände mit jemandem teilt, beschleunigt sich der spirituelle Erkenntnisprozeß.

Das zerstört natürlich die Vorstellung vom «Seelengefährten» oder der «Seelengefährtin». Es gibt auf diesem Planeten keine ganz bestimmte Seele, der wir begegnen und mit der wir uns verbinden müssen, um nicht ein Leben lang unglücklich zu sein. Wir können die positiven und negativen Kräfte in uns ganz allein ins Gleichgewicht bringen. Auch wenn wir viele Menschen, die uns nahestanden, geliebt und von ihnen gelernt haben, müssen wir dieses persönliche Gleichgewicht selbst zustande bringen.

Nicht nur die Schwingungsfrequenz unseres physischen Körpers hängt von seinem Geschlecht ab; auch unser Gefühlskörper besitzt ein geschlechtsspezifisches Muster. Das gleiche gilt für den Verstand, wenn auch in geringerem Maße. Oft wird behauptet, «typisch» männliches und «typisch» weibliches Verhalten sei lediglich ein Produkt unserer Erziehung und Gesellschaft. In gewisser Weise stimmt das auch. Aber es ist eine sehr oberflächliche Sicht der Situation.

Die Seele ist weder weiblich noch männlich, nimmt aber die körperliche Gestalt eines bestimmten Geschlechts und den dazu passenden emotionalen Körper an. Hinzu kommen Erfahrungen aus der Vergangenheit früherer Leben, in denen die Seele in der gleichen Gestalt lebte. Man kann ein kleines Kind zwar so erziehen, daß sein Verhalten seinem Geschlecht widerspricht; doch höchstwahrscheinlich wird es trotzdem die Charakterzüge seiner emotionalen Basis in sich tragen. Wir dürfen uns von unseren Vorstellungen von Männlichkeit und Weiblichkeit nicht blenden lassen. Das Männliche ist eine positive Basis, und das Weibliche ist eine negative Basis. Beide tragen Aspekte derselben Kraft in sich, drücken sie aber auf verschiedene Weise und in anderen Extremen aus. Das eine Geschlecht ist weder besser als das andere, noch ist es größer oder GOTT näher. Beide Aspekte geben der Seele die Möglichkeit, die Erfahrungen zu machen, die Sie braucht, um Vollständigkeit zu erlangen. Geraten diese emotionalen

Elemente in Verwirrung und spürt man noch frühere Elemente in sich, ohne das übergreifende Verständnis für den Erkenntnisprozeß der Seele zu besitzen, kann es vorkommen, daß die Seele sich zu einem Körper hingezogen fühlt, der Ihrem eigenen Geschlecht entspricht. Mit der Zeit wird die emotionale Ebene, auf der diese Seele sich befindet, durch Erfahrung ins Gleichgewicht kommen, ebenso wie es auch bei der traditionellen Paarbildung zwischen Seelen geschieht.

Schließlich wird die Seele den Einfluß Ihrer Körperformen überwinden. Sie wird beides – männlich und weiblich – zugleich sein und doch über diese beiden Geschlechter hinausgehen, indem Sie keines von beiden ist. Sie wird die positiven und negativen Aspekte in all Ihren Erfahrungsbereichen in dieser Welt ins Gleichgewicht bringen.

Viele Menschen fragen sich, ob eine Frau auch Meisterschaft erlangen kann. Die Antwort lautet nein; doch das gilt ebenso für Männer. Es ist die Seele, die alle Kräfte ins Gleichgewicht bringt, sich von Ihren Bindungen löst und zum Meister wird. Solange Sie in den Niedrigeren Welten arbeitet, hat Sie vielleicht noch die körperliche Gestalt, die Sie in Ihrem letzten Leben besaß. In den Höheren Welten gibt es keine Form mehr. Es gibt übrigens Meister, die in Gestalt einer Frau auftreten.

Obwohl Seelen oft aus anderen Gründen zusammenleben als aus emotionaler Zuneigung, ist doch dieses ursprüngliche emotionale Bewußtsein das Band, das die meisten Beziehungen zusammenhält. Die Liebe, die wir in den Niedrigeren Welten üben, stellt größtenteils die Erfüllung eines emotionalen Bedürfnisses dar, verbunden mit einer Übereinkunft, an die verschiedene Bedingungen geknüpft sind: «Ich werde dich lieben, wenn du dies oder jenes für mich tust» oder «Wenn du mich liebtest, würdest du dich nicht so verhalten». Wenn wir das Gefühl haben, daß uns jemand liebt, fühlen wir uns vollständiger und weniger allein. Die Übereinkunft wird nicht immer offen ausgesprochen, wird aber durch die Wertvorstellungen unserer Gesellschaft unterstützt. Ich verurteile das keineswegs. Ich weiß, daß selbst eine Beziehung, die die größte Liebe der Welt zu sein scheint, an ganz subtile Bedingungen und Vorbehalte geknüpft sein kann. Das ist auch ganz richtig so; es ist eine weitere Möglichkeit für uns, die Erfahrungen zu machen, die wir machen müssen.

Mann und Frau müssen ihre Liebe aber nicht unbedingt an Bedingungen knüpfen; sie können ihrem Partner auch uneingeschränkten Respekt entgegenbringen und völligen Freiraum lassen. Sie können den anderen lieben, ganz egal, was geschieht, und ihm die Möglichkeit geben, sich in seinem eigenen Tempo weiterzuentwickeln. Nur ein reifer, selbstbewußter Mensch ist in der Lage, eine solche Liebe zu geben – jemand, der begreift, daß er selbst die gleiche Art Liebe braucht. Um sie empfangen zu können, muß man sie auch geben. Das ist eine höhere Form der Liebe, eine Widerspiegelung der völlig bedingungslosen Liebe der Höheren Welten. Hier auf der Erde bringen wir unsere Ahnung dieser höheren Liebe mit Hilfe unseres emotionalen Ich zum Ausdruck, und das ist eine echte Herausforderung. Höhere Liebe bedeutet Geben, nicht Nehmen. Bedingungslose Liebe erfordert, daß wir die Verantwortung für unsere Handlungen tragen und auch dem anderen die Möglichkeit geben, das zu erleben, was er durchleben muß, um wachsen zu können – und daß wir ihn trotz allem ohne jeden Vorbehalt lieben.

Jeder Mensch hat seine eigene Vorstellung von Liebe. Sie setzt sich zusammen aus der Liebe, die wir in unserem Leben erfahren haben, und der Liebe, die wir uns vielleicht wünschen.

Alle Meister sprechen von der Liebe, und wie wir Ihre Worte auffassen, hängt von unserem Erkenntnisstand ab. Es gibt die emotionale Kraft und den Impuls der Liebe, es gibt die geistige Erkenntnis, was Liebe ist und sein kann; und dann gibt es noch Hunderte von gefühlsmäßigen und mentalen Vorstellungen über Liebe auf dieser Welt. Die Meister wissen, daß Ihre Worte nur im Rahmen der begrenzten menschlichen Vorstellungen verstanden werden. Die Quelle

Ihrer Liebe und Ihr Verständnis von der Liebe sind völlig anders. Die Liebe, auf die Sie Ihre Lehren begründen, ist die höchste Liebe, die es gibt – die Liebe GOTTES.

Diese Liebe kann man nur verstehen, indem man sie selbst erfährt. Trotzdem will ich versuchen sie zu erklären. Wenn man sich in der Gegenwart GOTTES SELBST befindet, hat man zwei überwältigende Erkenntnisse, die über alles hinausgehen, was wir je erlebt haben – Macht und Liebe. Jede Faser unseres Seins ist von der überwältigenden Macht durchdrungen, die vom Herzen der GOTTwelt ausgeht. Gleichzeitig wissen wir, daß dieser Macht ein bedingungsloses Akzeptieren unserer Gegenwart zugrunde liegt: Liebe.

Du weißt, daß du zu IHM gehörst, ein Teil von IHM bist. Du bist Es, und von diesem Augenblick an wirst du dich nie mehr auch nur eine Sekunde weit von IHM entfernen. Du wirst dich klein und erbärmlich fühlen, denn du weißt, daß du nur ein ganz kleiner Teil des Gesamtwerks GOTTES bist; aber für den Sinn, den die Reise der Seele hat, spielst du eine wichtige Rolle. Das ist die Liebe GOTTES – die Erkenntnis, daß du ein Teil von ALLEM bist und daß Es ein Teil von dir ist und daß jede andere Seele ebenso ein Teil von IHM ist.

Wenn wir die Höheren Welten erfahren, wird uns noch eine weitere Erkenntnis zuteil, die der Freiheit. Wenn wir die Illusionen durchbrechen und uns in vollem Bewußtsein in den Welten GOTTES bewegen können, sind wir wahrhaft frei. Diese Erkenntnis der Freiheit wird in allen Aspekten unseres Lebens zum Ausdruck kommen und sich auch auf unsere Beziehungen zu anderen Seelen auswirken.

Sie kann unsere gesamte Vorstellung von den Welten verändern – die Art, wie wir uns selbst, unsere Freunde und alle fremden Menschen sehen, die uns begegnen.

Die Liebe GOTTES ist insofern bedingungslos, als man Es nur annehmen muß, um Es zu erkennen – man braucht nur etwas zu erkennen, was bereits existiert. Auch wir können diese emotionslose Annahme allen Lebens, insbesondere der Seele, empfinden. Man muß die Welt nicht emotional lieben;

es ist sogar besser, nur möglichst wenigen Menschen emotionale Liebe entgegenzubringen, da in einer solchen Liebe stets die Gefahr liegt, uns zu eng an etwas Irdisches zu binden. Es ist besser, diese bedingungslose Liebe, dieses Wohlwollen allen Menschen entgegenzubringen und nur einige wenige Seelen enger in sein Herz zu schließen.

Diese Liebe GOTTES ist der Sinn all dessen, was wir sind und sein können; sie ist der Stoff, der die Welten in eine Wärme des Verständnisses und der Annahme einhüllt, die es sonst nirgends gibt.

Hinter der äußeren und inneren Beziehung zwischen Mann und Frau liegt die Realität, daß zwei Seelen Erfahrungen miteinander austauschen und die Bedürfnisse Ihrer eigenen spirituellen Suche erfüllen. Vielleicht helfen Sie sich gegenseitig, bestimmte Erfahrungen zu machen und Ihre Lektionen zu lernen; es kann aber auch sein, daß Sie sich nach einer gewissen Zeit innerlich voneinander entfernen. Ich bin nicht der Meinung, daß ein Paar nicht ein ganzes Lebenlang zusammenbleiben kann; das können sie sicherlich, wenn sie es möchten. Die Gefühle der Schuld und des Versagthabens, die aufkommen, wenn zwei Menschen beschließen, sich zu trennen, sind ein Produkt unserer Gesellschaft und unserer Emotionen. Im Leben verändert sich ständig etwas. Zwei Menschen können sich gemeinsam verändern und sich gegenseitig bei ihrer inneren Entwicklung unterstützen, oder sie können feststellen, daß sie sich auseinandergelebt haben und ihren Weg besser allein fortsetzen sollten. Zwei Seelen können das Leben gemeinsam erfahren, um spirituelle Freiheit zu erlangen, und nicht nur, um einfach ein Mann und eine Frau zu sein, die mit Familie, Hypotheken und Berufsleben zu kämpfen haben, und darüber schließlich alt werden.

Es wäre klug, auch unsere Kinder als Teil des großen Bildes zu sehen – als Seelen, die diese Welt betreten, um Erfahrungen zu machen. Die täglichen Herausforderungen des Heranwachsens, die ersten Zähne, das Laufenlernen, die ersten Schultage, Freundschaften, das Auto leihen, die Bezahlung des Studiums und die Kosten für die Hochzeit – das sind alles nur Details. Natürlich müssen wir uns mit diesen Dingen Tag für Tag auseinandersetzen. Doch wir sollten uns immer wieder an den höheren Blickwinkel erinnern und stets den Sinn des Ganzen im Auge behalten – den großen Zusammenhang, die Seele.

22

Paul

Der Mann, der all die bereits erwähnten Bücher und Vorträge geschrieben hat, ist Paul Twitchell. Er gehört der langen Linie der Meister an, die die Wahrheit dieser Höheren Lehren in die materielle Welt gebracht haben. Paul erhielt den Auftrag, diese Lehren an die Öffentlichkeit zu bringen; vorher wurden sie immer nur vom Lehrer an einige auserwählte Schüler weitergegeben.

Er schrieb Artikel und begann vor kleinen Gruppen Vorträge zu halten. Bald schrieb Er auch längere Abhandlungen und unterrichtete alle Menschen in den Grundprinzipien der Lehre, die sich mit ihrer Hilfe weiterentwickeln wollten. Er entwickelte außerdem ein System spiritueller Übungen, mit denen man den Prozeß der Bewußtseinsverlagerung beschleunigen kann. All das war keine leichte Aufgabe, und manchmal hatte Er das Gefühl, dieser ungeheuren Verantwortung nicht gewachsen zu sein. Jeder, der sich mit Seinen Lehren befaßte, unterstand Seinem Schutz und Seiner persönlichen Führung. Er kümmerte sich um die Fortschritte Seiner Anhänger und half ihnen in einer Weise, die kaum jemand für möglich halten würde. Obwohl Er GOTTESbewußtsein erlangt hatte, war Er stets demütig und bescheiden, denn Er wußte, daß Er nur ein Diener GOTTES war. Allmählich entwickelte Er die Fähigkeit, diese schwere Verantwortung und die physischen Anforderungen, die das Leben an Ihn stellte, miteinander ins Gleichgewicht zu bringen, und es entstand eine neue äußere Lehre.

Paul ist der Begründer der Lehre, die auch heute noch existiert; doch als ich an jenem Nachmittag in meinem Auto zum erstenmal Sein Buch las, hatte Er Seinen physischen Körper schon seit fünf Jahren verlassen. Er war der Meister, der hin und wieder mit mir gearbeitet hatte, als ich noch ein Kind war. Ich erkannte Ihn am Rhythmus Seiner Sprache wieder, als ich Sein Buch las, und Er unterstützte mich auch hinterher weiter, als ich Seine Lehren nicht mehr aktiv verfolgte.

Bevor ich der äußeren Gruppe beitrat, die Er begründet hatte, kannte ich schon alle Seine Bücher. Es gab einen kleinen Versammlungsraum, in dem sich immer einige Mitglieder der Gruppe trafen. Es waren Menschen wie du und ich; sie gingen normalen Berufen mit zum Teil recht hohem Niveau nach. Sie trugen keine Gewänder und rasierten sich nicht die Köpfe, es sei denn, sie stammten aus einem Kulturkreis, bei dem diese Kleidung und Haartracht üblich war. Du hast vielleicht schon ein halbes Dutzend solcher Menschen getroffen und es nicht einmal gemerkt. Man kann sie nicht erkennen – ebensowenig, wie man einen Katholiken anhand seines Aussehens von einem Protestanten unterscheiden kann.

Der Versammlungsraum war einfach eingerichtet: ein Schreibtisch, ein Regal mit Büchern, ein paar Stühle und ein Sofa in der Ecke. Es wurde nicht viel Geld gebraucht, um die Organisation aufrechtzuerhalten. Diese Gruppe hat keine Priester und keine Tempel, und ihre Mitglieder treten auch nicht im Fernsehen auf. Sie will ihre Informationen lediglich allen Menschen zur Verfügung stellen, die daran interessiert sind. Es gibt Seminare und Kassetten; und es existiert zwar auch eine äußere Organisation, doch jeder hat die Freiheit, sich in seinem eigenen Tempo zu entwickeln. Viele Menschen studieren die Lehren für sich allein und treffen sich nur selten mit anderen Angehörigen der Gruppe. Die äußere Organisation stellt nur die Informationen zur Verfügung, während der Meister auf den inneren Ebenen mit der Seele zusammenarbeitet, damit Sie diese Informationen mit Ihrer spirituellen Erfahrung kombinieren kann.

Eines Donnerstagmorgens saß ich im Versammlungsraum, als eine ältere Frau, vielleicht Ende Sechzig, hereinkam. Sie trug einen weiten braunen Rock und eine Bluse mit leuchtendem Blumenmuster und ein smaragdgrünes Barett. Ich war überrascht, als sie eintrat. Man stellte sie mir vor, und als ich ihre Hand ergriff, fuhr ein elektrischer Strom an meinem Arm entlang bis in meinen Nacken hinein. Ich versuchte mir mein Erschrecken nicht anmerken zu lassen, und bat sie, sich zu setzen, obwohl ich eigentlich selbst dringend einen Stuhl benötigte. Nie werde ich das Licht vergessen, das in ihren Augen leuchtete. Ich erfuhr, daß sie zu der Gruppe gehörte, mit der Paul ganz am Anfang gearbeitet hatte. Sie trug ein *Wissen* mit sich, das über das Bewußtsein der meisten Menschen hinausging. Sie war etwas zurückhaltend und nicht mehr sehr aktiv in der äußeren Gruppe, hatte aber weiterhin große spirituelle Fortschritte gemacht.

Zwei Jahre später stürzte meine private Welt in sich zusammen, und ich suchte mir ein möbliertes Zimmer. Jemand nannte mir eine Adresse in einem älteren Stadtteil von Atlanta; und ein Lächeln tiefer Gewißheit glitt über mein Gesicht, als sie die Tür öffnete. Ich mietete mich für mehrere Monate in ihrem kleinen Zimmer ein, und wir saßen viele Abende zusammen und unterhielten uns. Eines Abends öffnete sie einen alten Koffer und holte private Briefe und Manuskripte hervor. Noch ehe ich zu lesen begann, beschlich mich ein vertrautes Gefühl, und es hing auch ein seltsam vertrauter Geruch in der Luft. Es waren Briefe, die Paul ihr geschrieben hatte, und sie besaß auch noch ein paar Kopien Seiner ersten Manuskripte, die später zu Büchern geworden waren. Sie vermißte Ihn schrecklich; seit Er diese Welt verlassen hatte, war ihr Leben nicht mehr das, was es vorher einmal gewesen war.

Paul war ein unglaublicher Mensch. Schon allein Seine physische Energie versetzte die meisten Menschen in Erstaunen. Und Er war auch ein Original. Er lebte Sein physisches Leben voll und ganz und war sich der Realität Seines *Hierseins* stets bewußt. Viele Menschen hatten ein ganz anderes Bild von Ihm, das nicht Seinem wirklichen Wesen entsprach. Er trug meistens bequeme lange Hosen und ein kurzärmeliges, blaßblaues Hemd. Seine äußere Erscheinung war einfach, obwohl Er die Geheimnisse aller Zeitalter in sich trug.

Er hatte einen leichten Südstaatenakzent, denn dort war Er aufgewachsen; aber Er war auf Seiner Suche nach Meisterschaft viele Male um die Welt gereist. Ich weiß nicht nur das von Paul, was andere Menschen mir erzählt haben; ich kenne Ihn so, wie Er jetzt in diesem Augenblick ist. Da ich Ihn einerseits so beschreibe, wie Er in seinem physischen Körper war, andererseits aber auch so, wie Er auf den inneren Ebenen ist, weiß ich nicht, ob ich in der Zeitform der Gegenwart oder der Vergangenheit von Ihm sprechen soll.

Paul ist einer der Höchsten Meister und verströmt eine Liebe, die man in Zeiten der Not als Trost und Kraft empfindet. Diese Liebe stammt aus den GOTTwelten, und Er führt Tausende von Menschen zu einem umfassenderen Verständnis ihres Lebens hin.

Paul war fast immer im Haus dieser Frau gegenwärtig. Meine persönliche Welt, meine Emotionen – alles war erschüttert, denn ich hatte eine Scheidung und tiefgreifende finanzielle Veränderungen hinter mir. Es war kein Zufall gewesen, daß ich ein Zimmer in ihrem Haus fand. Paul erschien ihr oft. Ich hatte damals vor drei Jahren in der einfachen Hütte im Wald mit Ihm gesprochen, doch in meinem inneren Leben war Er häufig als Lehrer aus der Ferne anwesend gewesen. Mein erster innerer Meister in diesem Leben war Ramini gewesen. Er war mir vor Jahren in meinem Wohnzimmer erschienen und hatte den Grundstein für das gelegt, was Paul mir später vermitteln sollte.

Ich hatte immer geglaubt, Paul und meine anderen Lehrer befänden sich außerhalb von mir. Dadurch schloß ich mich von vielen Erfahrungen aus, die ich sonst vielleicht gemacht hätte. Ich dachte, andere Menschen hätten bessere innere Erkenntnisse und Begegnungen mit dem Meister als ich. Ich weiß noch, daß ich damals glaubte, eines Tages würde ich in der Lage sein, eine bestimmte Erkenntnis zu gewinnen oder eine bestimmte Ebene in meinem spirituellen Bewußtsein zu besuchen. Damals lag für mich alles außerhalb meiner selbst, nicht im *Hier und Jetzt.*

Das ist eine unserer hartnäckigsten Illusionen. Solange wir das Gefühl haben, daß etwas jenseits von uns ist, wird es das auch sein – gleichgültig, ob es sich um ein materielles Ziel in dieser Welt oder um eine spirituelle Erfahrung handelt. Alles, was wir wissen, liegt in uns, und auch alles, was wir sein können, und alle Ebenen der unermeßlichen Welten GOTTES liegen in unserem Inneren, *jetzt und hier.* Wir brauchen nur *jetzt* in diesem Augenblick *hier* zu sein und aus der Kraft heraus zu *handeln,* die wir bereits besitzen. Das sind zwar bloße Worte, doch wenn du sie verwirklichst, kann das dein Leben für immer verändern.

Wie bei allem, worum wir uns bemühen, gibt uns eine kleine positive Erfahrung schon eine Menge Selbstvertrauen. Wenn wir dieses Selbstvertrauen haben, gehen wir gelassen an unsere Aufgabe heran, und mit einer gelassenen Einstellung können wir trotz einer geringeren Beanspruchung unserer Energie viel mehr erreichen. Das gilt für alle spirituellen Studien, und alle Menschen werden es mit der Zeit entdekken. Für dich ist der Zeitpunkt vielleicht jetzt schon gekommen. Bist du bereit? Der Meister erscheint manchmal ganz plötzlich und fordert dich auf, dich mit Ihm gemeinsam zu einer neuen Erfahrung zu begeben. Der richtige Zeitpunkt ist *jetzt,* nicht irgendwann in der Zukunft. Die Zukunft ist noch nicht da; wir haben nur das *Jetzt.*

Ein paar Monate später zog ich wieder aus dem kleinen Zimmer aus, und in den nächsten drei Jahren erlebte ich viele Veränderungen. Ich hatte das Gefühl, ständig am Rande einer tieferen Erkenntnis dessen zu schweben, was ich gerade durchmachte – aber eben nur am Rand. Ich hatte mein Zuhause, meine Ehe und den engen Kontakt zu meinen Töchtern verloren, war aber immer noch für ihre Bedürfnisse verantwortlich. Es gab Zeiten, in denen ich nicht einmal genug Geld hatte, um mir ein Zimmer zu mieten. Dann schlief ich auf dem Rücksitz meines alten Autos. Und obwohl ich zwei Berufen gleichzeitig nachging, mußte ich auch noch regelmäßig Blut spenden, um mein Leben fristen zu können – so groß waren meine finanziellen Verpflichtungen. Es gab Augenblicke, in denen ich ernstlich daran dachte, mich nach Südamerika abzusetzen; aber ich hatte nicht genug Geld, um mich dort durchbringen zu können. Und natürlich konnte ich meine Töchter auch nicht im Stich lassen.

Schließlich wurde mir klar, daß ich etwas über meine Verhaftungen lernen mußte – daß ich mich um meiner inneren Sicherheit willen an bestimmten materiellen Vorstellungen festhielt. Diese Vorstellungen mußten mir erst einmal entrissen werden, ehe ich in der Lage sein würde, mich nur auf mich selbst, meine eigenen Fähigkeiten als Seele zu verlassen. Ich mußte meine Emotionen glätten und ins Gleichgewicht bringen, obwohl ich das Gefühl hatte, daß von allen Seiten an mir gezerrt wurde. Ich mußte loslassen, woran ich mich klammerte: meine Abhängigkeit von allem, was außerhalb von mir lag. Nun hatte ich nur noch mich, und selbst wenn es hin und wieder vielleicht andere Menschen gab, die mich retten und lieben und sich um mich kümmern wollten, konnten sie mir nicht das geben, was mir innerlich fehlte. Ich konnte nicht glauben, daß ich selbst genug war – daß ich die Kraft hatte, meine Welt selbst zu verändern. Es war die schwierigste Aufgabe, der ich je gegenübergestanden hatte.

Du glaubst vielleicht, daß du nicht an materiellen Gütern hängst – und möglicherweise stimmt das auch. Schließlich ist es nicht schwer zu begreifen, daß nicht ein Gegenstand an sich gut oder schlecht ist, sondern nur der Wert, den wir ihm beimessen, und das Ausmaß, in dem wir an ihm hängen. Die meisten von uns würden zugeben, daß sie auch ohne den größten Teil ihrer Besitztümer leben könnten, wenn sie müßten. Wir wissen, daß materielle Dinge uns weder reich noch wirklich glücklich machen. Aber wissen wir das auch von den emotionalen und geistigen Strukturen, in denen wir uns geborgen fühlen, den sicheren und vertrauten Welten, die wir um uns herum errichtet haben?

Unsere subtilsten Bindungen sind unsere Vorstellungen von der Welt, in der wir leben und von der wir abhängig sind. Unser Zuhause, unsere Freunde, unsere Arbeit und unsere Familien. Oft betrachten wir diese Dinge als Verlängerungen unserer selbst, und wenn sie sich verändern, haben wir das Gefühl, daß unsere sichere Welt bedroht ist.

Wenn wir stärker in das Wissen, wer wir wirklich sind, hineinwachsen, beginnen auch die negativen Kräfte uns stärker herauszufordern. Wer nach der Wahrheit sucht, lebt nicht selten in einer Welt des Aufruhrs und ständiger Veränderungen. Dann muß man Trost suchen, wo man kann; und letzten Endes stellt man fest, daß es keinen Ort und keinen Menschen gibt, der einem Trost geben kann. Man ist allein. Der einzige Trost, den es gibt, kommt aus uns selbst.

Ich habe festgestellt, daß die tiefgreifendsten Veränderungen sich ganz langsam und fast unmerklich anbahnen und uns dann plötzlich überwältigen, wenn wir am wenigsten darauf vorbereitet sind. Erst wenn wir der Herausforderung einer Veränderung gegenüberstehen, wird uns bewußt, wie sehr wir mit den Formen verwachsen sind, die wir uns geschaffen haben. Unser Verstand und unsere Emotionen arbeiten sehr unterschiedlich, haben aber eines gemeinsam: Sie schaffen Muster oder eingefahrene Verhaltensweisen, von denen sie sich dann nicht mehr gern lösen. So viele unserer Entscheidungen und Empfindungen basieren auf früheren Reaktionen auf ähnliche Situationen; und diesen Reaktionen liegt selten Wissen zugrunde, sondern meistens Angst oder Unsicherheit. In jener schwierigen Zeit kamen zu allem Überfluß auch noch die schlimmsten Züge meines vorherigen Lebens an die Oberfläche. Diese Probleme waren noch ungelöst, und immer, wenn ich unter Streß stand, fiel ich in die Denkweise jenes Lebens und in mein damaliges Verhalten zurück, und manchmal sprach ich sogar mit dem Akzent, den ich damals gehabt hatte. Die Bindungen jenes Lebens zogen sich bis in mein jetziges hinein, und das hatte ich zu überwinden.

Haben wir uns sowieso eine Änderung gewünscht, fällt es uns nicht besonders schwer, uns an die neue Umgebung anzupassen, die diese Veränderung mit sich bringt. Doch wenn wir uns zu einem Wechsel gezwungen fühlen, leisten wir ihm normalerweise Widerstand. Wir fühlen uns bedroht und manipuliert. Wir sehen nicht, daß die meisten Ereignisse in unserem Leben ein direktes Resultat irgendeiner unserer Handlungen sind. Hier haben wir zu lernen, daß wir für unsere Handlungen und ihre Konsequenzen selbst verantwortlich sind. Manche Veränderungen sind auch auf Handlungen anderer Menschen zurückzuführen. Das sollte uns klarmachen, daß wir nur über uns selbst Kontrolle haben. Was wir zu lernen haben, ist, uns an die ständige Abfolge von Ereignissen und den ständigen Wandel in dieser Welt anzupassen.

Aber Anpassung an Veränderungen ist mit sehr gemischten Gefühlen verbunden. Manche Änderung ist uns willkommen; doch viel häufiger beklagen wir uns: «Das ist nicht fair», «Womit habe ich das nur verdient?» oder «Die anderen haben mir das angetan.»

Ich bezweifle zwar, daß meine Worte irgend jemandem etwas leichter machen werden; trotzdem möchte ich darauf hinweisen, daß jeder Konflikt uns eine Chance bietet, zu wachsen, Erfahrungen zu sammeln und Einsichten zu gewinnen. Die Ursache einer Veränderung liegt vielleicht teilweise in unserem Karma – in früheren Handlungen, für die wir verantwortlich sind – oder aber darin, daß wir die negative Kraft angezogen haben.

Ich betone den negativen Aspekt nicht gern; doch wir sollten wissen, daß er uns etwas lehren will. Die negative Kraft hat die Aufgabe bekommen, unseren positiven Handlungen zu begegnen. Durch die Kollision dieser beiden Kräfte entstehen unweigerlich Konflikte. Wir können wachsen, indem wir die Herausforderungen annehmen und überwinden. Doch das wird erst einmal großen inneren Aufruhr und viel Verwirrung geben, bis wir die Kontrolle wiedererlangt haben.

Wir können Wandel und Veränderung nicht entgehen; der Konflikt zwischen uns und der negativen Kraft ist unvermeidbar. Wenn wir uns entscheiden, passiv zu bleiben und allen Hindernissen nachzugeben, werden wir letzten Endes unglücklich und unzufrieden sein – und mit unserem Bemühen, diesen Zustand zu ändern, setzen wir den Prozeß der Veränderung wieder in Gang. Viele glauben, sich mit weniger zufriedengeben zu können, als sie sich wünschen oder verdient haben; doch irgendwann einmal wird jeder Mensch die Hände nach dem ausstrecken, was ihm seiner Ansicht nach zusteht. Wir alle streben danach, unser Leben unter Kontrolle zu haben und den Frieden zu erlangen, den Leistung und Wissen mit sich bringen.

Ich kann nicht von mir sagen, daß ich jeder Herausforderung mit Selbstbewußtsein begegnet bin. Oft wußte ich nicht, wo das alles enden würde und warum. Ich hatte das Gefühl, in viele verschiedene Richtungen gleichzeitig gezogen zu werden. Ich glaube, am schwersten ist es manchmal, mitansehen zu müssen, wie die Menschen, die man liebt, im Kreuzfeuer einer solchen Zeit verletzt und gekränkt werden. Aber ich mußte weitermachen und einen Weg finden, mich langsam durch all diese Situationen hindurchzukämpfen. Manchmal bestand ich die Prüfung gut, manchmal weniger glanzvoll, und ich muß zugeben, daß ich mich mehr als einmal zum Narren gemacht habe.

In jener Zeit brach ich das Gesetz des Schweigens. Ramini hatte mir vor vielen Jahren von diesem Gesetz erzählt, aber damals dachte ich nicht mehr an Seine Lehren.

Eines Abends beging ich den Fehler, mich mit meinen früheren Erkundungsreisen auf den inneren Ebenen zu brüsten. Alle, die mit mir am Tisch saßen, warfen mir seltsame Blicke zu. Sie hatten keine Ahnung, wovon ich sprach, und müssen mich wohl für verrückt gehalten haben. Mein Vortrag war völlig überflüssig; ich redete nur, um mich wichtig zu machen.

Der GEIST reagierte rasch und angemessen auf den Bruch dieses spirituellen Gesetzes. In jener Nacht hatte ich Alpträume und bekam einen meiner berühmten «Fieberanfälle mit unbekannter Ursache», wie die Ärzte sie nannten. Fast eine Woche lang hatte ich hohes Fieber, und zwar hauptsächlich deshalb, weil meine Schwingungsfrequenz so tief gesunken war, daß meine Körper der Niedrigeren Welten aus dem Gleichgewicht geraten waren. Meine sonst schnellere Schwingung hatte sich verringert, da ich Aspekte der inneren Lehren preisgegeben hatte.

Das Gesetz des Schweigens besagt, daß man die inneren Lehren seines Meisters geheimhalten muß – und jedes Wort und jede Handlung des Meisters ist eine Lehre. Der Grund für dieses Gesetz liegt darin, daß die Unterweisung nur für dich allein bestimmt ist und nicht für die übrige Welt. Oft gibt der Meister ein spirituell aufgeladenes Wort, oder Er drückt eine höhere Erkenntnis in einem Satz oder einem Bild aus. Enthüllt man so etwas jemandem anderen – ganz gleich, wie fortgeschritten er sein mag –, ist das ein Gesetzesbruch. Es kann passieren, daß dir dadurch die Energie und die Wirkung der Unterweisung verlorengeht.

Spricht man zu anderen über sein geheimes Wort, kann das außerdem leicht zu Neid und Mißverständnissen führen. Eventuell wird man in ihre Probleme und sogar in ihr Karma verwickelt. Denn die Person, der man so etwas weitererzählt, ist vielleicht noch gar nicht in der Lage, diese Information zu verarbeiten. Es kann ihr emotionales und geistiges Gleichgewicht erschüttern.

Über ein bekanntes oder in schriftlicher Form vorliegendes Werk eines Meisters darf man sprechen, da der Meister diese Informationen schließlich dazu bestimmt hat, daß sie an eine breite Öffentlichkeit gelangen. Doch die Begegnungen unter vier Augen mit dem Meister – ob sie nun in der inneren oder äußeren Realität stattfinden – sind ganz persönliche Belehrungen und nur für einen selbst bestimmt.

Für mich wurden bestimmte Schwingungsanpassungen vorgenommen und andere Vorkehrungen getroffen, damit ich die Essenz meiner Erfahrungen in diesem Buch mitteilen konnte. Dazu gehört, daß ich die volle Verantwortung für diese Informationen übernehmen muß, selbst wenn sie einem weiten Leserkreis zugänglich werden. Vor vielen Jahren gaben die Meister mir die Anweisung, einige ausgewählte Lehren, die Sie mir übermittelt hatten, aufzuschreiben, damit ich eines Tages in der Lage sein würde, sie weiterzugeben. Die genaueren Pläne kannte ich damals allerdings noch nicht.

Ganze drei Jahre vergingen, und ich traf mich nur selten mit den Mitgliedern der organisierten Gruppe. In dieser Zeit schrie ich manchmal verzweifelt nach Führung. Ich betete, daß der Meister mir im Traum erscheinen und mir sagen möge, was ich tun sollte. Das Wissen, daß kein anderer Mensch begriff, was ich begriffen hatte, löste ein überwältigendes Gefühl der Einsamkeit in mir aus. In dieser Zeit brach der Meister Sein Schweigen kein einziges Mal. Aber Er war da; und da mich immer noch die Frage quälte, was ich in meinem Leben brauchte, half Er mir, indem Er mich diese Erfahrung selbst machen ließ. Der Meister gab mir das, was ich damals brauchte.

Allmählich gelangte ich zu neuen Wertvorstellungen, die aus der neuen inneren Kraft erwuchsen, die ich nun entwikkelte. Mit der Zeit brachte ich die Emotionen, auf die ich reagiert hatte, ins Gleichgewicht und begann zu empfinden, was ich als Seele empfinden wollte. Bei den neuen Entscheidungen, die ich treffen mußte, fühlte ich mich oft sehr allein. Doch meine Erfahrungen hatten mich weiser gemacht, und ich beschloß weiterzugehen, noch tiefer in die Lehren einzudringen. Ich hatte mich von den meisten meiner Bindungen befreit, und der noch verbleibenden war ich mir wohl bewußt.

Solche Erfahrungen muß nicht unbedingt jeder machen. Sie sind nicht erforderlich; aber sie sind eine Form der Lebenserfahrung, die uns die spirituellen Erkenntnisse vermitteln kann, die wir vielleicht brauchen. Deine Erfahrungen können eine ganz andere Form annehmen; vielleicht wird dir nicht abrupt, sondern ganz allmählich zum Bewußtsein kommen, welche Bindungen dein irdisches Leben bestimmen.

Um in dieser Welt leben zu können, müssen wir natürlich gewisse Bindungen haben. Wir lieben andere Menschen; schon darin liegt eine gewisse Bindung. Paul hat mir einmal gesagt: «Liebe die Menschen, die du lieben mußt, und schenke allen anderen dein Wohlwollen.» Damit spielte er auf die Bindungen an, die die emotionale Liebe mit sich bringen kann. Wir dürfen uns durchaus an ein paar wichtige Menschen und Dinge in diesem Leben gebunden fühlen, solange wir uns über ihren Platz im klaren sind und sie jederzeit aufgeben können, wenn der Zeitpunkt dazu gekommen ist. Das ist nicht leicht.

Von allen Zwängen und Bindungen frei zu sein, jederzeit fortgehen zu können, wenn es notwendig sein sollte, ist eine der tröstlichsten Freiheiten in unserem Leben. Wir können vollkommen frei sein und tun, was wir wollen, denn nur wir und einzig und allein wir entscheiden, was in unserem Leben Platz haben soll und was nicht.

Eines Tages drehte ich mich um und fühlte mich plötzlich anders als sonst – ein wenig stolz, schon so vieles durchgemacht und trotzdem überlebt zu haben. Ich hatte inzwischen genügend Geld aufgetrieben, um mir ein kleines Appartement zu mieten, wenn ich auch keine Möbel besaß. Ich blickte mich in meinem Zimmer um, war stolz auf das, was ich erreicht hatte, und begann zu lachen. Ich wollte ja gar keine Möbel; ich wollte nichts anderes als das, was ich im

Augenblick besaß; ich war mit meinen wenigen Habseligkeiten ganz zufrieden. Ich war zufrieden damit, mich selbst zu haben. Zum erstenmal in meinem Leben fühlte ich mich vollständig.

Meine Kleidung war ein bißchen aus der Mode, in der Küche gab es nur einen Topf, einen Teller und eine Gabel. Außerdem hatte ich noch zwei Kisten voller Bücher und Papiere; und ich war glücklich und zufrieden und lachte vor mich hin. Ich hatte keine Beziehung zu einer Frau und arbeitete meistens auch viel zuviel, um ein geselliges Leben zu führen.

Die Monate vergingen, und ich war weiterhin glücklich. Einmal fand ich auf der Straße eine hübsche Holzkiste, die ich als Tisch benutzte; und irgend jemand spendierte mir einen schönen alten Schreibtisch, an dem ich arbeiten konnte. Wie hätte mein Leben noch schöner sein können? Oft stand ich an der Verandatür, blickte in die Nacht hinaus und lächelte vor mich hin.

Eines Abends hörte ich am anderen Ende des Zimmers jemanden lachen. Es war Paul. Ihm gefiel meine Einrichtung, aber Er schlug vor, noch ein paar Stühle anzuschaffen, damit wir manchmal abends beisammensitzen und uns unterhalten konnten. Im Lauf der nächsten Tage bekam ich tatsächlich zwei Sessel, und zwar aus einer völlig unerwarteten Quelle. Paul sagte immer, mein Appartement erinnere Ihn an viele Zimmer, die Er früher bewohnt hatte – je einfacher es eingerichtet sei, desto besser. Ich fragte Ihn nie, wo er gewesen war und warum Er mir in jener schrecklichen Zeit nicht geholfen hatte. Er *hatte* mir ja geholfen!

Im Lauf des nächsten Jahres traf ich mich fast jede Nacht in den spirituellen Welten mit Paul. Viele Dinge, die ich verstandesmäßig erfaßt zu haben glaubte, wurden nun auf den inneren Ebenen erlebt.

Vielleicht sollte ich an dieser Stelle den Unterschied zwischen der Anwesenheit des physischen und des inneren Meisters erklären. Der Meister, der einen physischen Körper auf diesem Planeten besitzt, ist in der Lage, Seinen inneren Körper an einen anderen inneren Ort zu projizieren. Dort kann Ihn erkennen, wer die Fähigkeit besitzt, mit dem inneren Auge zu *sehen*. Auch in allen anderen Welten GOTTES kann Er in der jeweils angemessenen Form erscheinen. Manchmal wird Er in die physische Welt ein Ebenbild von sich projizieren, das als Sein physischer Körper erscheint und sich auch so anfühlt, obwohl Sein wirklicher Körper sich an einem anderen physischen Ort befindet. Ramini zum Beispiel hat einen physischen Körper und erscheint manchmal in physischer Gestalt, obwohl der größte Teil Seines Wirkens sich auf den inneren Bewußtseinsebenen abspielt.

Ein Meister, der Seinen physischen Körper verlassen hat, arbeitet auf den inneren Ebenen und kann in jeder beliebigen Welt GOTTES weiterwirken. Ein solcher Meister ist sich zwar der physischen Bedingungen unseres Planeten und der Seelen bewußt, mit denen Er zusammenarbeitet; doch wenn du in Seiner Nähe sein willst, mußt du dein Bewußtsein an den Ort verlagern, an dem Er sich aufhält. Dieser Meister erscheint nur selten in der physischen Bewußtseinswelt; denn dann müßte Er seine Schwingungsfrequenz so sehr senken, daß es negative Auswirkungen auf Seine Arbeit haben könnte.

Ich habe in diesem Buch versucht, meine Erfahrungen so zu schildern, wie ich sie wahrgenommen habe; doch meine Worte beruhen auf meinen Gedanken, die materieller Natur sind. In Wirklichkeit haben sich diese Erfahrungen an irgendeinem Punkt innerhalb meines Bewußtseins abgespielt und nicht unbedingt in der physischen Welt. Paul wußte zwar sehr wohl, welche physischen Veränderungen sich in meinem Leben ereigneten; doch wenn ich sage, daß Er mir erschien, stimmt das nicht ganz: Vielmehr verlagerte *ich* mein Bewußtsein an den Ort, an dem Er sich befand. Ich spürte Seine Verbindung mit mir in diesem Augenblick, ähnlich wie eine Stimme, die mich beim Namen rief, und wurde mir sofort Seiner Gegenwart bewußt.

Viele der physischen Erfahrungen, die ich beschrieben

habe, scheinen im Wohnzimmer meines Appartements stattgefunden zu haben. Ich spürte Seinen Ruf, und dann saßen wir oft in unseren Sesseln und unterhielten uns miteinander – obwohl das in Wirklichkeit auf einer anderen Bewußtseinsebene geschah. Zuerst merkte ich gar nichts von dieser Verlagerung, da meine äußere Umgebung sich nicht zu verändern schien. Da alle Ebenen eine Widerspiegelung des jeweils nächsthöheren Bereichs sind, war es nicht schwer für Ihn, diese Gespräche in einer Umgebung stattfinden zu lassen, die mir vertraut war. Ich fühlte mich in Pauls Gegenwart immer leichter und mit einer ungeheuren Energie aufgeladen, und daher fiel mir der kleine Unterschied im äußeren Erscheinungsbild meines Zimmers gar nicht auf. Einmal erklärte Er mir, was geschehen war – aber erst, nachdem ich Ihn gefragt hatte, wie Er mich denn eigentlich besuchen könne.

Wenn die Erfahrung begann, machte mein physischer Körper noch die gleichen Bewegungen wie mein innerer Körper. Nachdem Paul mich dann wieder verlassen hatte, kehrte ich ins physische Bewußtsein meines Körpers zurück und fand mich dann in einem Sessel sitzend, auf der Bettkante oder wo auch immer ich mich gerade aufgehalten hatte, als das Erlebnis endete. Wenn man sich erst einmal daran gewöhnt hat, sein Bewußtsein auf andere Ebenen zu verlagern, fällt einem die veränderte Umgebung überhaupt nicht mehr auf. Im Bewußtsein der Seele findet keine Veränderung statt – sie wird nur von den Sinnesorganen der Niedrigeren Welten empfunden. Wenn ich sage, daß Paul mir erschienen ist, spreche ich aus der Sicht meines damaligen Bewußtseinsstandes.

Er schlug mir vor, das später in meinem Buch zu erklären. Ich war damals ein wenig verblüfft, denn ich hatte ja noch keine Ahnung, daß ich meine Erfahrungen eines Tages niederschreiben würde. Er hat mir dabei geholfen, wie in so vielen anderen Bereichen meines spirituellen Wachstums. Ich darf mich glücklich schätzen, einen solchen Meister gehabt zu haben.

23

Der Krieger

Ich kehrte gerade von einer Reise nach Boston zurück, wo ich einen guten Freund besucht hatte. Meine Gedanken schweiften ab, während ich auf den wogenden Wolkenteppich unter dem Flugzeug starrte, das in einer Höhe von zehntausend Metern über der Erde dahinflog. Plötzlich hörte ich Wasser an meinen Füßen vorbeirauschen und fand mich neben Paul wieder. Wir saßen unter einem alten, verkrüppelten Baum am Ufer eines dunklen Flusses irgendwo in einem Land, das aussah wie Nordindien.

Er begann zu sprechen, und ich blickte Ihn an.

«Wer den spirituellen Weg geht, ist so etwas wie ein Krieger. Wer nach der Wahrheit sucht, hat viele Feinde. Viele wollen ihn vernichten.»

Seine Worte verblüfften mich, und Er muß mir meine Verwirrung wohl angesehen haben.

«Du bist schon hin und wieder in Gefahr gewesen. Erinnerst du dich nicht mehr daran?»

Ich erinnerte mich tatsächlich an mehrere Zwischenfälle aus einer früheren Zeit, als Menschen, die einem verbotenen Glauben anhingen, noch gefährlich lebten. In anderen Existenzen war es auch schon vorgekommen, daß man Magie gegen mich angewandt hatte. Doch obwohl ich auch in diesem Leben schon einige Male in Gefahr gewesen war, hatte ich mich noch nie als Krieger betrachtet.

Paul wartete nicht lange auf meine Antwort.

«Die Seele, die nahe daran ist, GOTT zu finden, hat viele Gegner, die in der negativen Kraft verankert sind und versuchen, Sie von Ihrem Ziel abzuhalten. Denke doch nur daran, wie du allein durch diese Gegenden gereist bist. Du warst offen für alle Erfahrungen, aber dein Ziel bestand darin, in einer unbekannten Welt zu überleben. Der Tiger ist um dich herumgeschlichen, und während du glaubtest, geräuschlos und unbemerkt durch die Büsche zu gleiten, beobachtete dich die Pythonschlange. Einmal bist du in eine Fallgrube für den Tiger getappt und hast es gerade noch rechtzeitig geschafft, wieder herauszuklettern und dich in Sicherheit zu bringen. Der Tiger hat zugesehen, und er hätte dich angegriffen.»

Ein leises Lächeln glitt über Seine Züge, als ich Ihn fassungslos anstarrte. Jetzt wußte ich, daß Er oder irgendein anderer Meister den Tiger damals zurückgehalten hatte. Aber ich wußte auch, daß Er das niemals zugeben würde.

«Bist du nicht auch in letzter Zeit in deinen Träumen angegriffen worden?»

«Ja», erwiderte ich nachdenklich. «Vor einiger Zeit kamen zwei Männer auf mich zu und fragten mich nach dem Weg, und dann versuchten sie mich in ein Auto zu zerren.»

«Und was hast du getan?» fragte Er.

«Ich rannte in ein kleines Einkaufscenter, das in der Nähe war. Auf diese Weise entkam ich ihnen. Einmal waren sie ganz nah und hätten mich beinahe gepackt. Da verlagerte ich mein Bewußtsein an einen anderen Punkt.»

«Du bist einfach verschwunden?»

«Für sie muß es wohl so ausgesehen haben.»

«Weißt du, wer diese Männer waren?»

Ich dachte ein paar Sekunden nach. Ich kannte diese Männer nicht. Ich hatte das Erlebnis nicht ernst genommen, sondern es einfach für einen Traum gehalten.

Paul erriet meine Gedanken. «Du solltest deine Träume

ernster nehmen. Es gibt keine Zufälle. Diese Männer handelten im Auftrag der negativen Kraft. Sie wußten zwar nicht, warum sie dich gefangennehmen sollten; sie kannten nur ihre Anweisungen. Du hast geistesgegenwärtig gehandelt und dich gerettet, indem du diese Region der Astralwelt einfach verlassen hast. Erinnerst du dich, wie du neulich beim Autofahren von einem anderen Auto gerammt wurdest? Auch das ist in der Astralwelt geschehen. Es war kein Unfall, und du hast dir so den Rücken gezerrt, daß du es auch in deinem physischen Körper spürtest.

Ich will dir damit folgendes sagen: Solange du dich in den Niedrigeren Welten aufhältst, solltest du dir immer darüber im klaren sein, daß es jene gibt, die die negative Kraft vertreten und die dich von deinen Aufgaben abhalten wollen. Du brauchst sie nicht zu fürchten, denn sie können dir wirklich nichts tun, wenn du dir ihrer Anwesenheit bewußt bist und ihnen deine Energie entgegensetzt. Je mehr Bewußtsein du erlangst, je mehr positive Kraft durch dich hindurchströmt und je mehr sich deine Schwingungsfrequenz erhöht, um so stärker wirst du auch die negative Kraft anziehen, denn sie versucht das Positive wieder aufzuwiegen. Wenn du das begreifst, müßtest du eigentlich alle Ängste überwinden, die mit diesem Prozeß verbunden sind.

Andererseits darfst du die negative Kraft auch nicht zu sehr auf die leichte Schulter nehmen. Man hat dir gezeigt, wie du dich verteidigen kannst, wenn du angegriffen wirst; du weißt, wie du in so einem Fall handeln mußt und daß du nicht zögern darfst. Die negative Seite kann deinen physischen und emotionalen Körper so durcheinanderbringen, daß du ihn vielleicht zurücklassen mußt. Das würde sich auf die Arbeit auswirken, die du auf diesem Planeten zu verrichten hast.

Die subtileren Aspekte der negativen Seite sind wahrscheinlich bedrohlicher. Du gehst einen aktiven Weg in der Welt und bist in engem Kontakt mit vielen Menschen. Schon das kann an deiner Energie zehren. Doch viele Lebensumstände, die dir Probleme bereiten, sind das Werk der negativen Kraft, die versucht, deine Aufmerksamkeit mit diesen Schwierigkeiten in Anspruch zu nehmen und dich von deinem wahren Werk abzulenken.

Du kannst dich natürlich auch schützen, indem du Ebenbilder von dir aussendest und so deine Gegner täuschst. Ein Meister tut so etwas selten. Sein Bewußtsein gibt Ihm Macht, und alle Angriffe prallen an Seiner Energie ab.

Hin und wieder wirst du vielleicht einen Angriff auf deinen Körper zulassen – um jemandem, der diese Erfahrung braucht, die Gelegenheit dazu zu geben, oder um das Karma eines Menschen zu übernehmen, dem du helfen möchtest. Du wirst bewußt entscheiden, was du geschehen lassen willst und was nicht, im Wissen darum, daß die negative Kraft alles tun muß, um den Meister bei Seiner Arbeit zu behindern. Das ist das Spiel des Lebens.

Aus dieser Sicht muß jeder, der nach der spirituellen Wahrheit sucht, ständig auf der Hut sein wie ein Krieger und die Kräfte dieser Welt im Gleichgewicht halten. Er sollte distanziert und frei von allen Bindungen, aber dennoch entschlossen sein, immer wachsam und zum Geben bereit; er sollte Wohlwollen ausstrahlen und seine Macht aus den positiven Kräften schöpfen. Dieses Gleichgewicht ermöglicht dir, deine karmischen Verpflichtungen zu erfüllen, dich von allen Bindungen zu befreien und so die GOTTwelten zu erlangen.»

Als ich verständnisvoll nickte, stieß meine Stirn ans Flugzeugfenster. Das brachte meine Aufmerksamkeit wieder zurück auf die verschlungenen Straßen der Landschaft unter mir. Als ich ein paar Minuten später in Atlanta landete, war ich zuerst etwas ängstlich und beäugte die Fremden um mich herum mißtrauisch. Doch nach einer Weile lachte ich über meine eigene Überempfindlichkeit, entspannte mich wieder und stand dem Leben vertrauensvoll und offen gegenüber. Ich hatte meine Welt unter Kontrolle und war mir des Spiels der Kräfte in meiner Umgebung bewußt.

Der Weg zu meinem Auto kam mir kilometerweit vor. Als ich eingestiegen war, stellte ich fest, daß es nicht ansprang.

Fassungslos ließ ich den Kopf aufs Steuerrad sinken. Wieder versuchte ich den Wagen zu starten, und diesmal ging es. Als ich davonfuhr und die hektische Energie des Flughafens hinter mir ließ, entdeckte ich, daß meine Scheinwerfer nicht funktionierten. Ich mußte die vierzig Kilometer in völliger Dunkelheit nach Hause fahren.

Seitdem sind mir viele Zwischenfälle bewußt geworden, die Reaktionen der negativen Kraft auf den positiven Strom darstellten, der durch mich hindurchfließt. Die physische Aufgabe, dieses Buch zu schreiben, hat mich über zwei Jahre gekostet; es fiel mir unendlich schwer, die Gedanken in Worte zu fassen, und viele Hindernisse stellten sich mir in den Weg.

Ich war immer ein recht gesunder Mensch; doch zwei Monate, nachdem ich begonnen hatte, die ersten Kapitel meines Buches zu entwerfen – ich war gerade von einem kurzen Erholungsurlaub aus Mexiko zurückgekehrt –, setzte eine unbekannte Krankheit mich ernstlich außer Gefecht. Ich hatte hohes Fieber, mußte fast eine Woche im Krankenhaus bleiben und war dann zu Hause noch zehn Tage lang bettlägerig. Sechs Monate später, als die Arbeit an dem Buch gut voranging, bekam ich eine Blinddarmentzündung und mußte wieder ins Krankenhaus, um mich operieren zu lassen.

Manchmal verschwanden ganze geschriebene Kapitel ohne jede logische Erklärung von der Festplatte meines Computers. Doch durch solche Taktiken ließ ich mich nie lange von meiner Arbeit abbringen. Ich weiß, daß das – genau wie meine Krankheiten – größtenteils Versuche waren, das Erscheinen des Buches zu vereiteln.

Sobald wir verstehen, welche Rolle die negative Kraft spielt – daß sie die Aufgabe hat, mit dem Positiven in Konflikt zu geraten –, haben wir keine Angst mehr vor ihr. Diese Situation gehört zu den Bedingungen, die in den Niedrigeren Welten herrschen, und der kluge Wahrheitssucher weiß, daß diese beiden Kräfte weder gut noch schlecht sind. Sie sind nur unterschiedlich.

Solange der Meister sich in den Niedrigeren Welten aufhält, ist Er all diesen Kräften unterworfen und muß Seine Welt entsprechend im Gleichgewicht halten. Auf einige Meister, die ich kannte, sind verschiedentlich Anschläge verübt worden, und manche dieser Angriffe waren insofern erfolgreich, als der Meister sie zuließ, weil Er einen bestimmten Zweck damit verfolgte. Paul soll angeblich in Spanien vergiftet worden sein und sich hinterher noch monatelang krank gefühlt haben. Manche Leute behaupten, daß das Seine Gesundheit ruiniert habe und Er deshalb kurze Zeit später gestorben sei. Er deutete Vertrauten gegenüber an, daß Er von dem Anschlag gewußt hatte, ihn aber nicht verhindern wollte, weil er für die Umstände, an denen Er damals arbeitete, notwendig war. Die Einzelheiten dieses Zwischenfalls werden wahrscheinlich niemals an die Öffentlichkeit dringen – vor allem, weil nur ganz wenige die wahre Erklärung annehmen könnten. Das innere Wirken der Meister ist in dem engen Rahmen unseres Verstandes und unserer Emotionen manchmal schwer zu begreifen. Die meisten Menschen wären erstaunt und erschrocken darüber, wieviel der Meister denjenigen, die Seiner Obhut anvertraut sind, von sich selbst schenkt.

Manchmal versuchen gerade jene, die sich aktiv auf dem Weg befinden, dem Meister den größten Schaden zuzufügen. Die beiden Kräfte sind zwar Aspekte des GEISTES, der aus GOTT SELBST entspringt; doch der Meister weiß, daß viele Seelen geblendet werden, wenn Sie in einer dieser beiden Energien zu lange verweilen. Mangelndes Wissen um die Macht dieser Kräfte stürzt nicht nur die betroffene Person in Verwirrung und Konflikte, sondern verwickelt auch die Menschen in ihrer Umgebung hinein.

Aus Verantwortungsgefühl und Liebe hilft der Meister jenen, die sich nicht im Gleichgewicht befinden und Ihn um Hilfe bitten. Denn Er weiß: Wenn die Seele zu lange vom positiven Strom durchdrungen ist, verliert Sie die Orientierung und läuft Gefahr, Ihre erreichte Bewußtseinsebene zu verlieren. Das bedeutet für den geistigen Sucher eine kritische Zeit, und nur zu oft greift die negative Kraft dann ausgleichend ein und bringt den Menschen in die Mitte zurück. Die Seele erkennt den negativen Einfluß aber vielleicht nicht als solchen und hält die Energie, die Ihr das Gleichgewicht wiedergeschenkt hat, irrtümlicherweise für positiv. Mit der Zeit senkt die negative Energie die Schwingungsfrequenz der Seele und beeinflußt kaum merklich Ihre Handlungen. Falls die Seele den Meister noch rechtzeitig um Hilfe anruft, kann Er Sie mit Hilfe anderer Methoden ins Gleichgewicht bringen und Sie allmählich zur Erkenntnis Ihrer selbst zurückführen. Jedem, der neu auf dem Weg ist, kann es passieren, daß er aus der Balance gerät und sich zu sehr ins eine oder andere Extrem verirrt. Der Meister weiß, daß sogar Ihm das widerfahren kann, wenn Er es zuläßt.

Etwas Ähnliches passierte vor ein paar Jahren einem Meister, der sich zu sehr an einer der beiden Kräfte orientiert hatte und dadurch auf eine niedrigere Bewußtseinsebene herabsank. So etwas ist nicht häufig, aber es kommt vor. Nachdem die anderen Meister des Ordens mehrmals versucht hatten, mit ihm zu arbeiten, waren Sie gezwungen, ihn auszustoßen, da Er mit seinen Aktivitäten Ihr Werk störte. Heute hat dieser Meister eine große Gruppe von Anhängern, die ihm sehr ergeben sind, und er besitzt auch Macht, obwohl Außenstehende glauben, daß sie größtenteils auf der negativen Kraft beruht. Es ist nicht einfach, die Wahrheit hinter all diesen Vorkommnissen zu erkennen, denn dieser Meister ist in der Öffentlichkeit sehr bekannt, und als er ausgeschlossen wurde, gab es Tausende, die an ihn glaubten.

Der Meister unterliegt den gleichen Bedingungen wie jede andere Seele. Es gibt in Seiner Entwicklung keinen Ruhepunkt, an dem Er das gesamte GOTTESbewußtsein erlangt hätte. GOTT ist keine begrenzte Macht; Es dehnt sich ständig aus und kann nie vollständig erfaßt werden. Solange Sie sich in den Niedrigeren Welten aufhält, muß jede Seele, unabhängig von Ihrer Bewußtseinsstufe, auch ein Krieger sein.

24

An der Golfküste

Meine Arbeit war sehr anstrengend; ich war für den Aufbau und die Expansion einer kleinen Firma zuständig. Man hatte mir Gelegenheit gegeben, einen Markt für eine Produktgruppe zu finden und auszubauen. Wenn ich damit Erfolg hatte, wollte man mich am Gewinn beteiligen. Meine Ausgaben waren in den letzten Jahren im Vergleich zu meinem Einkommen sehr hoch gewesen; nun hatte ich endlich die Chance, mehr Geld zu verdienen, und widmete ein paar Jahre lang einen großen Teil meiner Zeit und Energie dem Geschäft. Ich hatte Erfolg, und mein Einkommen stieg, so daß ich in der Lage war, das erwähnte Appartement zu mieten, wenn ich mir auch sonst nicht viel leisten konnte.

Manchmal mußte ich in die Nachbarstaaten fahren und Kunden persönliche Besuche abstatten. Auf den langen Fahrten hatte ich Gelegenheit, allein und in aller Ruhe über all die Veränderungen in meinem Leben nachzudenken – und was noch wichtiger war, ich konnte mir überlegen, was ich aus diesen Veränderungen gelernt hatte.

Kurz vor den letzten Geschäftsreisen, die noch vor mir lagen, fühlte ich tief innerlich, daß ich vielleicht nicht zurückkehren würde. Irgendein Ereignis schien sich anzukündigen. Diese Vorahnung war so stark, daß ich mich sogar dazu bewogen fühlte, ein Testament zu hinterlassen. Schließlich begnügte ich mich damit, einen Brief an meine Töchter zu schreiben, denn ich hatte keine Besitztümer, die ich jemandem hätte vererben können. Ich wußte selbst nicht genau, was das für eine seltsame Vorahnung war; aber sie beunruhigte mich auch nicht.

Nachdem ich unbeschadet von meinen Reisen zurückgekehrt war, fragte ich mich, was wohl in mir vorgegangen war. Nach einem langen abendlichen Spaziergang wurde mir klar, worauf diese Todesahnung zurückzuführen war. Mein Verstand hatte irgendwo erkannt, daß ein Teil der Strukturen und Vorstellungen, aus denen mein Leben bestanden hatte, nun von mir abfiel. Ich war dabei, einige sehr subtile Verhaftungen im Hinblick auf mein Bild von mir aufzugeben. Ich war nicht mehr so, wie ich mich bis dahin gesehen hatte, und mein Verstand fühlte sich durch diese Veränderungen bedroht und hatte das Gefühl, daß ihm ein Verlust bevorstand. Nachdem ich das erkannt hatte, zerriß ich die Abschiedsbriefe und habe seitdem nie wieder das Gefühl gehabt, bald sterben zu müssen. Ich weiß jetzt, daß ich selbst entscheiden kann, ob ich hier leben will oder nicht, und daß ich diese Welt erst verlassen werde, wenn mein Werk hier beendet ist, und keinen Tag eher.

Ab und zu nahm ich mir ein paar Tage frei und fuhr an die Golfküste von Mexiko. Ich wohnte auf einem öffentlichen Campingplatz direkt am Meer, der mich nur ein paar Dollar pro Nacht kostete. Die meiste Zeit ging ich am Strand spazieren. Der Ozean kann sich in vielen verschiedenen Formen und Schwingungsfrequenzen zeigen. Meist ist die Schwingung am Meer hoch. Man hört den Klang des GEISTES in den Wellen, die sich am Strand brechen, und der Rhythmus der Gezeiten erinnert ein wenig an den Strom des GEISTES, der in die Niedrigeren Welten fließt und dann wieder in die GOTTwelten zurückkehrt. Erinnerst du dich, daß alles, was du wahrnimmst, ein schwächeres Abbild der nächsthöheren Ebene ist? Alle Bilder der Niedrigeren Welten haben ihre Basis in den GOTTwelten.

Viele Meister leben wegen der höheren Schwingung in der

Nähe des Meeres. Aus demselben Grund wohnen auch viele Meister in abgelegenen Gebirgen dieses Planeten. Ein Meister kann zwar den Einfluß einer negativen Umgebung überwinden, doch das ist eine Last für Ihn, die Er nicht unbedingt immer zu tragen braucht.

Eines Morgens erwachte ich ganz plötzlich in meinem Zelt. Ich hörte nur eine Eule irgendwo am Rande der Bucht heulen. Ich zog mich an und schlenderte den sandigen Weg entlang, der sich durch die Gräser in der Nähe des Strandes schlängelte. Ich hatte meine Uhr nicht mitgenommen; aber ich wußte, daß die Sonne in einer Stunde aufgehen würde. Die Flut hatte Tang und zerbrochene Schiffsplanken an den Strand gespült, doch in diesem Augenblick wirkte das Meer ungewöhnlich still. Es ging kaum ein Wind, und es war fast kein Geräusch zu hören.

Als ich mich nach links wandte, sah ich, daß Azjur Ramini neben mir herging.

«Erinnerst du dich noch an die Zeit, als wir in dem kleinen Tal lebten? Jeden Morgen nach der Meditation kletterten wir den steilen Weg nach Shantok hinunter. Wir klopften an die Türen der Hütten, und die Frauen gaben uns zu essen.»

Ich lächelte in der Erinnerung. «Manchmal schämte ich mich dafür, daß wir bettelten.»

«Wir waren keine Bettler; wir haben dem Dorf den Segen der Heiligen gegeben. Wir waren GOTT nahe.»

«Stimmt das? Waren wir IHM wirklich nahe?»

Er lachte leise in sich hinein. «Zumindest glaubten sie das, und sie schöpften großen Trost daraus, die heiligen Männer zu unterstützen, denn wir meditierten und fasteten für sie. GOTT blickte wohlgefällig auf ihre Ernten und ihr Vieh. Es war ein fairer Tausch.»

«Ich war damals nicht so ein Heiliger. Und auch heute halte ich mich nicht für besonders heilig», erwiderte ich. Es schauderte mich einen Augenblick, als ich daran dachte, daß ich mich damals von Seiner Lehre abgewandt hatte und fortgegangen war, weil ich GOTT bei Ihm nicht finden konnte.

«Ich halte mich auch nicht für heilig. Ich weiß, was die anderen Menschen unter heilig verstehen, und in diesem Sinne war ich selten ein Heiliger. Manche Menschen betrachten uns vielleicht als heilig, weil unsere Handlungen so wirken. Wie siehst du dich?»

In diesem Augenblick fühlte ich mich sehr einsam. Nicht, daß ich allein gewesen wäre – aber ich wußte, daß es niemanden gab, der begriff, was ich durchgemacht hatte, außer vielleicht Ramini und Paul. Ich blieb stehen und blickte zu den Wellen hinüber, die sich am Strand brachen. Ich konnte nicht sprechen.

«Das war deine Erfahrung. Ich habe gesehen, wie du in manchen dieser schweren Zeiten innerlich gewachsen bist. Mein Weg war ein bißchen anders als deiner; meine Entwicklung ging langsamer vonstatten, und meine Lebensweise war anders, dafür war ich größerer Disziplin unterworfen. Einmal verbrachte ich einen ganzen Winter allein hoch oben in den Bergen ohne Obdach und ohne Nahrung. Mein Meister hatte mich dorthin geschickt, um festzustellen, unter welchen Bedingungen ich noch in der Lage war zu überleben. Ich lebte unter einem Felsvorsprung und wärmte mich an meinen Gewändern und meiner inneren Einstellung. Ich fastete, soweit es möglich war; hin und wieder aß ich Rinde und Zweige. GOTT sei Dank war es ein milder Winter!»

Ich lachte. Mein Weg war ganz anders gewesen, obwohl es zu Beginn meiner Schulung auch Zeiten der Dunkelheit und des Schweigens gegeben hatte. Einmal hatte ich Monate allein in der Wildnis zugebracht, aber das war im Sommer gewesen.

Wir gingen weiter, und Er fuhr fort: «Aber durch diese Erfahrung ist eine interessante Veränderung bei mir eingetreten. Als ich im Frühjahr zu meinem Meister zurückkehrte, wußte ich nichts zu sagen und wollte mit niemandem sprechen. Anfangs hatte ich mich im Gebirge furchtbar einsam gefühlt – obwohl alle aus unserer Gruppe wußten, daß wir diese Prüfung eines Tages bestehen mußten, und uns auch für stark genug hielten. Nach ein paar Wochen hatte ich das Gefühl, ich würde das nicht überleben; aber damals blieb mir keine andere Wahl mehr, als oben zu bleiben, denn durch den Schnee waren alle Wege versperrt, die ins Tal führten. Wenn ich versucht hätte hinabzusteigen und dadurch mein Leben zu retten, wäre das mein Tod gewesen; also blieb ich oben und lebte weiter, obwohl ich glaubte, sterben zu müssen.»

Seine Augen funkelten, als Er weitersprach.

«Um leben zu können, mußte ich meine Welt neu definieren und auf das bauen, was mir zur Verfügung stand. Außer mir selbst hatte ich nicht sehr viel, aber das reichte zum Überleben! Nachdem ich diese innere Lebenskraft erkannt hatte, die ich besaß, hatte ich den anderen Menschen nicht mehr viel zu sagen. Meine Worte waren einfach und ungeschliffen, und die Welt der Menschen war oberflächlich – obwohl sie alle zu der Gruppe gehörten und meine Brüder waren. Ich fühlte mich sehr einsam in meinem Wissen; doch ich erkannte die gleiche Einsamkeit in den Augen meines Meisters. Ein Blick, der aus weiter Ferne zu kommen schien und den niemand verstehen konnte, es sei denn, er hatte die gleiche Erfahrung gemacht. Es war nicht die Erfahrung des Alleinseins; es war die Wahrheit des inneren Lebens, die sich mir enthüllt hatte und die mich von allen anderen Menschen trennte.»

Er begriff also auch meine Einsamkeit. Ich hatte sie nicht vor zweihundert Jahren in der Einöde entdeckt, sondern mitten in der Stadt, und zwar erst in den letzten Jahren, als ich allmählich Bewußtsein auf den Höheren Ebenen erlangte.

Ein roter Lichtstrahl tanzte über die Wellen. Am Horizont ging hinter dunklen Wolken die Sonne auf.

«Ich weiß nicht sehr viel», sagte ich leise.

«Du wirst deinen Platz in den Welten GOTTES erkennen, und was du tun willst, hast du bereits angedeutet. Erinnerst du dich an die Abhandlung über die vierzehn Bereiche des Ich?»

Ich dachte einen Augenblick nach, und mir fiel ein, daß ich

eine ganze Weile über dieses Rätsel nachgegrübelt und es dann aufgegeben hatte.

«Du hast inzwischen die meisten dieser Bewußtseinsbereiche gemeistert.»

Das hatte ich nicht erwartet. «Ist das wirklich wahr?» fragte ich.

«Du hast deine Erfahrungen gelebt, statt jeden kleinsten Gedanken sofort unter dem Mikroskop zu untersuchen; deshalb hast du deine Erkenntnisse nicht mit einer Vorstellung versehen. Die Bereiche sind alle miteinander verbunden und bauen aufeinander auf; jeder verleiht die Fähigkeit, weitere Erfahrungen zu machen, die über ihn hinausführen. Erfahrung ist die gegenwärtige Erkenntnis all dessen, was du weißt, keine Abfolge bestimmter Ereignisse und auch kein Punkt in der Zukunft, der erreicht werden muß. Du lebst im *Jetzt,* und weil du das tust, wirst du vielleicht nicht einmal dein eigenes Wachstum erkennen. Ist man neu auf dem Weg, denkt man noch in Begriffen der Niedrigeren Welten – daher die Beschreibung der vierzehn Bereiche des Ich. Diese Bewußtseinsebenen existieren wirklich, sie sind aber äußerst subtil.

Du wirst deinen Platz in den Welten erkennen – obwohl man immer bescheidener wird, je höher man aufsteigt. Das wird es dir ermöglichen, deine Arbeit zu tun.»

«Ich weiß nicht, ob ich imstande bin, diese Bürde zu tragen.»

Die Wellen schienen lauter an die Küste zu schlagen, und die Sonne stieg über den Wolken empor.

«Die Erfahrung, IHM näherzukommen, macht dich demütig. Das geht uns allen so. Nicht deine Kenntnis GOTTES bringt dich in SEINE Gegenwart, sondern die Freiheit von allen Bindungen. Du bist dir der Seele und des Grundes Ihrer Existenz bewußt und wirst weiterhin in den GOTTwelten dein Bewußtsein erweitern. Lebe mit der Kraft all dessen, was du bist, im Augenblick, im *Jetzt.* Du brauchst die Welt nicht auf deinen Schultern zu tragen; du tust nur deine Arbeit, wie Es dir die Möglichkeit dazu gegeben hat.»

Er hatte recht, wie immer, und ich empfand Seine Freundschaft und Führung als einen Segen. Ich wandte mich Ihm zu, um Ihm zu danken, doch die aufgehende Sonne blendete mich. Als ich meine Augen mit der Hand beschattete, um Ihn sehen zu können, war Er schon fortgegangen.

25

Meisterschaft

Ich hörte, wie der Nordwind die trockenen Eichenblätter über die Veranda wehte. Der Herbst war dem Winter gewichen. Ich wickelte meine Steppdecke enger um mich und achtete nicht auf die geöffneten Fenster, die nichts anderes erkennen ließen als die Dunkelheit des frühen Morgens.

Ein paar Sekunden später befand ich mich im Zustand des Seelenbewußtseins. Der Klang schien etwa einen Meter über der Oberfläche sanft über die unermeßliche Ebene der Existenz zu gleiten, die vor mir lag. Er wurde immer lauter, und obwohl Er nicht zu hören war, kannte ich Ihn mit jedem Atom meines Ich. Alle Teile meiner selbst begannen einen höheren Ton anzustimmen, selbst die Bereiche, die ich im ewigen Schlaf irgendwo in der Ferne vergessen hatte, die ursprünglichsten Elemente der Seele – alles erkannte den Klang und reagierte darauf.

Eine Sekunde lang dachte ich an meinen Körper, den ich in der physischen Welt zurückgelassen hatte, und ich wußte, daß ich die Wahl hatte, ob ich zu ihm zurückkehren wollte oder nicht. Sofort verlagerte sich mein Bewußtsein, und ich schlug die Augen auf und blickte mich in dem dunklen Raum um, in dem nur Schatten zu erkennen waren. Ich spürte, wie der Atem über meine Lippen glitt und die kühle Morgenluft mir übers Gesicht strich. Die Entscheidung lag bei mir; ich begriff, wie wichtig es war, die freie Wahl zu haben, und doch konnte ich in diesem Augenblick nur eine einzige Entscheidung treffen. Mein Körper fühlte sich taub an und kribbelte von der höheren Energie, die er aufnehmen mußte, weil ich mich auf zwei Bewußtseinsebenen gleichzeitig befand. Er begann im Bett zu zittern. Ich schloß die Augen, ließ meine äußeren Hüllen zurück und bewegte mich durch die Ebenen, immer höher.

Schließlich kam ich in einem Bereich zur Ruhe, den ich vorher noch nicht gekannt hatte, obwohl alles an ihm so ähnlich aussah wie die Bereiche, in denen ich mich früher aufgehalten hatte. Nur die Intensität der Atmosphäre und die Gegenwart GOTTES waren hier stärker. Der Klang war kaum hörbar; Er war wie der Wind, der am Ufer eines Flusses in den Bäumen singt – eine sanfte Liebkosung für die Sinne der Seele. Ich hätte an diesem Ort bleiben können und wäre vielleicht heute noch dort, wenn ich nicht die Stimme in der Ferne gehört hätte.

Mein ganzes Sein vibrierte in dem sanften Klang, und die unaufhörlich rufende Stimme wurde allmählich immer lauter. Ich lauschte und verstand sie; sie klang mir wie ein Freund in den Ohren, von dem ich nichts mehr gehört hatte, seit ich an irgendeinem Punkt in meiner fernen Erinnerung diesen Bereich verlassen hatte. Als ich intensiver lauschte, legte sich das Vibrieren allmählich, und ich erkannte, daß diese Stimme das aktive Element des Ich, des Selbst war. Ich war schon beinahe zu Klang geworden, zum vollkommenen Akt des *Seins;* doch kurz bevor mein ganzes Bewußtsein mit der Klangwelle GOTTES verschmolzen war, vermochte ich es mit Hilfe der inneren Kraft der Seele noch weiter in die Himmel hineinzuverlagern.

In den GOTTwelten gibt es keine Bewegung; es gibt nur die Erkenntnis des Ich in der sich ständig erweiternden Erfahrung. Dadurch, daß wir selbst die Erfahrung werden, daß wir einfach *sind,* kommen uns GOTT und all SEINE Manifestationen immer intensiver zum Bewußtsein. Die Seele kann sich vorübergehend damit zufriedengeben, in dem Bereich zu bleiben, mit dem Sie sich in Harmonie gebracht hat; doch irgendwann hat Sie den Wunsch, sich eines anderen Teils der GOTTwelten bewußt zu werden. Dann verlagert Sie Ihre Aufmerksamkeit auf einen neuen Punkt, Ihre Erfahrung erweitert sich, und der *Wissens*prozeß geht weiter.

Als sich mein Bewußtsein verlagerte, war mir, als würde ich durch einen leeren Raum getrieben, und doch gab es Hinweise darauf, daß mich Wärme und Kraft umgaben. Nach einer gewissen Zeit fixierte sich meine Aufmerksamkeit. In dem sanften, weißlichen Glanz dieser neuen Umgebung schien ich in einem Raum zu hängen, der leicht zehn Universen der Materie hätte umfassen können. Das ist keine Übertreibung. Ich staunte über die Unermeßlichkeit dieses Raumes. Dann fiel mir auf, daß ich den Klang nicht mehr spürte; statt dessen brachte mir jetzt ein stilles Pulsieren in meinem Inneren den Klang zum Bewußtsein. Ich dachte über den Anblick nach, der vor mir lag, über das buntschillernde Licht, das sich als Blitzstrahlen der Energie im und um den Raum bewegte und dann langsam in einem unermeßlichen goldenen Nebel aufging. Das Licht schien nirgendwo herzukommen, aber ich spürte, daß Es von einem Punkt ausging, der direkt jenseits der äußeren Umgrenzungslinie dieser Welt lag. Ich *wußte,* daß ich noch mehr von all dem begreifen würde, wenn es mir gelänge, der Quelle des Lichts näherzukommen.

Plötzlich überwältigte mich ein blendender Strom des Bewußtseins, und ich begann mit unglaublicher Geschwindigkeit nach unten zu stürzen, ohne diese Bewegung unter Kontrolle zu haben. Ich bewegte mich immer schneller, aber nicht nach unten, wie ich anfangs geglaubt hatte, sondern nach außen – es war so, als bewegten sich alle meine Atome vom Kern meines *Seins* aus immer schneller nach außen. Ein surrendes Geräusch schob sich in mein Bewußtsein und wurde immer lauter, während ich mich ohne jede Richtung weiter fortbewegte. Die Atmosphäre veränderte sich; statt eines goldenen Nebels umgab mich jetzt ein orangefarbener Schleier und dann das intensivste weiße Licht, das ich je gesehen hatte.

Das Licht brannte sich in mein Ich hinein und benahm mir für einen Augenblick das Bewußtsein meiner selbst, während der Klang mich mit dem leisen, rhythmischen Puls erfüllte, dessen Quelle ich plötzlich *kannte.* Ich nahm das Licht und den Klang in mich auf, so intensiv, daß ich selbst Licht und Klang wurde und in die Macht dieses Lichts und Klangs hineingezogen wurde. Ich war ein Teil der Natur des GEISTES – ganz nahe am Herzen GOTTES.

Dann umgaben mich Dunkelheit und Stille. Ich war mir keiner Bewußtseinsregung mehr bewußt.

Ich *wußte:* «Das bin ich» – aber ich war mehr als nur diese Erkenntnis. Ich war Teil eines viel umfassenderen Wissens, obwohl ich *wußte,* daß dieses Wissen nicht ich war. Ich war nur ein Bruchteil von IHM. Ich konnte mein Seelenbewußtsein nicht spüren und auch die Gegenwart des GEISTES weder sehen noch hören. Es gab nichts außer dem absoluten Bereich des *Gegenwärtigseins,* und ich verstand, welchen Platz ich in diesem *Sein* einnahm.

Irgendwann später empfand ich das ferne Dröhnen, während ich sah, wie das Licht sich in wunderbaren Bildern um sich selbst wälzte. Dann tanzte das Licht im Puls der Stimme, die zu mir sprach. Es war die Stimme der Liebe, der Macht, des ALLS. Ich staunte über diese Darstellung GOTTES und *wußte,* daß die Stimme nur ein Bild SEINES Schweigens und SEINER Macht war.

Als ich erwachte, starrte ich unverwandt durch das offene Fenster hinaus. Mein Gehirn war völlig leer, in meinen Emotionen herrschte Totenstille, und mein Körper fühlte sich wie betäubt an. Allmählich schaffte ich es, mich bis ans Ende des Bettes zu bewegen, und ließ mich auf den Fußboden rollen. Dort lag ich eine Zeitlang und konnte nicht begreifen, warum ich *wußte,* was ich wußte – obwohl ich gar keine gedankliche Vorstellung von dem hatte, was ich *wußte.* Und doch *wußte* ich mehr, als ich jemals in dieses Zimmer und in diese Welt würde zurückrufen können.

Leichter Regen fiel über die Stadt hernieder, als ich später hinter der Glastür saß und eine Tasse Pfefferminztee trank. Das Tageslicht wurde allmählich trüber. Erst da fiel mir auf, daß die Sonne bereits hinter einer dunklen Wolkenwand unterging.

Ich saß stundenlang an meinem Schreibtisch und war immer noch nicht in der Lage, meine Empfindungen in Bilder oder Gedanken zu fassen. Um Mitternacht zwang ich mich, hinauszugehen und einen kleinen Spaziergang zu machen; und als der Regen mich durchnäßte und meinen Körper frösteln ließ, kehrte ich allmählich wieder in diese Welt zurück. Ich wanderte weiter in die Nacht hinein, vorbei an Wohnungen, in denen gedämpftes Licht brannte, an Geschäftsgebäuden, in denen niemand mehr arbeitete, und schließlich zu den Eisenbahngleisen. Ich setzte mich auf den Schienen nieder und fragte mich, ob ich das, was ich spürte, tatsächlich erfahren hatte. Ich wußte nicht genau, wofür ich Es halten sollte, aber ich *wußte,* daß Es eine tiefgreifende Erfahrung gewesen war.

Ich kam in jener Nacht zu keinerlei vernünftiger Schlußfolgerung, und auch am nächsten Tag nicht. Und so beschloß ich, diese Erfahrung einfach so gut ich konnte zu leben.

Wenn ich heute versuche, diese Ereignisse zu beschreiben, weiß ich, daß ich ganze Bücher mit den Empfindungsbildern füllen könnte, die ich damals erfahren habe; doch in Wirklichkeit kann ich nichts mitteilen, was dir die Größe und Intensität dieser Welten auch nur entfernt vermitteln könnte. Worte und Gedanken sind bestenfalls grobe, unbeholfene Wiedergaben dessen, was unser Geist sich lediglich als die GOTTwelten vorstellen kann. Man muß SEINE Realität selbst erfahren.

Mehrere Wochen vergingen ohne bemerkenswerte neue Erlebnisse, und ich war dankbar für diese Zeit der Ruhe. Ich fühlte mich der Welt ein wenig ferner als sonst, und es fiel mir ein bißchen schwerer, mich auf meine Arbeit zu konzentrieren. Ich hatte viel zu tun, das wußte ich – aber ich wußte nicht genau, was es war. Vor vier Monaten hatte ich einen neuen Gedichtband mit dem Titel *Secrets* veröffentlicht und dafür gesorgt, daß er in Buchhandlungen im ganzen Südosten der Vereinigten Staaten verkauft wurde. Dieses Projekt war wichtig für mich, aber ich spürte, daß es nicht meine wichtigste Aufgabe war. Mein Verstand konnte den Gedanken daran, wohin ich mich wenden sollte, einfach nicht fassen. Es war so, als ob man weiß, daß man etwas Dringendes erledigen muß, sich aber einfach nicht erinnern kann, was es ist. Ich fühlte, daß ich irgendwo zu einer Entscheidung gekommen war, und wußte, daß es mir schon gelingen würde, diese Information zum richtigen Zeitpunkt in mein Bewußtsein zu bringen.

Eines Nachmittags war ich sehr müde, kam ausnahmsweise einmal zu einer normalen Zeit von der Arbeit nach Hause und fiel sofort ins Bett. Doch kaum hatte ich mich niedergelegt, war ich schon wieder hellwach und ausgeruht. Aber da ich wußte, daß mein Körper Ruhe brauchte, stellte ich mir vor, müde zu sein, und schlief allmählich ein.

Mir wurde bewußt, daß ich mich in einem Tal befand. Es war aber nicht jener Schulungsort in der Nähe von Shantok, an dem ich damals die Lehren von Azjur Ramini erhalten hatte. Der Ort, an dem ich mich befand, schien höher zu liegen; zackige Gipfel und schneebedeckte Bergrücken umgaben mich. Der Wind, der an den gewaltigen Felshängen vorbeipfiff, hatte das vertrocknete Gras nach Süden umgebogen, und feine Eisteilchen schienen in der Luft zu hängen.

Ich hörte etwas, was wie eine auf einer Flöte gespielte Melodie klang; es konnte aber auch der Wind sein, der an den Felsen vorbeiwehte. Ich ging in die Richtung, aus der der Klang kam, und entdeckte einen schmalen, ausgetretenen Pfad, der hinter dem Gebüsch kaum zu erkennen war. Als ich mich ihm näherte, spürte ich, daß hier eine Gefahr drohte, und blieb stehen. Doch da ich nichts Bedrohliches entdecken konnte, wagte ich mich weiter vor. Ich folgte dem Pfad fast eine Stunde lang. Er führte mich bis zum äußersten Rand des Berges. Ich vernahm nirgends ein Lebenszeichen.

Irgendwann ruhte ich mich auf einem Felsblock aus, der über die Kante des Berges hinausragte. Von hier aus hatte ich einen herrlichen Blick über die in Dunst gehüllten Bergketten. Plötzlich fiel mir wieder ein, was ich mir so verzweifelt ins Gedächtnis zurückzurufen versucht hatte. Ich hatte es geschafft, die Information in eine Ecke meines Verstandes hinüberzubringen. Endlich hatte ich ein Bild davon, für welche Aufgabe ich mich auf diesem Planeten entschieden hatte. Ich akzeptierte die Verantwortung innerlich – schließlich war es meine Entscheidung gewesen. Ich blieb noch eine Zeitlang auf dem Felsblock sitzen und genoß die Schönheit und Weite des Ausblicks und dachte über die Herausforderungen nach, die vor mir lagen.

Aus der Ferne hörte ich Menschen miteinander sprechen. Sie mußten irgendwo über mir auf dem Berg sein. Ich ging weiter den Pfad entlang, und schließlich sah ich eine Gruppe von Personen, die in einer Lichtung zusammenstanden. Einige von ihnen erkannte ich wieder; sie hatten mit mir auf den inneren Ebenen gearbeitet.

Plötzlich stand das überwältigende Bild des Meisters, der aus dem Orden verbannt worden war, vor mir und verstellte mir den Weg, so daß ich nicht zu der Gruppe gelangen konnte. Seine Gegenwart war sehr machtvoll und wurde immer intensiver – so intensiv, daß ich den Druck an jedem Quadratzentimeter meines Körpers spüren konnte. Instinktiv hob ich die Hände, drehte ihm die Handflächen zu und sandte den größten Teil meiner Energie gebündelt durch sie hinaus, um das Bild des einst verehrten Meisters zu durchbohren. Von meinen Händen ging ein intensiver blauer Kraftstrom aus. Das Bild begann Funken zu sprühen, und elektrische Blitze umtanzten es in kleinen Bögen. Sein Gesicht wurde immer größer, und dann hörte ich ein lautes

Donnern, das den Felsen zu erschüttern schien, auf dem ich stand. Das Bild zersprang und verwandelte sich in einen rauchigen Dunst aus Atomen. Ein paar Sekunden später sah ich die Gruppe der Meister, die zu mir herübersahen.

Da wurde mir klar, daß ich nur ein Bild vor mir gehabt hatte, eine Attrappe und nicht die tatsächliche Gestalt des Meisters. Dennoch spürte ich, daß das ein Angriff von diesem Meister gewesen war und keine Prüfung, die mir der Orden auferlegt hatte. Ich hatte einmal eine kurze Zeitlang mit diesem Meister zusammengearbeitet, als er der *Eine* Kanal für den GEIST gewesen war, hatte die Verbindung zu ihm jedoch schon lange abgebrochen.

Als ich auf den Orden zuging, begannen einige der Meister zu lachen. Dann schüttelten Sie mir die Hand. Paul klopfte mir auf die Schulter und sagte: «Mit halben Sachen gibst du dich wohl nicht zufrieden, was? Das ist genau die Entschlossenheit, die du für deine Arbeit brauchst. Jetzt gehörst du zu unserem Kreis.»

Ich blickte Ihm in die Augen, in denen sich alle Zeit widerspiegelte. Ich drückte Ihm die Hand und konnte nichts sagen. Als ich mich umdrehte, sah ich Ramini an meiner Seite stehen. Er lächelte. Paul, Ramini und ich gingen eine Weile mit ein paar der anderen Meister auf und ab, und Sie erzählten von den Abenteuern, die Sie erlebt hatten.

Spät nachts erwachte ich in meinem physischen Körper und erinnerte mich sofort daran, was geschehen war. Ich saß auf der Bettkante und fragte mich ein paar Sekunden lang, ob ich mir das alles vielleicht nur eingebildet hatte. Doch meine innere Stimme – die Stimme, die jenseits des Verstandes liegt – sprach deutlich im Seelenbewußtsein zu mir. Sie sagte: «Nur ich kenne die Wahrheit meines Lebens. Niemand anders kann mir sagen, wo ich gewesen bin.» Da lachte ich leise vor mich hin. Einem plötzlichen Impuls folgend, ging ich zum Bücherregal und holte *The Tiger's Fang* von Paul Twitchell heraus. Als meine Hand den Buchdeckel berührte, sah ich, wie ein blauer elektrischer Energiestoß von meinen Fingern auf das Buch übersprang. Ich hielt inne, und als die Energie wieder nachließ, nahm ich das Buch in die Hand. Als ich die Seiten durchblätterte, erinnerte ich mich daran, daß dies das Buch war, das Hutch mir vor Jahren gegeben hatte. Ich erkannte das Schwingungsmuster Seiner geschriebenen Worte sofort. Sie übermittelten mir ein Gefühl und eine Realität der GOTTwelten, die ich erlebt hatte, obwohl mir die physischen Beschreibungen Seiner Erfahrungen gar nicht bekannt vorkamen. Ich wußte, daß der Unterschied in den Erfahrungen durch Seine Beschreibung der geistigen Konzepte zustandekam.

Ich setzte mich auf den Stuhl neben meinem Schreibtisch, streckte die Hand aus, um das Licht auszuschalten, hörte den Zwei-Uhr-dreiunddreißig-Zug die Schienen entlangrattern und einen lauten Pfiff ausstoßen, als er am College vorbeifuhr. Irgendwo in einer Wohnung weiter unten in meiner Straße schrie ein Baby und beruhigte sich dann wieder. Diese Geräusche holten mich für kurze Zeit in die materielle Welt zurück, und mir wurde klar, daß es mir Freude machte, an dieser Zeit und diesem Ort auf unserem Planeten teilzuhaben.

Ich spürte die Gegenwart Pauls, drehte mich um und sah Ihn auf dem anderen Stuhl sitzen. Ich erklärte Ihm, daß ich mich außerstande fühlte, über meine Entdeckungen zu schreiben. «Wie kann ich das, was du mir gezeigt hast, in Worte fassen?» fragte ich Ihn. «Mit Worten läßt sich die Realität dessen, was ich erkenne, doch gar nicht beschreiben.»

Da erinnerte Er mich daran, daß wir Worte als Bilder des ewigen Klangs benutzen; und wenn es auch schwierig oder sogar unmöglich ist, unsere Erkenntnisse in den Höheren Welten schriftlich festzuhalten, gehören Worte doch zu den Werkzeugen, die denjenigen, die für die GOTTwelten bereit sind, einen kleinen Anhaltspunkt bieten können. Ich habe Seine Worte bereits im ersten Kapitel dieses Buches zitiert.

Dann sprach Er davon, wie man die Kräfte in seinem Inneren ins Gleichgewicht bringt.

«Durch deine Arbeit wirst du ins öffentliche Bewußtsein

gelangen, obwohl du von den meisten unbemerkt wirken wirst. Ich weiß, daß du hier bis spät in die Nacht hinein sitzt, um deine Gedanken und deine Energie zu sammeln, nachdem du den ganzen Tag in der Welt gearbeitet hast. Ich ging nachts immer am Strand spazieren, wenn ich die Möglichkeit dazu hatte. Manchmal gaben mir die nächtlichen Straßen der Großstadt den einzigen Frieden, den ich im Alltag finden konnte.

Noch nie stand auf diesem Planeten so viel und so leicht zugängliche Information zur Verfügung wie in der heutigen Zeit; doch er war auch noch nie so großem Streß und so großer Verwirrung ausgesetzt. Oberflächlich sieht es so aus, als ob all die Information den Menschen ihre spirituellen Fragen beantworten und sie erheben würde; doch in Wirklichkeit wird die Menschheit davon nur erschlagen. Ein Teil der Arbeit, die wir leisten müssen, besteht darin, die Worte und Ideen zu sieben, damit sie in die Wahrheit der Seele eingehen können.

Du kannst in der Wildnis leben und der hektischen Aktivität dieser Welt aus dem Wege gehen. Doch selbst dann arbeitest du mit vielen Menschen im inneren Bewußtsein zusammen, und sie bringen ihre Frustration auch auf die inneren Ebenen mit. Du wirst lernen, deine Zeit weise einzusetzen; denn wir haben so wenig Zeit und so viel Arbeit hier auf diesem Planeten.

Wenn du dich daran gewöhnst, das Werk zu tragen, wirst du lernen, immer darin zu *sein*. Wenn du die Gedanken und Emotionen auf dich lädst, aus denen die Arbeit für dich zu bestehen scheint, wirst du von dieser Last oft erschöpft sein. *Sei* einfach alles, was du bist – in jeder Sekunde deines Lebens –, und tue, was du tun mußt. Du bist völlig frei und kannst tun, was du willst; du kannst nicht fehlgehen, denn du bist Es, und Es ist in dir. Handle, *sei* und wirke in der Liebe und Macht GOTTES. Für den Rest wird Es sorgen.»

Schweigend saß ich in der Dunkelheit, erstaunt und demütig angesichts all dessen, was sich ereignet hatte.

26

Jetzt

Ich wohnte noch zehn Monate lang in meinem Appartement, bevor ich eine Frau heiratete, die ich kurz nach Pauls letztem Besuch kennengelernt hatte. Die Möglichkeit, ihr zu begegnen, war mir auf den inneren Ebenen gezeigt worden, und ich sah viele zukünftige spirituelle Gemeinsamkeiten. Also folgte ich dem Hinweis. Aber das ist eine Geschichte für ein anderes Mal. Debbi und ich leben jetzt außerhalb von Atlanta und haben in den letzten vier Jahren, seit wir aus dem Appartement ausgezogen sind, viele Veränderungen erlebt. Wir denken beide gern an diese kleine Wohnung zurück. Debbi hatte teil an der Wärme und Energie, die jene Zeit umgab.

Unser beider berufliche Laufbahn hat sich sehr verändert, und wir hatten viele Herausforderungen zu bestehen. Jede dieser Situationen hat uns zu einem umfassenderen Verständnis unseres Lebens hingeführt. Wir haben mehr empfangen, als wir uns je hätten träumen lassen.

Was ich in diesem Buch beschrieben habe, sind nur die Höhepunkte meiner Erfahrungen. In Wirklichkeit lebte ich jeden Augenblick, jede Stunde, jeden Tag und jedes Jahr so, wie ich mein Leben zu jener Zeit am besten verwirklichen konnte. Oft ist Erkenntnis ein langsamer Prozeß; doch manchmal ist sie auch so intensiv, daß sie uns blendet.

Ich habe mich durch viele metaphysische Lehren und Praktiken hindurchgearbeitet – sowohl in diesem als auch in vergangenen Leben. Ich habe die mündlichen und schriftlichen Berichte Hunderter von Menschen untersucht, die eine Realität außerhalb jener Wirklichkeit entdeckt hatten, die die meisten Leute gelten lassen. Ich habe gelernt, daß es nicht eine einzige Realität gibt, die allgemein akzeptiert werden würde. Es gibt nur die persönliche Erfahrung, und die muß jeder sich selbst beweisen.

Die grundlegendsten spirituellen Prinzipien wurden mir auf den inneren Ebenen von mehreren Meistern erläutert. Einige dieser Lehren unterschieden sich in ihrer Form und Ausdrucksweise von Pauls Schriften; doch die Essenz war jedesmal die gleiche.

Was ich erfahren habe, ist nichts Einmaliges; und doch wirst du vielleicht etwas ganz anderes finden als ich. Wir unterscheiden uns alle so sehr in unserem Bewußtsein. Auch wenn alle Wege uns letzten Endes in unsere wahre Heimat bringen – aus welchem Blickwinkel wir unsere Reise sehen, hängt von der Methode und der Reiseroute und von unserer Fähigkeit ab, zu erkennen, was vor uns liegt.

Erst viele Jahre nach meinem ersten Kontakt mit Ramini begriff ich, daß es jenseits der Metaphysik noch so vieles mehr gibt. Er erzählte mir von den GOTTwelten und wies mich auf die Begrenztheit vieler Gebiete hin, mit denen ich mich damals befaßte; doch ich begriff diese Zusammenhänge nur vorübergehend. Ich glaubte zu verstehen, aber ich hatte mich getäuscht. Ramini gab mir die Information; und erst viel später, als mein Bewußtsein sich erweiterte, begann ich zu *wissen,* was Er gemeint hatte. Es war ein schrittweiser Erkenntnisprozeß, der sich über viele Jahre in diesem Leben hinzog und der in Wahrheit viele, viele Leben umfaßte. In dieser Hinsicht ist meine Reise genauso gewesen wie die jedes anderen. Oft verlieren wir bei diesem langsamen, allmählichen Entwicklungsprozeß die Geduld und wollen sofort GOTTerkenntnis erlangen. Doch wenn uns diese Erfahrung zuteil würde, ehe wir unsere Körper der Niedrigeren Welten entsprechend vorbereitet haben, würden diese augenblicklich zu einem Häufchen Asche verbrennen.

Die Muster des inneren Wachstums sind individuell verschieden. Jeder Mensch erhöht seine Schwingungsfrequenz in unterschiedlichen Zeitabständen und in einem etwas anderen Maß. Die Erkenntnisse können so subtil sein, daß man vielleicht gar nicht merkt, ob man Fortschritte gemacht hat. Aber das Ziel besteht auch nicht darin, interessante Erfahrungen zu sammeln, sondern die spirituellen Lektionen zu lernen, die in ihnen liegen. Oft werden einem diese Lektionen auch ohne bewußte, tiefgreifende Erfahrungen klar. Vielleicht hast du das Gefühl, nicht so intensiv weiterzukommen wie jemand, der ständig Abenteuer auf den inneren Ebenen erlebt. Wenn du dein Leben aus dieser Perspektive betrachtest, suchst du nur nach den Phänomenen der spirituellen Welten und nicht nach wirklicher spiritueller Erkenntnis.

Jeder Mensch wird eines Tages sein wahres Ich, sein Selbst, die Seele erkennen – ebenso wie jeder zum gegebenen Zeitpunkt GOTT erfahren wird. Das ist das Versprechen, das die Seele uns gibt. Die meisten Menschen sehnen sich in ihrem derzeitigen Bewußtseinsstadium noch gar nicht nach diesen Erfahrungen. Es hat auch keinen Zweck, sie davon überzeugen zu wollen, daß sie Sehnsucht nach GOTT haben sollen. Jede Seele wird GOTT ganz von allein suchen, wenn Sie bereit dafür ist und sich GOTT stark genug wünscht; und dann kann Ihr nichts mehr im Weg stehen. Jede Seele wächst völlig im Einklang mit dem Spiel des Lebens, unabhängig von Ihrer Bewußtseinsstufe.

Hin und wieder fragt man mich, ob ich die Ereignisse, die sich in meinem Leben oder in meinem Bewußtsein abgespielt haben, denn auch beweisen könne. Ich weiß nicht, wie ich jemand anderem mein Leben unter Beweis stellen soll, aber ich kann euch verraten, daß ich jede Erfahrung erst überprüfe, ehe ich sie akzeptiere. Wissen kann nicht gelehrt oder gegeben werden; man muß es sich «einfangen», wie Paul es gern ausdrückt. Jeder Mensch muß sich seine Existenz anhand der Maßstäbe seiner eigenen Glaubensvorstellungen und seines Verständnisses selbst beweisen. Vielleicht kann mein Lebensbericht als ein solcher Erkenntnismaßstab dienen, einer, der über das konventionelle Denken hinausgeht und an dem sich innere Wachstumsprozesse beurteilen lassen.

Die Realität liegt im Leben, nicht im verstandesmäßigen Begreifen oder im emotionalen Gefühl des Einsseins mit dieser Welt. Den Beweis erhält man, indem man sein Leben so führt, daß man in jedem Augenblick sein ganzes *Wissen* verwirklicht. Du wirst die Erfahrung erleben, die wirklich dir gehört und die du dir durch deine Erprobung in deinem Bewußtsein bewiesen hast. Sobald du beginnst, das Leben von diesem Standpunkt aus zu betrachten, werden die Gedanken und Meinungen anderer dir immer weniger bedeuten. Deine Suche nach der inneren Wahrheit des Lebens wird immer mehr Raum einnehmen und dir eine Erfüllung schenken, die weit über dein Vorstellungsvermögen hinausgeht. Was andere dir über dich sagen, ist unwichtig; wichtig ist nur die Wahrheit dessen, was du als wahr *erkannt* hast.

Die Funktion des Meisters besteht darin, dem Suchenden eine Richtung zu zeigen, die er in den spirituellen Bereichen einschlagen kann, und ihm beizustehen, sein wahres Selbst und GOTT *kennenzulernen.* Wer nicht direkt mit einem Meister arbeitet, kann den GEIST darum bitten, ihm das zu geben, was zu diesem Zeitpunkt für ihn am geeignetsten und für sein Bewußtsein am besten ist. Der Meister kommt nur, wenn man Ihn darum bittet.

Ich finde, die Welt hat schon genug Religionen, Philosophien, Kulte, Wissensgebiete und Glaubensrichtungen. Zu einer Gruppe zu gehören, die die gleichen Vorstellungen hat, kann durchaus irgendwann einmal angebracht sein. Es ist vor allem hilfreich, wenn man noch neu auf dem Weg ist. Doch man findet GOTT weder durch eine Gruppenbemühung noch indem man ein bestimmtes Konzept verwirklicht.

Ich habe nie die Absicht gehabt, noch eine spirituelle Richtung mehr ins Leben zu rufen, mit der das menschliche Bewußtsein sich auseinandersetzen soll. Daher habe ich der höheren Information in diesem Buch auch keinen Namen gegeben, obwohl es im Laufe der Zeiten viele verschiedene Namen für sie gegeben hat. In meiner Erfahrung IST GOTT. Alles andere ist nur ein Versuch, Gedanken, Konzepte, Worte und Systeme zu finden, mit denen sich diese Tatsache erklären läßt.

Wir sind allein in unserer Suche nach GOTT. Eine Zeitlang hilft uns der Meister. Die hier dargelegte spirituelle Information ist älter als die Zeit selbst, älter als alle Niedrigeren Welten, und gehört zu keiner speziellen Gruppe oder Lehre. Sie ist auch nicht das geistige Eigentum eines bestimmten Menschen. Du wirst sie dir persönlich beweisen und sie allein entdecken, wenn du auf dem spirituellen Weg voranschreitest. Das ist wirklich die einzige Möglichkeit, die es gibt.

Wir, du und ich, haben hier eine kurze Zeit miteinander verbracht. Vielleicht begegnen wir uns eines Tages wieder.

* * *

Eliott James lebt in der Nähe von Atlanta (Georgia/USA). Er arbeitet zur Zeit an zwei neuen Buchprojekten und hält Vorträge und Seminare über das Seelenbewußtsein.

Wenn Sie mehr über die Themen erfahren möchten, die er in diesem Buch vermittelt hat, schreiben Sie dem Autor an die Adresse des Verlages:

Dhamma Books
Post Office Box 724947
Atlanta, Georgia 30339
USA

Praktische Anleitungen zu einem harmonischen und ausgeglichenen spirituellen Leben

Eliott James
LICHT AUF DEN ALLTAG
Spirituelles Wissen und praktisches Leben in Einklang bringen

188 Seiten, broschiert
ISBN 3-7157-0154-4

Mit diesem Buch erweist sich Eliott James als Lehrer von außergewöhnlicher Güte. Er teilt darin mit uns seine tiefgehenden Erfahrungen und seine überaus praktischen und ermutigenden Einsichten, die man wieder und wieder lesen wird. Er vermittelt zeitlose spirituelle Wahrheiten und leitet uns an, sie so zu benutzen, wie sie schon immer gedacht waren: nämlich im täglichen Leben.

Spirituelles Leben und Alltag sieht er als keine voneinander getrennten Bereiche, und Vervollkommnung wird seiner Ansicht nach weniger in einer einsamen Höhle im Himalaya erlangt, sondern viel eher im täglichen Leben, in der aktiven Auseinandersetzung mit den alltäglichen Konflikten, an denen man innerlich wachsen und reifen kann.

Dieses Buch ist eine Anleitung zu einem harmonischen, ausgeglichenen spirituellen Leben. Es befaßt sich mit Themen, die jeden Sucher zwangsläufig irgendwann einmal beschäftigen: über Lehrer und spirituelle Gruppen, Zeichen des Fortschritts auf dem Pfad, inneren Frieden in schwierigen Situationen, die Zusammenarbeit mit dem Geist Gottes, die geistigen Gesetze von Gesundheit und Heilung, des persönlichen Erfolges sowie der Beziehung zwischen Mann und Frau u. a.m.

«Es gibt nur e i n Licht, aber viele Lampen. Eliott James ist ohne Zweifel an diese Quelle angeschlossen. Wie ein Leuchtturm weist er dem Leser den Weg – mit dem Licht seiner klaren, vernünftigen und gleichzeitig erhebenden Sicht auf spirituelle Wahrheiten und ihre Verwirklichung im Alltag.»

Dan Millman